맹자

진정한 야당정치, 도덕국가를 향한 지침서

e 시대의 절대사상

맹자

진정한 야당정치, 도덕국가를 향한 지침서

| 장현근 | 맹자 |

살림

e 시대의 절대사상을 펴내며

　고전을 읽고, 고전을 이해한다는 것은 비로소 교양인이 되었다는 뜻일 것입니다. 또한 수십 세기를 거쳐 형성되어온 인류의 지적 유산을 제대로 이해하고, 그 바탕 위에서 새로운 자기만의 일을 개척할 때, 그 사람은 그 방면의 전문가가 될 수 있을 것입니다. 프랑스의 대입 제도 바칼로레아에서 고전을 중요하게 취급하는 까닭도 그와 같은 이유 때문이겠지요.

　그러나 예전에도, 현재에도 고전은 유령처럼 우리 주위를 떠돌기만 했습니다. 막상 고전이라는 텍스트를 펼치면 방대한 분량과 난해한 용어들로 인해 그 내용을 향유하지 못하고 항상 마음의 부담만 갖게 됩니다. 게다가 지금 우리는 고전을 읽기에 더 악화된 시대를 살고 있습니다. 변하지 않고 있는 교육제도와 새 미디어의 홍수가 우리를 그렇게 만들고 있는 것입니다.

　고전을 읽어야 하지만 읽기 힘든 것이 현실이라면, 고전에 친근하게 다가갈 수 있는 새로운 방법을 응당 고민해야 하지 않을까요? 살림출판사의 e 시대의 절대사상은 이러한 문제의식을 가지고 기획되었습니다. 고전에 대한 지나친 경외심을 버리고, '아무도 읽지 않는 게 고전'이라는 자조를 함께 버리면서 지금 이 시대에 맞는 현대적 감각의 고전을 만들고자 했습니다.

고전의 내용이 지나치게 주관적으로 해석되어 전달되는 위험을 피할 수 있도록 그 분야에 대해 가장 정통하면서도 오랜 연구 업적을 쌓은 학자들이 자신의 경험을 응축시켜 새로운 고전으로의 길을 열고자 했습니다. 마치 한 편의 잘 짜인 다큐멘터리 프로그램을 보듯 고전이 탄생할 수 있었던 시대적 배경과 작가의 주변 환경, 그리고 고전에 담긴 지혜를 재미있게 습득할 수 있도록 내용을 구성했고, 난해한 전문 용어나 개념어들은 최대한 알기 쉽게 설명했습니다.

이전에 경험하지 못했던 새로운 감각의 고전 e 시대의 절대사상은 지적 욕구로 가득 찬 대학생·대학원생들과 교사들, 학창 시절 깊이 있고 폭넓은 교양을 착실하게 쌓고자 하는 청소년들, 그리고 이 시대의 리더를 꿈꾸는 모든 사람들에게 생생하게 살아 숨쉬는 인류 최고의 지혜를 전달할 것이라고 확신합니다.

기획위원

서강대학교 철학과 교수 강영안

이화여자대학교 중문과 교수 정재서

들어가는 글

동양철학의 사유방식은 추상적이라기보다 구체적이고 분석적
이기보다 통합적이며, 증명하기보다는 유추하고 독립적이기보다
는 연계적이다. 동서남북을 나누어 고찰하지 않고 동쪽 속에 또
하나의 동서남북이 있다고 생각하며, 하나하나의 개별자에 중점
을 두지 않고 그것이 모아 이루어진 전체를 하나로 본다. 그렇기
때문에 모든 것은 연결되어 있다. 『맹자』를 면밀히 읽어보면 모든
것이 연계와 통합의 틀 속에서 전개되고 있음을 알 수 있다.

『맹자』는 공리공담이 아니다. 높은 수양을 요구하는 도덕군자
의 고담준론이 아니다. 경제가 살아 있고, 정치가 살아 있는 현실
의 이야기이다. 삶과 정치가 하나로 통합되어 있으며, 개인의 사
유와 사회적 행위, 도덕과 이상이 연계되어 있는 생생한 정치학

교과서이다. 성리학자들의 손에 의해 성인이 된 맹자가 아니라 전쟁과 경쟁의 전국시대를 온몸으로 부대끼며 살아간 정치가 맹자의 진솔한 삶의 경험과 펄펄 뛰는 시대정신이 녹아 있는 고전이 『맹자』이다.

맹자는 정치가였다. 그것도 보통 정치가가 아니라 세상 전체를 바꿔보려는 큰 꿈을 가진 정치가였다. 그래서 현실과 타협하지 못했다. 그는 아예 야당을 하기로 작정한 사람이다. 자기 말이 세상에 먹히지 않을 것을 알면서도 끝없이 정부 여당의 정책에 시비를 걸고 이익 대신 의리의 대안을 제시하는 진정한 야당이었다. 인의와 도덕에 어긋나는 일체의 주장을 끝까지 비판하며 정의를 외치다가 먹혀들지 않으면 과감히 떠난 선비였다. 세력도 없으면서 권력자들을 비판하고 정부정책에 이의를 제기하고 패도의 현실에 대하여 왕도의 이상을 제기한 고집스런 정치가였다. 민심을 등에 업고 정권을 견제하려는 개혁주의자였다. 현실에선 이상을 펼쳐보지도 못하고 권력을 장악해보지도 못한 실패한 정치가였으나, 역사에선 관학의 핵심과목으로 읽히고 도덕의 권력을 거머쥔 승리한 사상가였다.

『맹자』 연구의 역사는 오래되었다. 주석서, 번역서, 해설서, 연구서가 동·서양의 모든 언어를 넘나들며 너무도 많이 생산되었다. 그러나 정작 정치가로서의 맹자를 집중적으로 다룬 연구는 많지 않다. 특히 진정한 야당 정치가로 그를 다룬 책은 거의 없다.

이 책은 후세에 과장되고 어떤 면에서는 포장된 맹자를 다루는 것이 아니라 전국시대 정치의 한복판을 살아간 맹자를 있는 그대로 살펴보려는 시도이다. 전문적 주장은 배제하고 가급적 『맹자』 원래의 내용을 중심으로 야당 정치가로서 맹자의 주장을 소개하는 데 집중하였다. 1부 시대 배경과 인물·사상 및 평가 모두를 한 가지 주제로 일관하였다. 2부 『맹자』의 다섯 편을 발췌 번역하는 데 정치에 집중된 부분을 선택하였으며, 『맹자』 다른 편을 간단히 소개하면서도 정치가로서의 맹자 읽기를 주문하였다. 3부의 생애 또한 당시의 정치적 배경을 중심으로 설명하였다.

이 책을 완성하기까지 많은 선행 연구의 도움을 받았다. 일일이 다 언급할 수는 없으나 특히 주희(송), 초순(청), 대진(청), 양백준(현대중국)의 연구와 해설에 가장 많은 신세를 졌다. 중국의 전통사상에 대해 진지하고 지속적인 학술탐구를 하고 있는 대만 원로학자들의 연구 성과와 중국, 한국, 일본 및 영어권 연구저작들도 큰 참고가 되었다. 이 책은 기존의 많은 선행 업적들을 부정하는 것이 아니라 그 연구들을 바탕으로 하여 이루어진 저술이다. 맹자 연구자들에게 맹자를 보는 또 하나의 시각으로 생각되기를 희망한다. 전통의 현대화를 위한 또 하나의 재해석 방식으로 여겨지기를 기대한다.

이 책은 현대인들에게 고전을 쉽게 이해시키기 위해 기획된 저술이다. 따라서 철학적 논쟁이 필요한 부분이나 학문적 탐색이 필요한 많은 부분을 생략하거나 일부러 회피한 곳이 없지 않다. 학문적 개념과 용어를 동원하여 논증해야 할 부분도 많았으나 『맹자』 읽기라는 본래 의도에 충실하였다. 그럼에도 『맹자』에 관해 꼭 얘기되어야 할 부분은 가능한 한 쉬운 용어로 언급하였다. 이 때문에 의도와 달리 오히려 현학적으로 기운 부분이 있을 수 있으며, 과도한 단순화로 불필요한 오해를 불러일으킬 수도 있다. 앞으로 더 나은 연구저작을 낼 것을 약속하며, 독자들의 따가운 질정을 바란다.

2005년 만추

不飮 장현근

| 차례 | 孟子

1부 시대·작가·사상

1장 정치가 맹자

2장 현실에서 지고 역사에서 이긴 맹가(孟軻)

진정한 야당정치, 도덕국가를 향한 지침서

맹자

孟子

진정한 야당정치, 도덕국가를 향한 지침서

맹자

3부 참고문헌 및 맹자 연보

1부

시대 · 작가 · 사상

맹자는 정치가였다. 보통 정치가가 아니라 세상 전체를 바꿔보려는 큰 꿈을 가진 정치가였다. 그래서 현실과 타협하지 못했다. 그는 아예 야당하기로 작정한 사람이다. 자기 말이 세상에 안 먹힐 것을 알면서도 끝없이 정부여당의 정책에 시비를 걸고 이익 대신 의리의 대안을 제시하는 진정한 야당이었다. 인의와 도덕에 어긋나는 일체의 주장을 끝까지 물고 늘어지며 외치다 먹혀들지 않으면 과감히 떠난 선비였다. 세력도 없으면서 권력자들을 비판하고 정부정책에 이의를 제기하고 패도의 현실에 대하여 왕도의 이상을 제기한 고집스런 정치가였다. 민심을 등에 업고 정권을 견제하려는 개혁주의자였다. 현실에선 이상을 펼쳐보지도 못하고 권력을 장악해보지도 못한 실패한 정치가였으나, 역사에선 관학의 핵심과목으로 읽히고 도덕의 권력을 거머쥔 승리한 사상가였다.

1장

정치가 맹자

정치서로서 『맹자』 읽기

　　맹자(孟子, 기원전 372?~289?)는 지금으로부터 약 2천3백여 년 전 활동했던 중국 사람이지만, 오늘날 그 이름을 모르는 사람은 거의 없다. 유교 도덕을 간직한 가문이거나 한문을 익혀온 어른들은 맹자를 공자에 버금가는 성인으로 추켜세우고 있으며, 요즘 부활하고 있는 향교나 서원에선 초하루와 보름에 정성껏 이의 제사를 모시고 있다. 많은 일반인들은 맹자의 어머니가 자식 교육을 위해 세 번 이사했다는 맹모삼천(孟母三遷)의 고사를 통해 맹자를 알고 있다. 그리고 조금 더 공부를 한 사람들은 필시 성선설을 주창하여 성악설을 주장한 순자(荀子, 기원전 336?~238)와 반대 입장에 선 철학자라고 말할 것이다.

그러나 정작 그가 어떤 사람인지 깊이 있게 아는 사람은 드물다. 그의 생각이 고스란히 담긴 『맹자(孟子)』라는 책을 읽어본 사람도 많지 않아 보인다. 동양학을 공부하는 사람들은 대체로 맹자의 중요성을 잘 알며 『맹자』의 구절들을 곧잘 인용하기도 하지만, 이런 학자들 가운데서도 『맹자』를 아주 면밀하게 읽어본 사람은 만나기 쉽지 않다. 그렇지 않다면 어떻게 그렇게 많은 사람들이 사실과 달리 맹자를 이해하고 있겠는가. 『맹자』라는 책을 조금만 자세히 읽어보면 맹자가 성인의 이미지와는 먼 고집 센 정치가이고, 맹모삼천은 후대에 지어낸 이야기이며[1], 맹자와 순자의 주장은 결국 같은 것임을 곧 알 수 있을 텐데 말이다.

고전이 거의 그렇겠지만 필자는 10대부터 40대까지 외다시피 맹자를 읽고 또 가르치기도 하였으나 읽을 때마다 의미가 새롭고 달리 해석될 수 있는 여지가 많았다. 때문에 정치가로 맹자를 보아야 한다는 필자의 주장을 끝까지 고집할 생각은 없다. 그를 철학자로 보아도 무방하고, 성인으로 보아도 무방하고, 미국인 크릴(H.G. Creel, 『중국사상의 이해』)의 얘기처럼 논쟁에서 승리하길 좋아하는 변론가로 보아도 무방하다. 또 무조건 오늘의 잣대를 2천여 년 전에다 들이대며 맹자를 가진 자, 권력자의 변호인이라고 비판해도 무방하다.

『맹자』는 다양하게 읽을 수 있다. 그래서 『맹자』와 관련된 책은 많다. 서점의 코너 하나쯤 차지할 만큼 많다. 현재 국내외의 맹자 연구 단행본만도 수백 종에 이르며, 한국에선 2,000년 이후에만 『맹자』 원서를 해설하거나 번역한 책이 10여 종이다. 연구서나 논문들은 훨씬 많이 나왔다. 중국 사이트에서는 원문과 중국어 해설을 그대로 내려받을 수 있으며, 한국어 번역본도 몇 가지나 컴퓨터 파일로 내려받을 수 있다. 중앙도서관에 가면 150여 건의 맹자 관련 석사 및 박사논문을 검색할 수 있다.

맹자가 유명한 것은 우리나라만의 일이 아니다. 맹자의 고국인 중국 또는 대만·홍콩에서 맹자 연구서는 이제 『맹자』 각 구절 사이의 관계에 대한 여러 가지 해석 가능성을 제시한 책도 나왔고[2], 역대 최고의 주석으로 평가받아 온 조기(趙岐)와 주희(朱熹) 주석 사이에 의미전달 관계만을 천착한 단행본이 나올 정도이다.[3] 미국과 유럽에서도 만만치 않은 성과물을 내고 있다. 특히 일본에서의 맹자 연구는 타의 추종을 불허한다. 각 국가의 유명 검색사이트 창에 맹자를 입력해 보라. 하단에 늘어져 있는 쪽 번호 수에 주눅이 들 것이다. 영어권에서는 중국 고대 제자백가들을 모두 노자·순자처럼 음가 그대로 '~자'의 음역을 부르는 데 비해 맹자는 공자의 'Confucius'에 버금하는 'Mencius'로 불리며 일반 영어사전에도 등장한다.

맹자가 그토록 인기 있는 인물이고, 그토록 다양한 해석이 가능하고, 동서고금에 그토록 많은 연구가 있지만 그를 순전한 정치가로 취급한 경우는 많지 않다. 수많은 맹자 관련 연구서들은 인간 본성에 대해 깊이 탐구한 철학자로서 맹자를 언급한다. 그런데 『맹자』 전체 내용으로 볼 때 '성(性)'이란 글자는 37번 나오는데, 그중 「고자(告子) 상」편 앞부분에 22번 집중적으로 나타나고, 「진심(盡心) 상」편에 유사한 의미로서 '명(命)' 자와 함께 약간 등장할 뿐 다른 곳엔 거의 나타나지 않는다. 『맹자』의 대부분은 이상정치 모델로서 인의와 왕도에 대한 주장, 정치와 사회에 대한 맹자의 소회, 정치가 선배들에 대한 찬양과 비판 및 분석, 이상정치를 위한 정책적 아이디어가 차지하고 있다. 『맹자』는 한마디로 정치학 교과서인 것이다.

그렇다면 정치 서적인 『맹자』가 왜 철학 서적으로 널리 알려지게 되었을까? 그건 성리학과 깊은 관련이 있다. 공자는 고대 경전에 대한 뛰어난 정리 업적과 방대하고 다양한 그의 추종세력 덕분에 보통의 제자백가들과는 달리 일찍부터 학자들이 경외하였으며, 그의 계승자에 의해서든 비판자에 의해서든 면면히 명성을 유지하였다. 그러나 맹자는 그의 사후 뛰어난 계승자를 두지 못한 듯하며, 학문적 기초 작업을 한 업적도 많지 않았던 듯하다. 1973년 중국 마왕퇴 묘지에서 발굴한 한나라 때 문서 『오행편(五行篇)』이 맹자의 후학들이 쓴 것이라는 주장도 있으나 관계없다는 논란이 더 무성하다.[4] 순자가 경전 연구를 철저히 하여 한나라 때 국가이데올로기가 된 유학의 바탕을 만들어 주었으며, 그의 제자들에 의해 여러 경전을 전승[5]시켜 명성을 유지했던 것과는 대조적이다.

맹자는 진나라, 한나라를 지나고 또 위진남북조, 수나라, 당나라 중기를 다 지나도록 여타의 제자백가와 차이가 없었다. 별로 유명하지도 않았고 많이 연구되지도 않았다.[6] 그런데 그가 죽은 지 천 년이 지나서 돌연 그를 깨우는 사람들이 나타났다. 이역 천축에서 들어온 불교가 유행하고 도교적 미신이 판을 치는 데 절치부심하던 당나라 중기 학자들이 유학 부흥운동을 일으켰다. 특히 한유(韓愈, 768~824)라는 뛰어난 학자가 '맹자사상은 지극히 순정한데, 순자사상은 순정하지만 약간 하자가 있다'는 평가를 내렸다. 인성론을 기준으로 철학적으로 초기 유학자들을 평가하기 시작한 것이다. 그로부터 송나라에 이르기까지 소위 이학(理學)의 성립과 유행 과정에서 성선설의 맹자는 지고의 가치를 지닌 저작으로 새로 태어나고, 성악설의 순자는 완전히 잘못된 반유학적 인물로 낙인이 찍히면서 사상의 역사는 역전되었다.

불교에 대항하는 사상으로서 인간의 선한 본성을 강조하고 특히 중국문화의 우수성을 정치적으로 강조한 맹자가 선택된 것은 어쩌면 당연한 일이었는지도 모른다. 주희(朱熹,

孟子趙之一 梁惠王章句上_{凡七章}

孟子見梁惠王 王曰叟不遠千

里而來亦將有以利吾國乎

日利亦有仁義而已矣

交征利而國危矣萬乗之國弑其君者必千乗

之家千乗之國弑其君者必百乗之家萬取千焉

千取百焉不爲不多矣苟爲後義而先利不奪不饜

多矣苟爲後義而先利不奪不饜

未有仁而遺其親者也未有義

朱熹集註

(좌)이 책의 주 참고문헌인 주희
의 『맹자집주』 원본.
(우)송나라 때 이학의 집대성자
인 주희. 대북 고궁박물원 소장.

1130~1200)는 경전에 버금가는 문헌으로 별도의 '사서(四書)'를
정리하고 『논어』와 더불어 『맹자』를 당당히 배치하였다. 성리
학, 정주학 또는 주자학으로 불린 이 신유학(Neo-Confucianism)
이 조선사회를 지배했으므로 한국에서도 자연스레 맹자는
성인시되었다. 위에서 언급했듯이 『맹자』 독법과 관련하여
이러한 철학적 해석은 근거가 없지 않은 주장이며, 세계에 알
려진 중국의 유학사상은 바로 이 신유학이었으므로 인성론
에 입각한 맹자 연구가 세계적으로 많은 것은 당연한 일이다.

『맹자』를 그렇게 철학서로 읽고 싶은 사람은 세상에 널려
있는 그런 책들을 보면 된다. 필자의 이 책은 그들과 달리 맹
자를 정치가로 보고 『맹자』를 정치서로 읽기 위함이다. 이는
주자학 이전의 맹자, 즉 신유학에 대비하여 원시유가라 불린
고대의 맹자 본연의 세계로 들어가 『맹자』라는 책을 읽자는
얘기다. 물론 이런 노력이 옛날에도 없었던 것은 아니다. 청

나라 후기 뛰어난 한학자였던 대진(戴震, 1723~1777)은 그의 대표작 『맹자자의소증(孟子字義疏證)』을 통해 주희의 집주(集注)에 이의를 제기하면서 한나라 때 맹자로 돌아가 해석해야 한다고 주장하였다. 조선 후기 정약용(丁若鏞, 1762~1836) 또한 『맹자요의(孟子要義)』에서 일부 같은 주장을 하고 있다. 그러나 일부 그랬다는 것일 뿐 이 선배 학자들도 여전히 성리학적 틀 안에서 『맹자』를 읽었다.

'나에게 맡겨만 주면 온 천하를 도덕적 이상국가로 만들 수 있다'는 호방한 정치적 자신감으로 가득 찬 『맹자』를 다시 읽어보자. 온갖 현학적 철학적 인성론을 벗어나 곧이곧대로 정치서로서 『맹자』를 읽으면 살아 있는 정치가 맹자를 만날 수 있을 것이다.

호방한 기상, 야당 정치가

맹자가 생각하는 정치는 오늘날 우리가 견디며 살고 있는 정치와 달랐다. 맹자는 정치를 권력을 획득하기 위한 투쟁으로 보지 않았다. 보다 나은 세상을 만들기 위해 군자와 지식인과 통치자가 함께 실천해야 할 덕목으로 생각했다. 그리하여 만들어내야 하는 세상은 첫째 전쟁이 없고, 둘째 위아래 모두가 예의바르며, 셋째 구성원 누구나 선한 본성을 충분히 발현하고 살며, 넷째 정치 지도자들은 그지없이 어질고 군자와 지식인들은 열성으로 정치에 참여하며, 다섯째 그렇게 천하가 통일되어 왕도(王道)가 행해지는 세상이다. 전쟁도 많고 무질서했으며, 온갖 무뢰배들이 판을 치고 정치 지도자들은 모두 투쟁적이며, 천하가 크게 분열되어 다투던 시절에 맹자의 이런 주장이 먹힐 리 없었다. 상대적으로 평화로운 오늘날 보아도 너무 이상적이고 비현실적이지 않은가!

전쟁이 없는 세상은 누구나 바란다. 그러나 방법은 각자 다르다. 맹자의 최대 정적이었던 법가들도 부국강병을 통한 전쟁의 승리를 주장하지만, 궁극적 목표는 전쟁 없는 세상이었다. 그들은 전쟁을 통해 천하를 통일해 버리면 마침내 전쟁이 없어질 것이라고 주장한다. 오늘날 소위 인도주의적 개입(humanitarian intervention)을 명분으로 전쟁을 자행하는 강대국들의 주장과 비슷하다. 맹자시대의 군주들은 거의 모두 여기에 관심이 있었고, 따라서 그 주변의 정치인들은 대개가 이런 부류였다. 맹자도 이를 잘 알고 있었다. 그러나 그는 위의 둘째, 셋째, 넷째 이유 때문에 다섯째를 달성할 수 없다며 단호히 거부하였다. 그리고 법가적 여당에 대하여 유가적 야당의 길을 고집했다. 그는 사사건건 부국강병론을 물고 늘어졌으며, 그런 군주에게 맹공격을 퍼부었다.

신분질서가 분명한 세상에서 위아래 모두가 자기 본분에서 한 치도 벗어나지 않는 예의 바른 세상이 되면 치세(治世), 즉 온 천하가 안정되고 질서 잡히며 평화롭고 행복한 세상이 도래할 것이라는 주장을 예치(禮治)라고 한다. 공자의 제자들 중 일부가 얘기했으며, 특히 순자에 이르러 가장 확실하게 주장되었다. 그럴 경우 예의를 지키지 않는 데 대한 통제를 전제해야 하는데, 통제의 주체인 군주를 예의에 대한 최고의 판단자로 존중해야 하며, 예의 그 자체에 신적인 권위를 부여하여 성인의 행위와 동일시해야 한다. 따라서 예를 어긴 근거를 인간의 악한 본성에서 찾을 수밖에 없게 된다. 맹자도 이를 잘 알고 있었다. 그러나 그는 위의 첫째, 셋째, 넷째 이유 때문에 다섯째를 달성할 수 없다며 단호히 거부하였다. 그리고 현실주의적 여당에 대하여 이상주의적 야당의 길을 고집했다. 그는 현실을 얘기하면 이익을 탐하는 소인으로 깔아뭉갰고, 인간이 선하지 않다는 주장에 대하여 생각이 모자란 사람이라고 공격하였다. 만약 순자와 맹자가 거꾸로 태어나 맹자가 순자보다 한 세대 후배였더라면 맹자는 순자를 부국강병론자들과 다름없다고 신랄하게 비판했을 것이다.

모든 군주가 관용과 도덕 및 인의로 충만한 성군이길 바라는 것은 무리이다. 이것은 맹자도 알고 있었다. 그래서 군주의 마음 한구석에 남아 있는 착한 인간성, 타자의 불행을 불쌍하게 여기는 '마음' 에 기대었다. 이 '마음' 을 최대한 발현토록 하여 군주를 어질기 그지없는 사람으로 만드는 것은 군주 주변 인물들과 정치를 하는 사람들의 몫이라고 맹자는 생각했다. 맹자는 이에 불인인지정(不忍人之政)이란 특별한 용어를 사용하였다. 주로 정치하는 계급인 군자와 지식인이 이 역할을 적극적으로 수행해야 한다. 군자라면 정책을 만들고 집행하는 여당뿐만 아니라 그것에 제동을 걸고 비판을 하여 도덕적이고 훌륭한 세상을 만드는 데 적극적으로 동참하는 야당의 역할도 마다하지 말아야 한다. 두 가지 정치의 길 가운데 맹자는 물론 여당을 하고 싶었지만 위 다섯 가지 원칙을 끝까지 고수하면서 야당 정치가의 길을 걷는 것에도 만족해했다. 정치에 참여하지 않고 고고하게 자기수양만 한다거나, 세상과 어울리지 못하고 혼자 잘난 체하는 사람에 대하여 맹자는 지렁이 같다고 비난했다. 혼자 청렴한 체하지만 그따위 "지조를 세상으로 넓혀가려면 지렁이가 된 뒤에나 가능할 것이오. 지렁이는 위로는 마른 흙을 먹으며 아래로는 누런 흙탕물을 들이키지요."(『맹자』「등문공 하」·7)

맹자는 왕도정치를 행하기만 하면 천하가 통일되는 최고의 세상을 만들 수 있으며, 자신에게 그 역할을 맡기기만 하면 천하통일이 손바닥 뒤집기보다 쉬울 것이라고 자신에 차 있었다. 그런데 "하늘이 천하를 태평하게 다스리지 않으시려나 보다. 천하를 태평하게 다스리고자 한다면 오늘날 세상에 나를 빼고 그 누가 있겠느냐?"(「공손추 하」·13) 이렇게 맹자는 여당이 되지는 못하였지만, 그럼에도 "수레 수십 대를 뒤따르게 하고, 수행원 수백 명을 거느린 채 제후들을 돌아다니며 먹을 것을 구하는"(「등문공 하」·4) 호방한 야당 정치가로

중국 사상가들이 공통으로 존중하는 전설 속의 성군, 도당(陶唐)씨 요임금(좌)
과 유우(有虞)씨 순임금(우).

살며 조금도 굴하지 않았다. 호연지기를 앞세운 당당한 기상
으로 "도에 맞지 않으면 밥 한 그릇이라도 남에게 받아서는
안 되겠지. 그런데 도에 맞는다면 순임금이 요임금에게 천하
를 받았어도 아무도 지나치다고 생각하지 않았네. 자네는 그
걸 지나치다고 보는가?"(「등문공 하」·4)라고 큰소리쳤다. 만
나는 군주 모두에게 왕도를 행해야 세상을 통일시킬 수 있다
고 설득하다가 들어주지 않으면 대놓고 못난 사람이라고 비
난을 늘어놓는가 하면, 계속 그러면 군주 자리에서 쫓겨날 것
이라고 협박을 하기도 하고, 급여도 마다한 채 흔연히 떨쳐
떠나버리기도 했다.

거의 일생 동안 정치의 한복판에서 힘든 야당생활을 하면
서도 세상을 바꾸겠다는 적극적인 정치가로서의 몫을 끝까

지 포기하지 않은 맹자는 오늘날 정치판을 등에 업고 거래를 일삼는 정상배나 정객과는 너무도 다른 진정한 대장부 정치가였다.

대장부 정치가의 표상

  정치는 갈등을 해결하고 보다 나은 사회를 만들려는 인간의 노력이다. 세상에 갈등이 없다면, 더 좋은 세상에 대한 사람들의 꿈이 없다면 정치도 필요 없을 것이다. 집안 식구 몇명의 싸움도 해결하기 어려운데, 온갖 종류의 사람들로 가득한 세상의 온갖 종류의 다툼을 어떻게 다 해결할 수 있을까. 정치는 참 오묘한 마술이다. 그렇게 많은 갈등들을 하나하나 설득하고 조정하고 배려하고 통제하여 사회의 기본질서를 유지해 간다.

  그런데 문제는 사람이면 누구나 설득과 통제를 당하거나 조정과 배려의 대상이 되기를 싫어하며, 설득과 조정과 배려와 통제를 행하는 정치의 주체이길 바란다는 것이다. 사람들이 돈을 많이 벌려는 이유도 따지고 보면 결국은 다른 사람에게 영향력을 행사하는 그런 주체자로서 권력을 갖고 싶어서이다. 다시 말해 세상 사람들은 누구나 권력을 쥔 정치가이고 싶어 한다는 말이다. 아무리 나누어 가진대도 권력은 적고 사람은 많으니 다투지 않을 수 없다. 그러니까 인간은 갈등을 해결하려고 정치를 시작했는데, 정치권력이 갖고 싶어 다시 더 큰 갈등을 일으키는 역설이 성립하는 것이 정치이다. 정치 세계가 더욱 오묘한 이유이다. 결국 정치는 첫째 수많은 사회적 갈등을 해소하고, 둘째 권력을 둘러싼 다툼을 해결하며, 셋째 보다 훌륭한 세상을 마련해야 하는 숙제를 동시에 안게 되었다.

이 때문에 적잖은 동서고금의 사상가들은 아예 정치를 없애 버리자는 주장에서부터 고도로 정교한 정치기예(art of politics)가 필요하다는 논의까지 다양한 의견을 개진해 왔다. 춘추전국시대 제자백가들의 논의 또한 대부분 이 문제들에 집중되어 있다. 맹자가 살았던 시대에는 세상 사람들 모두가 서로를 아끼고 이익을 나누며 하늘이 정한 이치대로 살아가면 일체의 갈등이 없어질 것이라는 묵자(墨子)학파의 주장과 살벌한 정치세계에서 멀어져 자기수양이나 하며 자연과 더불어 살아가자는 양주(楊朱) 일파의 주장이 크게 유행하였다. 하지만 맹자는 당시의 이런 주류 사상이 위에 언급한 정치의 세 가지

문제를 하나도 해결하지 못한다며 신랄히 비난하였다. "세상의 주장은 양주로 귀결되지 않으면 묵자로 귀결되었다. 양주는 자신만을 위하는 위아(爲我)주의니 군주를 인정하지 않는 셈이며, 묵자는 모든 사람을 친애하는 겸애(兼愛)주의니 부모를 인정하지 않는 셈이다. 군주를 인정하지 않고 부모를 인정하지 않는 것은 짐승이다."(「등문공 하」·9) 사회적 갈등에 정면으로 맞서며 열심히 정치에 참여해야 진정한 인간이지 종교에 기댄다든가 은둔을 선택하는 행위는 짐승과 같다는 질타이다.

그리고 맹자는 여러 가지 방법을 제시하였다. 3장에서 자세히 다루겠지만 우선 사회갈등을 해소하기 위한 방법의 핵심은 가족에 대한 사랑을 국가 및 천하로 넓혀가는 방식이다. 맹자의 용어로는 추은(推恩)이라 부른다. "우리 집 노인에 대한 공경이 다른 집 노인에게도 미치게 되고, 우리 집 아이에 대한 사랑이 다른 집 아이에게도 미치게 된다면 천하는 손바닥 위에 올려놓은 듯 다스릴 수 있습니다."(「양혜왕 상」·7) 둘째, 권력 다툼을 해결하는 방법의 핵심으로는 민심의 향배에 기준을 두어야 한다고 주장한다. 셋째, 지향해야 할 보다 나은 세상은 왕도가 행해지는 세상이다. 즉 가족을 아끼고 사랑하는 것과 같은 마음으로 천하를 대하는 사람은 민심을 얻을 것이고, 그가 인정(仁政)을 펼침으로써 천하가 통일되어

왕도가 완성된다는 주장이다. 이는 이론만을 본다면 밑에서
부터 위를 변화시키는 민주적 사유처럼 보이지만, 맹자의 실
천논리는 이와 반대였다. 최고 정치 지도자가 인정을 펼침으
로써 민심을 얻고, 그렇게 왕도가 실현되면 온 세상 사람들
모두가 자기 가족을 사랑하듯 천하를 사랑하게 되리라는 것
이다. 맹자는 사변적 정치 이론가가 아니라 실천적 정치가로
서 당시 군주정치의 현실을 긍정하고 그 군주를 변화시킴으
로써 자신이 구상하는 왕도정치를 실현시키는 데 일생을 걸
었다.

맹자는 이렇게 사회의 모든 갈등을 해소하고 보다 나은 세
상, 즉 왕도를 이루기 위하여 현실 군주들을 변모시키는 것이
자신이 해야 할 일이라고 생각했다. 『맹자』 대부분 내용이 바
로 이것이다. 야당 정치가로서는 참으로 어려운 선택이었을
것이다. 권력에 순종하지 않으면서 권력자의 생각을 바꾸는
데 일생을 건 사람, 맹자는 참다운 대장부 정치가였다.

> 순종을 바른 길로 여기는 것은 부녀자들이 지킬 도리입니다. 남
> 자라면 천하라는 넓은 집에 살고, 천하의 가장 올바른 위치에
> 서며, 천하에서 가장 정정당당한 길을 걷는 법입니다. 뜻을 얻
> 으면 백성들과 더불어 그 길을 갈 것이고, 뜻을 얻지 못하면 홀
> 로 그 위대한 원칙을 실천합니다. 부귀해져도 그 뜻을 어지럽히

지 않고, 빈천해져도 그 뜻을 바꾸지 않으며, 어떠한 위협과 폭
력에도 그 뜻을 굽히지 않습니다. 이 정도는 되어야 대장부라
하겠지요."   —「등문공 하」·2

『맹자』는 그러한 정치를 하고 싶은 정치가 지망생들에게
참으로 값진 복음서이다.

2장

현실에서 지고 역사에서 이긴 맹가(孟軻)

이익 다툼의 시대, 전쟁의 시대

맹자가 그토록 유명한 것에 비해 부모가 누구인지, 누구에게 배웠는지, 언제 나서 언제 죽었는지, 어떤 업적을 남겼으며, 자식이나 제자는 어떻게 되었는지 등 개인 신상에 관해서는 정확히 알려진 것이 없다. 위에서 언급한 것처럼 죽은 뒤 오랫동안 묻혀 있다시피 하다가 천 년이 지나서야 주목을 받았기 때문인 듯하다. 역대로 그의 신상에 관한 수많은 주장과 연표 등이 나오고 있으며, 오늘날 나오는 책들마다 맹자의 이력을 달고는 있으나 학자들 간에 일치하는 내용은 많지 않다. 대부분 추측성 자료인 경우가 많고, 떠도는 얘기들을 엮어 진실인 양 꾸민 것도 적지 않다. 가장 원시적이고 확실한 자료는 『맹자』 원본이며, 곳곳에 틀린 주장이 있긴 하지만 그래도 일부 신뢰할 만한 것은 사마천의 『사기』와 현존 『맹자』를 처음 주석한 조기의 언급 등으로 볼 수 있다.

맹자가 최고의 정치가로 여긴 유가의 시조 공자.

맹자가 주목받지 못한 것은 그가 살아간 시대의 정치 환경과 깊은 관련이 있다. 부국강병의 현실정치판에서 도덕지상의 이상정치를 부르짖으며 야당으로 살아가길 작정한 사람을 탐구할 만큼 중국의 역사 상황은 한가롭지 못했다. 위 문헌들을 종합해 볼 때 맹자가 활동하던 시절은 전국시대 전란의 극성기였으며, 모든 국가들이 합종과 연횡을 거듭하며 생존에 부침하던 시절이었다. 이익을 다투던 전쟁의 시대, 한마디로 수단과 방법을 가리지 않고 부국강병을 달성하려 혈안이었던 세상이 맹자의 시대였다. 맹자는 이 거대한 시대 조류에 항거하여 도덕을 외친 극히 외로운 사상가이자 정치가였다. "하늘을 우러러 한 점 부끄럼이 없고 그 어떤 사람들을 대해도 조금도 창피하지 않는"(「진심 상」·20) 주장으로 이해타산을 앞세우는 세상을 향해 고집스레 시비를 거는 맹자야말로 진짜 야당이 아닌가. 『맹자』라는 책이 이익과 부강을 얘기하는 양 혜왕에 대해 맹자가 신랄한 비난을 퍼붓는 것으로 첫

장을 시작한 것은 바로 시대의 주류 관념에 대한 야당인 맹자의 도전이 상징적으로 의도된 것이라 하겠다.

맹자는 공자를 존경하고 꿈꾸었다. 어떻게 하든지 공자를 닮으려 노력하였다. 공자가 정리 편찬한 『시경』『서경』과 노나라 역사책 『춘추』를 열심히 읽었을 것이며, 『논어』도 보았을 것이다. 그러나 마음속 성인 공자가 돌아가신 지 백 년도 더 지나면서 세상은 더욱 황폐해지고 시대는 공자가 원하지 않은 방향으로 더욱 멀리 치달아 갔다. "공자로부터 오늘에 이르기까지 백여 년이 흘렀다. 성인의 시대를 벗어난 지가 아직 이처럼 멀지 않고, 성인의 거처도 이토록 가까운 곳에 있다. 그럼에도 공자의 도를 보고 아는 사람이 아무도 없구나. 앞으로 들어서 알 사람도 없을 것인가!"(「진심 하」· 38)

공자의 춘추시대와 맹자의 전국시대 모두 국가간 경쟁과 전쟁이 치열한 시대이긴 하였으나, 정치 사회적 배경은 많이 달랐다. 명나라 말 대학자 고염무의 얘기에 따르면 춘추시대 제후들의 경쟁은 아직 예의와 신의가 살아 있었고, 종실을 따졌으며, 일정한 제사의식도 거행하였고 나라끼리 정규적인 교류도 하였다. 그러나 전국시대에 이르면 이런 일들이 모두 없어지고 사(士)들이 한 주군만을 섬기는 일도 없어졌다고 한다.[7] 맹자는 공자보다 훨씬 어려운 조건과 환경에서 공자가 만들려고 그토록 노력하다 끝내 이루지 못하였던 세상을 다시 만들어보려 노력한 것이다.

진·초·연·제·한·위·조 등 7웅이 다투고 그 외에 몇몇 소국들이 생존을 위해 부침하던 전국시대에도 형식상 주나라 왕실은 존재했으나 아무도 존중하지 않았다. 맹자가 직접 만났던 위나라 혜왕, 즉 양 혜왕을 비롯하여 몇몇 군주들은 자신을 왕이라 호칭하고 나섰다. 모든 국가적 틀은 부국강병 정책에 맞추어 재편되었다. 봉지를 인척과 공신들에게 나누어 주어 자치를 허용했던 봉건제도로는 군주가 직할 통치하는 군현제도만큼 강력한 국가를 빨리 건설할 수가 없다. 그에 맞추어 귀족정치는 군주전제정치로 바뀌었다. 각국은 국력을 신장시켜 전쟁에서 승리하고 땅을 빼앗음으로써 패자가 되고 궁극적으로 힘에 의한 천하통일을 달성하려는 패도정치를 신봉하였다.

맹자는 한편으로 인의도덕을 되살려 무너져 가는 위계질서를 추스름으로써 주나라 왕실 종가의 권위를 되살리려는 공자 시대와는 세상이 너무도 달라졌음을 인정하면서도, 다른 한편으로 인의도덕이 여전히 중요하며 새로운 세상을 여는 데도 공자의 방법은 여전히 유용하다고 생각하였다. 그러니까 공자가 인의도덕의 왕도정치를 통해 주 왕실 초기의 이상적 질서체계를 회복시켜야 한다고 제후들을 설득하고 다닌 데 비해, 맹자는 인의도덕의 왕도정치를 통해 패도정치를 극복하고 새로운 이상적 질서체계를 만들어가야 한다고 제후들을 설득하고 다닌 것이다. 옛날로 돌아가자는 얘기보다 새로 만들자고 얘기하기가 설득하기 훨씬 어렵다는 점으로 볼 때 맹자의 정치적 입지가 공자보다 어려웠을 것이란 짐작이 간다.

전국시대 각국 정부 여당의 최대 관심사는 부국강병과 군권의 공고화였다. 생존전략이기도 하였지만 궁극적으로는 유명무실해진 주 왕실을 엎고 천하를 차지하려는 욕망이 감추어져 있었다. 내적인 통일과 외적인 발전을 위해 7웅은 한결같이 강력한 군주 중심의 권력집중을 요구하였고, 이에 따른 정치개혁이 여기저기서 이루어졌다. 법가 정책을 채택한 위나라가 처음으로 개혁에 성공하여 중원의 최강국이 되었다. 다른 나라들도 모두 그에 따라갔다. 『맹자』에 자주 등장하는 강국 위나라의 혜왕과 뒤이은 제나라의 선왕도 그 중 하나였다.

인의도덕을 주장하여 부국강병의 주장을 이기기는 예나 오늘이나 마찬가지로 어렵다. 자신의 생전에 빠른 승부를 바라는 현실 정치가들에게 왕도정치 운운은 하품 날 소리이다. 맹자는 그래서 여당이 될 수 없었다. 현실에서 이길 수 없었다. 그러나 빠른 부국강병은 반드시 민중의 희생을 전제로 한다. 희생에 따른 불만은 잠복되었다가 반드시 폭발한다. 결국은 민중에 대한 사랑을 전제로 한 왕도정치를 그리워하게 된다. 맹자는 그래서 야당이 되었고, 역사에서 이겼다. 맹자보다 20년 쯤 선배이면서 법가적 정치개혁으로 대성공을 거두어 마침내 힘에 의한 중국통일의 기초를 다진 진나라의 상앙(商鞅)은 그 혁혁한 현실에서의 승리에도 불구하고 역사적으로 비난의 대상이 되었다. 맹자의 『맹자』는 오랜 세월 동안 세계가 읽는 고전이 되었지만, 상앙의 『상군서』는 몇몇 부국강병 주장자들의 참고서일 뿐이었다.

춘추전국시대는 중국 역사상 사회 계급의 신분 변동이 가장 심했던 시기였다. 귀족들이 독점하던 지식은 그들의 몰락과 함께 민간에 보편화되기 시작하였으며, 원래 대부의 가신이었던 사(士)들은 지식을 축적하여 군주의 요구에 부응하려 하였다. 반면 귀족정치를 극복하고 군권을 확고히 하려는 군주들은 토지기반을 갖지 못한 이 선비들을 녹봉을 미끼로 유인하였다. 두 집단의 이해관계가 맞아떨어졌다. 부국강병의 아이디어를 가진 선비들은 어느 나라를 가든 군주들에게 귀빈 대우를 받았다. 제나라 위왕은 이런 명령을 내린 적이 있다. "과인의 잘못을 면전에서 꾸짖을 수 있는 사람에겐 상급의 상을 내릴 것이며, 글을 올려 과인에게 간하는 사람에겐 중급의 상을 내릴 것이며, 저자거리에서 비판논의를 하여 과인의 귀에 들리도록 할 수 있는 사람에겐 하급의 상을 내리겠노라."[8] 제나라는 왕궁의 직문 아래[稷下]에다 학궁(學宮)을 세우고 천하의 학자들을 불러 융숭하게 대접하였으며, 교수급의 사람들에겐 과감히 대부 벼슬을 제수하여 왕의 정치적 자문에 응하게 하였다. 그토록 많은 사상학파, 즉 제자백가의 출현은 이런 정치 사회적 분위기와 관련이 깊다.

이익 다툼과 전쟁의 극성기인 맹자의 시대엔 이렇게 부국강병의 아이디어를 권력자들에게 파는 사람이 많았으며, 특히 그가 왕성한 정치활동을 하던 시기엔 국제정치를 둘러싸고 소진·장의 등의 합종연횡설이 크게 난무하였다.[9] 역설적으로 맹자가 주류 사상들과 각국 정부 여당의 정책에 대항하면서 꿋꿋이 야당으로서 삶을 살 수 있었던 것도 이렇게 학자들을 대접하는 정치적 분위기 덕분이라 할 수 있다.

야당 정치가 맹가의 생애

맹자의 본명은 가(軻)이다. 『맹자』원문에 세 번 등장한다. 그런데 옛날 남자들은 스무 살이 넘으면 아버지와 스승을 빼고는 모두 자를 불렀는데, 맹자의 자가 무엇인지는 정확히 알 수 없다. 동한 시절의 조기는 들은 적이 없다고 하였는데, 그보다 후대 사람인 삼국시대 왕숙과 진(晉)나라 때 부현이 각각 자거(子車)와 자여(子輿)를 맹자의 자라고 주장하니 믿기가 어렵다.[10] 그는 추(鄒)나라에서 태어났다. 『맹자』원문에 맹자의 고향이라고 등장한 지명이 바로 추이다. 오늘날 중국 산동성 추현 일대로 추정되며, 공자의 고향인 노나라 곡부에서 매우 가깝다. 공자의 제자들 중 정계로 나간 몇몇을 제외하고 거의 대부분은 교사로 생업을 삼았는데, 지역적으로 가까운 추 지역에도 이런 교사들이 있었을 것이며 맹자는 이들에게서 학문을 익혔을 것이다.

『논어』에 많이 등장하는 노나라의 맹손(孟孫)씨가 분가하여 맹씨가 되었다는 설도 있으나, 맹자의 가계를 정확히 알 수 있는 자료는 없다. 마찬가지로 아버지 이름이 격(激)이고 어머니 성씨가 장(仉)이었다는 주장도 근거를 찾을 수 없다. 일찍 아버지를 여의고 몹시 가난하게 살면서도 자식 교육에 혼신을 다한 어머니의 영향으로 열심히 공부했다는 얘기는 우리가 흔히 보는 소설 속 이야기와 너무 흡사하지 않은가. 맹자 사후 300년이 지난 서한 시대의 『한시외전』과 『열녀전』에 처음 등장한 서생 맹자와 베 짜는 모친에 관한 이야기도 그렇고, 특히 장례식장 옆으로 이사했더니 맹자가 허구한 날 장례지내는 놀이만 하여 다시 시장터로 이사를 갔더니 이제 장사하는 놀이만 하고, 다시 학교 옆으로 이사했더니 그제야 열심히 공부를 하더라는 맹모삼천의 고사는 참 멋진 소설이다. 『맹자』 곳곳의 내용을 종합해보면, 맹자가 어려서 어머니의 교육적 영향을 많이 받았던 것도 사실이고 젊어서 가난했던 것도 사실인 듯하다. 그러나 그렇게 장례식장이나 시장터에 살 정도의 평민은 아니었으며, 적어도 맹자가 성인일 때까지 아버지가 살아 있었던 것을 확인할 수 있다. 『맹자』를 보면 아버지 상보다 어머니 상을 성대히 치렀다는 노나라 평공의 비판에 대해 맹자의 제자 악정자가 "아버지 시절엔 가난하여 사(士)의 예를 갖추어 세 가지 육류를 공물로 바치고 속 널만 써서 장례를 치렀으며, 어머니 상 때는 출세하여 대부(大夫)의 예로 치렀다"는 변호를 하고 있다.(「양혜왕 하」· 16) 맹자의 부친이 무엇을 하여 가족을 먹여 살리고 자식을 교육시켰는지는 알 수 없다.

맹자의 생몰 연대에 대해선 더욱 주장이 다양하다. 그 중 기원전 372년 경 태어나 기원전 289년 경 죽었다는 설과, 기원전 385년 전후로 태어나 기원전 304년 경 죽었다는 설이 비교적 많다. 하지만 정확한 근거를 대기는 어렵다.[11] 어쨌든 80세 이상을 산 것으로 보이며, 기나긴 일생 동안 중국 천하를 돌아다니며 정치적 유세를 거듭하다 만년에 고향으로 돌아와 제자를 가르치고 저술을 하며 생을 마감한 듯하다.

당시 유가학술을 배운 사람이라면 본고장인 노나라로 유학을 가고 싶었을 것이다. 맹자는 20세 가까이 되어 노나라로 유학을 간 듯한데 그때 공자의 직제자들은 이미 죽고 없었다. 맹자는 그 중 공자의 손자인 자사의 학통을

공자의 손자 자사(子思). 『중용』의 저자. 맹자는 그의 제자에게 학습함. 대북 고궁박물원 소장.

이은 사람에게서 유가의 진수를 배운 듯하다.[12] 맹자는 공자의 제자를 직접 만나지 못하고 여러 사람을 사숙했다고 직접 말한 적이 있다.(「이루 하」·22)

맹자의 청장년 시절 최강국으로 맹위를 떨치던 위나라가 제나라·진나라 등의 공격으로 수도를 옮기고 양(梁)나라로 이름이 바뀌는 등 그 세가 한풀 꺾이면서 천하의 정치상황이 복잡해졌다. 맹자처럼 정치에 관심 있는 사람들은 정세의 추이에 민감했을 것이다. 맹자는 다른 많은 사상가들과 마찬가지로 학자들을 잘 대접하는 제 위왕이 다스리는 제나라의 수도로 갔다. 그리고 상당히 긴 장년 시절을 여기서 보내며 다른 학자들과의 교유를 통해 학문적으로 일가를 이루고 많은 제자를 거둔 듯하다. 그러나 아직 벼슬은 하지 않았다. 『맹자』엔 "제나라에 있을 때 왕이 주는 상급을 받아야 할 아무런 이유가 없었다"(「공손추 하」·3)고 말한다. 맹자가 벼슬 하지 않았으니 위왕에게 돈을 받지 않았다는 얘기다. 이 때 맹자는 그다지 유명하지도 않았던 듯하다. 그는 당시 불효자로 소문난 광장이란 제나라 신하와도 교제하였는데, 나중 이를 열렬히 변호하였다. 『맹자』 「이루 하」·30과 『전국책』 「제책(齊策)」에도 나오는 이 이야기는 맹자의 생각을 이해하는 데 도움이 된다. 요약하면 이렇다.

제나라에 광장이란 사람이 있었다. 그의 아버지는 어머니가 큰 죄를 짓자 죽여서 마구간 바닥에 아무렇게나 묻어버렸다. 광장은 너무 심한 것 아니냐며 아버지께 따졌으나, 아버지는 듣지 않고 다시는 그를 가까이하지 않았다. 부자간 인륜을 어겼다는 괴로움에 광장은 아내와 자식을 쫓아내고 혼자 살았다.

제나라 위왕은 광장을 대장으로 삼아 진나라와의 전쟁터에 보내면서 이 말을 듣고는 "전군을 되돌려 장군 어머니의 장례를 다시 치르시오"라고 권하였다. 이에 광장이 대답하였다.

"신이 어머니 장례를 다시 치를 수 없어서 치르지 않은 것이 아니옵니다. 신의 어미는 아비에게 큰 죄를 지었습니다. 그런데 아버지께선 그 어떤 가르침도 내리시지 않고 그만 돌아가셨습니다. 신이 어미의 장례를 다시 치르면 이는 돌아가신 아비를 기만하는 일이므로 감히 실행하지 못하는 것이옵니다."

전투 중에 세 번이나 광장이 진나라에 항복하려 한다는 소문이 돌았다. 측근의 보고를 받은 위왕은 "죽은 아비도 기만하지 않는 사람인데 살아 있는 주군을 배신하겠느냐?"며 믿지 않았다. 진나라에 승리를 거두고 돌아온 광장은 주군의 명으로 어머니 장례를 다시 치렀지만 쫓아낸 아내·자식과 끝내 함께하지 않았다. 맹자는 이러한 광장의 딱한 처지를 충분히 이해해 주었다.

어느 날 맹자의 제자 공도자가 물었다. "광장은 온 나라에서 다 불효자라 부르는 사람인데 선생님께선 그와 가까이 지내시며 예를 갖춰 정중히 대하니 그 연유가 무엇인지요?"

맹자가 대답했다. "세속에서 불효라고 부르는 것은 다섯 가지가 있네. 팔다리를 게을리 하여 부모 봉양을 하지 않음이 첫 번째 불효이고, 장기·바둑을 즐기고 술을 좋아하여 부모 봉양을 하지 않음이 두 번째 불효이고, 재물을 좋아하여 처자식만 가까이 하고 부모 봉양을 하지 않음이 세 번째 불효이고, 눈·귀의 욕망만 좇다가 부모에게 치욕을 안김이 네 번째 불효이고, 용기를 뽐내고 싸움을 좋아하여 부모를 위험에 빠뜨림이 다섯 번째 불효이네. 광장이 이 가운데 무엇 하나 문제가 있었던가? 광장은 자식으로서 아버지와 무엇이 선인가를 두고 다투다가 관계가 틀어진 것일세. 무엇이 선인가를 두고 다투는 것은 친구끼리나 하는 일이지. 부자간에 무엇이 선인가를 두고 다투면 크게 감정을 상하게 된다네. 광장도 사람인데 어찌 부부가 뭉치고 부자가 함께 살길 바라지 않았겠는가? 그러나 아버지에게 죄를 지어 가까이하지 못했으니 아내와 자식을 쫓아내고 늙어죽도록 처자식의 봉양을 받지 않은 것이라네. 이렇게라도 하지 않으면 더 큰 죄를 짓는 것이라고 마음속으로 생각했기 때문이지. 그런 사람이 바로 광장이었네."

후일 광장은 제나라에서 크게 중용되었으며, 제나라에 다시 온 맹자와 논쟁을 벌이기도 하였다.

어쨌든 맹자는 제나라에서 학문적으로 원숙해지고 유명해졌으며 제자도 많이 거느리게 되었다. 그는 자신의 정치적 주장을 실현시키기 위해 제나라를 떠나 본격적으로 유세의 길에 들어섰다. 공자가 옛 질서를 회복하자고 14년 동안이나 천하의 군주들을 설득하고 다녔듯이 맹자도 왕도정치를 실현하기 위해 적어도 8개 국 이상의 군주들을 설득하고 다녔다. 어머니를 모시고 제자와 비복 수백 명을 거느린 채 대나무 조각으로 만든 수많은 책들과 살림살이를 수십 대의 수레에 나누어 싣고 보무도 당당하게 어진 정치를 실시하라고 군주들에게 유세하러 다니는 장관을 상상해보라. 오죽했으면 제자 팽경이 "수레 수십 대를 뒤따르게 하고, 수행원 수백 명을 거느린 채 제후국을 돌아다니며 먹을 것을 구하는 것은 너무 지나친 것 아닙니까?"(「등문공 하」· 4)라고 비판했겠는가.

그의 유세 내용에 대해서는 3장에서 자세히 다루기로 한다. 맹자가 구체적으로 언제 어떤 나라의 누구에게 정치유세를 했

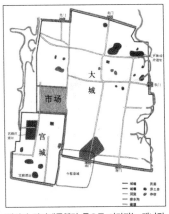

맹자가 장기체류했던 곳으로 여겨지는 제나라 수도 임치. 상업이 발달하고 주민 7만 호에 20여만의 병사가 상주했던 것으로 추정됨.

느냐에 대해서는 의견이 분분하다. 정확한 순서는 매기기 어렵지만 대체로 다음의 나라들을 들른 듯하다.[13] 제 위왕 재임 기간에 장년 시절을 보낸 맹자는 제나라를 떠나 송나라 강왕을 만났고, 작은 나라들인 추나라 목공, 설나라, 임나라, 등나라 문공, 노나라 평공 등을 만났다. 곳곳에서 "군주가 어진 정치를 행하면 백성들은 윗사람을 친애할 것이고 그들의 상관을 위해 목숨을 내놓을 것"(「양혜왕 하」· 12)이란 충고를 하고 다녔지만 이 작은 나라들로는 맹자의 정치이상을 실현할 수가 없었다. 철저한 약육강식의 당시 정치세계에서 왕도정치를 실현할 기본적인 국제정치적 자유마저 누리지 못하는 너무도 미약한 존재였다. 그래서 강대국 제나라에 맞설 수 없다는 등 문공의 한탄에 그저 도망가 조용히 덕을 쌓고 후손에게 기대하라는 멋쩍은 얘기나(「양혜왕 하」· 14/15) 할 수밖에 없었다.

『맹자』를 보면 맹자가 자신의 정치적 주장을 활발하게 개진한 것은 50세를 훨씬 넘긴 나이에 양 혜왕을 만나면서부터이다. 그러나 혜왕이 죽고 즉위한 양공이 "멀리서 바라보아도 임금 같지가 않았고, 가까이 보아도 두려워할 만한 위엄이 보이지 않았다"(「양혜왕 상」· 6)고 실망하며 다시 제나라로 갔다. 제 선왕의 정치자문 격으로 오늘의 장관에 해당하는 경(卿) 직책을 얻어 다른 나라에 조문도 가고, 연나라 공격을 부추겼다는 오해도 받을 정도로(「공손추 하」·8) 선왕의 조정에서 정치에 깊이 관여한 듯하다. 다른 유명한 사상가들이 직하학궁에서 직책 없이 왕의 자문에 응하는 열대부(列大夫) 즉 오늘날의 국정자문위원에 머문 반면, 맹자는 국정고문 정도의 고위직을 지내며 정치적 견해는 야당이면서 신분은 여당인 생활을 하였다.[14] 맹자 일생에서 가장 높은 관직이었다.

어머니가 돌아가시자 제자에게 관이 너무 화려했다는 지적을 받을 정도로 성대하게 장례를 치르고 고향에 묻은 다음 다시 제나라로 돌아갔다.(「공손추 하」·7) 그러나 끝내 정부 여당의 정책에 동조하지 않았다. '덕으로 민심을 얻어야지 절대로 전쟁을 해서는 안 된다'고, '전쟁은 도덕권력을 소유한 사람이 아무리 가르쳐도 듣지 않을 때 부득이 사용하는 것이며, 그렇게 점령했더라도 바로 민심을 수습하여 그 나라 사람들의 의견을 존중하라'고 말하며 제 선왕에게 연나라에서의 철수를 주장하는 등 야당의 노선을 고수했다.(「양혜왕 하」·10, 「공손추 하」·9) 물론 그의 건의는 받아들여지지 않았다.

이렇게 정부 정책에 반대하며 왕도정치를 부르짖다가 받아들여지지 않자 떠난다고 고집피우다 변경에 사흘을 머물기도 했으나, 왕이 다시 부르지 않음을 안타까워하며 아쉬움을 안은 채 고향으로 돌아갔다. "내 어찌 선왕을 버리겠느냐? 선왕은 잘할 수 있을 것이다. 왕이 만약 나를 등용한다면 어찌 제나라 백성들만 편안해지겠느냐? 천하의 백성들 모두가 편안해질 것이다. 난 선왕이 생각을 바꾸길 고대한다. 난 날마다 그걸 바라고 있다."(「공손추 하」 · 12)

제자를 기를 수 있도록 수도 한가운데 집을 지어주고 자금을 대겠다는 제 선왕의 권유를 물리치고 고향으로 향했다. 도중 두세 군데 소국들을 들렀을지도 모르겠다. 70세를 넘긴 맹자는 더 이상 유세의 꿈을 접고 공자 사상이 소멸해 가는 것을 안타까워하며 제자 교육과 저술로 만년을 보냈다.(「공손추 하」 · 11/14) "만장 등 제자들과 『시경』 『서경』을 재편집하고 공자의 사상을 해석하여 『맹자』 7편을 지었다"(『사기』 「맹순열전」)고 한다. 공자와 너무도 흡사한 인생역정을 살았던 맹자의 『맹자』 마지막 구절은 한탄이다. "공자의 도를 보고 아는 사람이 아무도 없구나. 앞으로 들어서 알 사람도 아무도 없을 것인가!"(「진심 하」 · 38)

『맹자』는 친필 저작인가

　춘추전국시대의 사상가들 대부분은 젊어서 스승 밑에서 바늘로 무릎을 찔러 졸음을 쫓아가며 열심히 공부한 뒤 일가를 이루면 현실 정치사회에 그 지식을 적용시키려고 천하를 돌며 정치유세를 벌였다. 그러다 말년엔 은퇴하여 제자들과 문답을 나누거나 후학을 가르치면서 생을 마감하였다. 공자도 그랬고 맹자도 그랬고 순자도 그랬다. 하지만 언제 저술을 했는가에 대해선 정확한 이력을 찾기 어렵다. 오늘날처럼 대중매체가 발달한 시대에도 중국어의 방언은 외국어만큼 심한 차이를 보이는데, 2천여 년 전에야 오죽했겠는가. 또 현대 한자처럼 예쁘고 정교하게 만들어진 글자는 진시황이 중국을 통일한 뒤로도 한참 지나서야 유행했으며 전국시대엔 올쟁이 머리처럼 위가 뭉툭하고 밑부분은 짧은 소위 과두문자에다가 획수도 정말 많았다. 붓도 시원치 않았고, 특히 종이가 없어 대나무 편, 즉 죽간(竹簡)에 새긴 뒤 엮어 책(冊)으로 들고 다니거나 흰 베, 즉 백(帛) 위에 써서 권(卷)으로 말아 들고 다녔다. 조직 형태의 큰 시스템을 갖추거나 일없는 고위직에 있지 않으면 책을 쓰거나 교육을 하기가 쉽지 않았을 것이다. 장년 시절까지 부유하지 못했던 맹자가 일찍 제자를 거두었거나 책을 써내기는 쉽지 않았으리라 생각된다.

언어가 통일되지 않은 세상에서 군주에게 유세하려면 문자로 쓴 기록물을 앞세웠을 것이다. 전국시대 사상가들은 보통 자신의 주장이 담긴 죽간 등을 먼저 바친 뒤 군주에게 상세한 이유를 설명하는 방식의 유세를 했을 가능성이 높다. 제나라에서 학문적으로 성숙하였고 또 유명세를 타서 맹자도 이런 죽간을 만들었을 가능성이 높다. 그가 많은 수레에다 책을 가득 싣고 천하를 돌며 정치유세를 벌일 때 그 수레에는 자신과 초기 제자들이 쓴 것도 있었을 것이다. 하지만 맹자와 관련된 책은 아무것도 남아 있지 않고, 『맹자』 7편(나중 주석이 이루어지면서부터 각 편이 상하로 나누어 정리되어 14편)만이 현존한다. 춘추전국시대 책에 대한 종합 도서정보를 담고 있는 『한서』 「예문지」에도 상세한 『논어』와는 달리 유가 부류에 "『맹자』 11편, 맹가, 추나라 사람, 자사의 제자, 「열전」이 있음" 정도로 간단히 기록되어 있을 뿐이다. 그것마저도 처음 『맹자』를 주석한 후한의 조기는 『맹자』 내편 본서 외에 "또 '외서(外書)' 4편 즉 「성선(性善)」 「변문(辯文)」 「설효경(說孝經)」 「위정(爲政)」이 있는데[15] 문장에 깊이가 없고 「내편」의 내용과 유사한 점도 없어 맹자 본인의 진품 같지가 않고 후세에 체제를 모방해 가탁한 위작이라"[16]고 평가하며 무시해버렸다. 그 후 아무도 이 작품들은 돌보지 않아 망실되었다.

3만 5천여 자[17]로 제자백가 가운데 작은 책에 속하는 현존 『맹자』는 맹자 말년에 은퇴하여 고향에서 제자들과 더불어 만든 책이다. 그런데 맹자의 직접 저작인지, 『논어』처럼 나중에 제자들이 정리한 책인지, 제자들과 더불어 쓴 공저인지 세 가지 설이 오랫동안 대립하여 왔다. 첫 번째 설은 후한 조기로부터 『맹자집주』를 낸 송나라 때의 주희와 『맹자정의』를 낸 청나라 초순 등 주로 『맹자』의 주석자들이 대표하고, 두 번째 설은 맹자 성인화 작업의 실마리를 마련한 당나라 후기 한유로부터 시작하여 당·송 대 유학 사상가들이 대표하며, 세 번째 설은 『맹자열전』을 쓴 한나라 사마천, 『맹자연표』를 쓴 청나라 위원 등 역사가들이 대표한다.

맹자의 직접 저작이 아니라는 이유들은 대체로 증거가 불충분하다. 일부만 살펴보면 첫째, 『맹자』에는 맹자가 만난 제후들의 시호를 쓰고 있는데, 어떤 제후는 맹자가 죽을 때까지 아직 살아 있어 시호를 쓴다는 것이 말이 안 된다. 둘째, 만장이나 공손추 등 제자는 이름을 그대로 쓰나 공도자·악정자 등 제자는 뒤에 '자' 자를 붙여 높이고 있어 스승 맹자가 직접 그렇게 불렀을 리 없다. 셋째, 수십 년의 행적을 담은 기록을 맹자 혼자 쓸 수 없는 데다 '맹자왈' 운운하는 것은 『논어』의 '자왈' 운운과 같이 제자들의 술회이다. 넷째, 일부 고대 성인들의 얘기를 인용하는 부분에 하자가 있는데 맹자 같은 탁월한 학자가 그럴 수 없다. 등등. 그러나 『맹자』는 인생을 회고하며 후대에 쓴 저작인 데다가, 맹자가 신이 아닌 이상 고대사의 얘기를 모두 정확하게 얘기할 수도 없는 일이고 보면 셋째·넷째 이유는 근거가 없다. 또 만장과 공손추 등을 맹자와 말년을 같이 한 비교적 젊은 제자이며 『맹자』 저술을 직접 도운 제자들이라고 보고, '자'를 붙여 부른 나머지 제자들은 나이도 많고 일부 관직도 높은 사람들이라 상정한다면 남자의 통칭으로 부르는 '자' 자를 쓴들 무슨 문제가 있겠냐는 점에서 둘째 이유도 타당하지 못하다. 양 혜왕·등 문공·노평공 등은 맹자보다 먼저 죽었으니 상관없으나 양 양왕과 제 선왕은 분명히 맹자

전국시대에 사용되었던 대전체 문자. 맹자도 이런 글씨를 썼을 것임.

보다 늦게 사망한 듯하다. 염약거[18]의 지적처럼 제자들이 나중 스승의 책을 총 정리하면서 일관성을 살린 것일까? 더 고증이 필요하다.

『맹자』가 맹자의 친필 저작이 아니라는 이 박약한 한 가지 이유를 빼면, 친필 저작이라는 증거들이 훨씬 많고 정확하다. 첫째, 맹자의 생몰 연대를 고증하여 열전을 쓸 정도로 친히 『맹자』를 접했을 것으로 생각되는 사마천의 『사기』 내용을 자세히 분석하면 몇 부분은 제자와 공저했으나 대부분은 맹자 본인의 저술이라고 한다. 둘째, 제자들이 쓴 책이라면 『논어』가 『공자』라고 불리지 않은 것처럼 『맹자』도 책 편집자들에 의해 다른 이름이 택해졌을 것이다. 『순자』 등 저서의 대부분을 본인이 직접 쓴 제자백가들의 책 이름은 모두 '~자'이다. 셋째, 『맹자』 전체를 볼 때 과거 유가에서 높이던 성인의 유습이 쇠퇴하고 공자 사상이 빛나지 못한 것에 대한 한탄으로 일관하고 있는데, 이 분명한 저술 동기와 일관성은 개인 저작이 아니면 설명이 어렵다.[19] 넷째, 제자들이 썼다면 『논어』처럼 스승의 용모를 상세히 기록했어야 하나 『맹자』에는 맹자의 행동거지가 보이지 않는다.[20] 다섯째, 여러 제자들의 기록을 모은 『논어』는 내용과 문장구조, 어투 등의 일관성을 찾기 어려우나 맹자는 아무런 하자가 없이 한 사람이 쓴 것처럼 앞뒤가 일치한다. 송나라 때 주희의 얘기다.

결국『맹자』는 맹자 자신의 과거 행적을 좇으며『논어』처럼 제자들과의 문답 형식을 빌려 정치적 이상을 매우 정밀하게 수미를 일관시켜 쓴 개인의 작품이다. 일부 제자들이 스승의 구술을 받아쓰거나 의견을 개진한 곳도 있겠지만 최후로 맹자가 교정을 보고, 앞뒤를 맞춘 책으로 보인다. 물론 세월이 흐르면서 일부 글자 단위의 첨삭이 있을 수 있으나, 기본적으로는 맹자 본인의 저작으로 보고 읽는 것이 옳을 듯하다.

3장

『맹자』의 주요 사상

큰 뜻을 품어라

정치가 맹자는 큰 뜻을 품은 대장부 정치를 주문한다. 무엇이 큰 뜻일까? 우리에게 익숙한 예로 장기판에 등장하는 초나라와 한나라의 싸움, 항우와 유방을 생각해보자. 두 사람은 뜻이 참 컸다. 진시황이 스스로 통일한 중국 천하를 거들먹거리며 시찰하고 다니던 어느 날, 항우와 유방은 각자 산모퉁이에 서서 이런 탄식을 하였다. "저 자리는 누구나 대신할 수 있는 것 아니겠는가?"(『사기』「향우본기」) "대장부라면 의당 저 정도는 되어야겠지."(『사기』「고조본기」) 믿거나 말거나 사나이의 대장 기질을 얘기할 때 중국인들이 즐겨 쓰는 표현이다. 남자 아이가 커서 대통령이 되겠다고 큰소리를 치면 뜻이 큰 녀석이라고 칭찬하고, 커서 극장 앞에 기도나 서겠다고 얘기하면 싹수가 노랗다고 비하한다. 대권을 장악하여 전국을 아우르는 것이 큰 뜻인가? 실제로 '사내라면 모름지기~' 때문에 정치를 하는 사람이 많다. 그 큰 뜻은 대부분 수단과 방법을 가리지 않고 권력을 장악하는 것이다.

그럼 그 큰 뜻의 성취는 무엇인가? 어떤 모습인가? 기왕 항우와 유방을 예로 들었으니 그들에 관한 한 가지 예를 더 들어보자. 누구나 알고 있듯이 힘은 산을 뽑고 기운은 세상을 뒤덮을 듯하던 서초패왕 항우장사는 결국 싸움에 져서 천하절색 우미인과 눈물을 뿌리며 자살했다. 반면 내세울 것이라곤 남자라고 큰소리칠 줄 아는 것밖에 없었던 유방은 승리하여 천하의 대권을 거머쥐었다. 그리고 한 왕조를 열었다. 항우가 힘과 용맹으로 무장한 사람이었다면 유방은 정치적 수완이 뛰어난 사람이었다. 항우는 지략으로 계산했지만 유방은 정으로 통합하였다. 항우는 일신의 지모로 일사불란하고 통일된 군대를 지휘했지만, 유방은 거나하게 술을 걸치고 형님 아우 하면서 다양한 연합군을 끌어들였다. 술 잘 먹고 좌중을 휘어잡으며 주변 사람들을 누구나 자기 사람으로 만들어버리는 놀라운 능력의 소유자가 결국 정치적으로 큰 뜻을 성취한다는 말인가? 정치를 생물로 생각하며 끝없이 변신하며 세상의 변화 속에 자신을 던져 넣는 것이 큰 뜻을 위한 정치가의 길인가? 그런데 왜 긴 역사 속에서 유방은 그저 수많은 왕 중 하나로 기억될 뿐 인류가 본받을 큰 인물로 대접받지 못하는가? 왜 역사는 대권을 장악한 이 사람들에게 맹자와 같은 위대한 성인의 칭호를 내리지 않는 것일까?

힘을 길러 권력을 장악하고 패권을 추구하는 그런 정치가들은 확실히 현실에서 승리할 수 있으나 역사에서 승리하지는 못하였다. 그런 사람들에 비하면 내면의 덕성을 수양해 백성을 사랑하고 왕도를 추구하는 맹자와 같은 정치가는 현실에서 승리할 수는 없었으나 역사에서 승리하였다. 역사는 소수의 권력자가 꾸미는 것이 아니라 다수의 민중이 꾸미기 때문이다. 민중은 권력을 추구하면서도 사랑을 기대하고, 현실의 다툼을 우선순위로 앞세우지만 마음속 그리움의 고향은 언제나 부드러운 평화이다.

맹자가 말하는 인(仁)은 공자와 마찬가지로 관용·사랑·평화·어짊·자애로움 등 인간세상을 부드럽게 만드는 모든 덕목의 총칭이다. 권력과 이익을 추구하는 경쟁사회의 현실을 직시하면서 인정과 왕도의 이상을 추구하는 맹자의 선택이야말로 역사에서 승리할 수 있는 진정한 큰 뜻이 아닌가. 패권과 이익을 추구하는 정부 여당의 정책에 맞서 왕도와 인의를 내세운 야당의 길을 선택한 맹자는 이러한 역사의 법칙을 꿰뚫고 있었는가.

"남자라면 천하라는 넓은 집에 살고, 천하의 가장 올바른 위치에 서며, 천하에서 가장 정정당당한 길을 걷는 법입니다. 뜻을 얻으면 백성들과 더불어 그 길을 갈 것이고, 뜻을 얻지 못하면 홀로 그 위대한 원칙을 실천합니다."(「등문공 하」·2) 천하의 넓은 집이란 인의의 집을 말하며, 세상에 가장 올바른 위치에 선다는 것은 예의의 실천을 뜻한다. 정정당당한 길은 의로움의 길이다. 결국 인·의·예를 실천하고 아무리 열악한 환경이라도 뜻을 꺾지 않는 대장부 정치를 하라는 주문이다. 어느 것 하나 우리가 살고 있는 현실의 정치세계와 맞서지 않는 얘기가 없다. "인에 살고 의를 따른다"(『논어』「자로」·33) 는 공자의 생각을 계승한[21] 것으로 보이는 이 주장은 야당 정치인으로서 가야 할 원리원칙을 천명한 셈이다. 맹자의 '뜻을 얻으면'이란 말은 그런 정책을 실시할 수 있는 권력의 핵심 중추, 즉 '천하의 제왕이 되면'의 뜻으로 해석할 수도 있겠으나, '왕도가 이루어진 세상이 되면'의 뜻으로 해석하는 것이 『맹자』의 전체 의도와 부합한다.

맹자는 정치권력을 독점 또는 지배로 생각하지 않고 공유 또는 나눔으로 생각하였다. 『맹자』 곳곳에는 '백성들과 더불어 하라'는 주장이 많다.(「양혜왕 상」·2, 「양혜왕 하」·1/2/4, 「등문공 하」·2) "백성들과 즐거움을 함께 나누신다면 그것이 바로 왕도의 실천입니다."(「양혜왕 상」·2) "군주가 백성들의 즐거움을 자신의 즐거움으로 여기면 백성들 또한 군주의 즐

폭군 주를 물리치고 주나라 시조가 된 성군 문왕(좌)과 그의 아들 무왕(우).

거움을 자신들의 즐거움으로 여깁니다. 군주가 백성들의 근심을 자신의 근심으로 여기면 백성들 또한 군주의 근심을 자신들의 근심으로 여깁니다. 천하와 더불어 즐기고 천하와 더불어 근심하고도 왕도를 실천하지 못한 사람은 아직 없었습니다."(「양혜왕 하」·4) 힘으로 권력을 장악하여 백성들을 위한다는 명분으로 위로부터의 지배를 실시하는 것이 패도이고, 덕성을 수양하여 인의와 예의를 정책 기조로 삼아 민심을 천심으로 알고 민의에 기초하여 동고동락하는 정치를 하는 것이 왕도이다.

힘으로 인의를 가장하여 정벌을 하면 천하의 패자가 될 수는 있을 것이다. 그런데 이런 패업을 달성하기 위해서는 반드시 강력한 큰 나라가 필요하다. 도덕으로 인의를 실천하면 천하 사람들이 귀순해오는 진정한 왕도정치를 달성할 수 있다. 이런 왕업을 이루는 데 강력한 큰 국가는 필요 없다. 탕왕은 70리로 왕업을 이루었고, 문왕은 100리로 왕업을 이루었다.[20] 힘 앞에 사람이 복종하는 것은 마음에서 우러나와 복종하는 것이 아니라 제 힘이 부족해서 복종하는 것일 뿐이다. 덕으로 사람을 감복시켰을 때 그 사람은 비로소 속마음을 다해 기꺼이 진심으로 복종한다. 마치 70명의 제자들이 공자에게 복종했듯이 말이다.

—「공손추 상」·3

맹자의 큰 뜻은 정치적 수완이나 힘에 의해 대권을 장악하는 것이 아니라 왕도를 구하는 것이었다. 굳이 권력이란 용어를 사용하자면, 맹자의 진정한 뜻은 정치권력의 장악이 아니라 도덕권력을 장악하는 것이었다. 왕도의 길은 인과 의와 예의 실천에 있다. 도덕이 통하는 세상이면 세상 모든 사람들과 더불어 그것을 실천하고, 도덕이 안 통하는 세상이면 어떤 상황에도 굴하지 말고 '홀로 그 위대한 원칙을 실천하는' 진짜 대장부의 큰 뜻을 품어라.

도덕적 우위를 점하라

맹자는 백성들에 대해 생살여탈의 권력을 장악하고, 전쟁을 통해 패권을 추구하려는 집권세력을 끝까지 물고 늘어지며, 권력과 이익보다 인과 의를 통치자의 행동지침으로 삼으라고, 패도보다 왕도를 국가이념으로 선택하라고, 부강한 나라를 만들려는 법치 정책의 시행보다 도덕적인 나라를 만들려는 예치(禮治) 정책을 시행해야 한다고 고집스럽게 촉구하였다.

집권여당에 의해 모든 명예와 이익이 독점되는 정치 상황에서 야당으로서 할 수 있는 정치적 역할은 백성들의 지지와 집권자의 양심을 끌어내 정부 여당을 변화시키는 길뿐이다. 백성들의 지지와 통치자들의 양심을 끌어내는 것은 매우 힘든 작업이다. 그러나 맹자는 그것이 손바닥 뒤집기보다 쉽다면서 자신감에 넘쳤다. 왜냐하면 인간의 본성은 선하며 매우 도덕적인 양심을 소유하고 있으므로 그것이 충분히 발현되도록 해주기만 하면 된다고 생각했기 때문이다. 그러니까 왕도를 목표로 인과 의와 예를 실천하기만 하면 양심이 살아나게 되고, 그러면 백성들의 지지를 얻을 수 있다는 것이다. 이것을 '도덕'이라 부른다면, 이 도덕에 대한 우월성을 지켜냄으로써 정권을 변화시킬 수 있다고 맹자는 주장한다.

야당 정치가는 도덕적 우월성을 지켜냄으로써 집권세력을 견제할 수 있다. 그 방법은 왕도의 구현을 목표로 삼고 인과 의와 예를 실천하는 것이다. '원칙 없이 호인인 체하는' 사이비 야당 정치인이나 정치적 이해득실에 허덕이는 권력자들에 대하여 도덕적 우월성을 확보함으로써 사회의 부조리를 없애고 왕도를 향한 큰 걸음을 내딛을 수 있다. "군자는 모든 것을 영구불변의 원칙으로 되돌아가게 할 뿐이다. 원칙이 바르면 백성들 사이에 도덕이 흥할 것이고, 백성들 사이에 도덕이 흥하면 일체의 사특함이 없어질 것이다."(「진심 하」· 37) 도덕이 권력에 복속되지 않고 권력이 도덕에 압도당한다면, 궁극적으로 정치의 주체는 도덕을 어지럽히는 집권세력으로부터 도덕을 견지하는 야당으로 넘어가는 것 아니겠는가. 맹자는 권력에 관심이 없던 것이 아니라 세상을 압도하는 더 큰 정치판을 그린 것이다.

도덕정치의 뿌리로서 인간이 선한 본성을 지니고 있고, 인·의·예·지(智)라는 네 가지의 마음 바탕을 지니고 있다는 주장은 맹자 정치철학의 시작이다. 공자 사상의 계승자로서 맹자는 공자보다 훨씬 정교한 철학적 사유를 하며 성선설과 네 가지 마음 바탕[四心]을 통합해 냄으로써 정치와 윤리를 훌륭히 결합시켰다. 그리하여 권력을 중심으로 벌어지는 정치의 현실적 의미를 뛰어넘어 도덕의 완성이란 정치의 이상적 정의가 가능하도록 해주었다. 도덕적 이상의 잣대를 권력적 현실에 들이대며 정치를 비판할 수 있는 근거를 마련한 것이다. 이는 맹자 정치학의 큰 성취이다. 학자들이 맹자철학의 정수로 꼽는 소위 사단설(四端說)의 내용은 이렇다.

사람은 누구나 다른 사람에게 위해가 가해지는 것을 참지 못하는[23] 마음을 갖고 있다. 옛 성왕은 사람에게 위해가 가해지는 것을 참지 못하는 마음을 갖고 있었으므로 백성들에게 위해가 가해지는 것을 참지 못하는 그런 정치를 하였다. 다른 사람에게 위해가 가해지는 것을 참지 못하는 마음을 가지고 백성들에게 위해가 가해지는 것을 참지 못하는 그런 정치를 하면 마치 손바닥 위에서 물건을 굴리듯 천하를 쉽게 다스릴 수 있다.

사람은 누구나 다른 사람에게 위해가 가해지는 것을 참지 못하

는 마음을 갖고 있다고 말하는 것은 이런 이유 때문이다. 여기
한 어린아이가 발을 헛디뎌 우물에 빠진 것을 목격한 사람이 있
다고 하자. 이런 상황에선 누구나 겁을 먹고 불쌍하게 여기는
마음을 가질 것이다. 그건 그 아이의 부모와 사귀려 들어서도
아니고, 마을 사람이나 친구들로부터 칭찬을 들으려고 그러는
것도 아니고, 비난의 소리를 듣기 싫어서도[20] 아니다.

이렇게 볼 때 불쌍히 여기는 마음이 없으면 사람이 아니며, 부끄
러워하는 마음이 없으면 사람이 아니며, 사양하는 마음이 없으
면 사람이 아니며, 옳고 그름을 구별하는 마음이 없으면 사람이
아니다. 측은지심은 인의 싹이고, 수오지심은 의의 싹이고, 사양
지심은 예의 싹이고, 시비지심은 지의 싹이다. 사람에게 이 네
가지 단서가 있는 것은 우리 몸에 팔다리라는 사지가 있는 것과
같다. 누구나 이 4단을 가지고 있는데도 스스로 그것을 행할 수
없다고 말하는 사람은 자신을 망치는 자이고, 자기 군주가 그것
을 행할 수 없다고 말하는 사람은 자기 군주를 망치는 자이다.
이 네 가지 단서를 자기 몸에 갖춘 모든 사람들이 그것을 넓혀
주변을 충만하게 할 줄 안다면 불이 타오르듯, 샘물이 솟아오르
듯 번져갈 것이다. 그렇게 끝없이 확충(擴充)시킬 수 있으면 온
세상을 안정시킬 수 있겠지만, 조금도 확충시키지 못한다면 자
기 부모도 제대로 봉양하지 못할 것이다.　　─「공손추 상」· 6

'사람은 누구나 다른 사람에게 위해가 가해지는 것을 참지 못하는 마음을 갖고 있다'는 말은 곧 사람은 누구나 폭정을 싫어한다는 말이다. 폭정을 싫어하는 인간 본래의 마음에 충실한 정치행위를 해달라는 주문이다. 집권 통치자에게도 이런 마음이 있으며 그렇게 하도록 만드는 것이 적극적 정치 행위임을 밝히고 있는 것이다. 네 가지 단서를 '끝없이 확충시킬 수 있으면 온 세상을 안정시킬 수 있다'는 말은 이 세상 어떤 사람이든지 도덕적 정치 행위를 할 수 있으며, 그것이 가장 큰 의미에서의 정치라는 말이다. 인간은 '불쌍히 여기는 마음' '부끄러워 하는 마음' '사양하는 마음' '옳고 그름을 구별하는 마음'을 이 세상에 구현할 정치적 도덕적 책무를 타고 났다는 말이다. 그런 마음이 없으면 사람이 아니다. 맹자에게 도덕정치의 범주는 단순한 권력세계뿐만 아니라 자기 자신, 부모, 마을, 그리고 국가로 확대되어 가는 일련의 과정이다.

도덕적 우위를 점하는 길은 인·의·예·지를 하나로 연결하여 발전시키는 것이다. 그 으뜸은 인과 의이다. "인·의·예·지란 외부에서 나를 녹이는 것이 아니라 내 자신에게 본래부터 있던 것"(「고자 상」· 6)인데, "인은 하늘이 내린 존귀한 벼슬이며 사람이 편히 살 수 있는 집"(「공손추 상」· 7)이므로 네 가지 싹 가운데 인이 중심이다. '하늘이 내린 존귀한 벼슬' 즉 천작(天爵)은 일반적 정치 행위의 산물인 인작(人爵)보다

진귀하고 우월하다. "인·의·충(忠)·신(信)하고 선을 즐기고 게으르지 않은 것이 천작이다. 공·경·대부 따위 벼슬은 인작이다."(「고자 상」·16) 즉 관직이나 권력 획득 따위를 중시하는 것은 하찮은 정치 행위이며, 도덕을 실천하는 것이 최고의 정치 행위라는 말이다. 도덕적 우위를 점하라는 말은 곧 인·의·예·지, 특히 인과 의를 실천하라는 말이다. "사람은 누구에게나 차마 견디어내지 못하는 일이 있는데 그것을 확충하여 견디어 내도록 하는 것이 인이다. 사람은 누구에게나 차마 행하지 못하는 일이 있는데 그것을 확충하여 행하도록 하는 것이 의이다. 다른 사람을 해치고 싶지 않은 마음을 끝까지 확충할 수만 있으면 이루 다 응용할 수 없을 만큼 인이 넘칠 것이다. 구멍을 파거나 담을 넘고 싶지 않은 마음을 끝까지 확충할 수만 있으면 이루 다 응용할 수 없을 만큼 의가 넘칠 것이다."(「진심 하」·31)

『맹자』는 구체적 정책 방향에 대해 많은 언급을 하고 있다. 예를 들면 "인의 실질은 부모를 잘 섬기는 것이고, 의의 실질은 형을 잘 따르는 것이다."(「이루 상」·27) 따라서 부모에 대한 효도와 윗사람에 대한 공경을 사회정책의 기조로 삼을 수 있다. "요임금·순임금의 치도는 효도와 공경[弟]일 따름이다."(「고자 하」·2) 이렇게 부모에 효도하고, 어른을 공경하고, 군주를 먼저 생각하도록(「양혜왕 상」·1) 하는 정책을 현대적 관점에서 보면 보수적이고 불평등하며 차등적 신분 질서를 강조하는 봉건정책이라고 평가할 수도 있다. 실제로 맹자는 차등을 두지 않고 보편적이고 종교적인 사랑을 얘기하는 묵자에 대해 "자기 부모도 몰라보는"(「등문공 하」·9) 짐승이라고 공격하기도 하였다. 역사적으로도 그리고 오늘날에도 이런 부류의 맹자 비판은 항상 있어 왔다. 그러나 오늘의 잣대로 과거를 재단하는 행위는 어느 시대든 큰 의미가 없다. 또 맹자가 구상하는 도덕정치와 그것이 정치사상 분야에서 갖는 의미에 대한 심사숙고가 전제되지 않는 '착취자의 변호인' '권력자의 대변인' 또는 '반민주주의자' 운운은 2천 3백 년 전 맹자에게 심히 부당한 얘기다.

도덕적 우위를 확보하는 데 필요한 네 가지 싹 가운데 예(禮)와 지(智)에 대해선 『맹자』 한 권의 책을 통해서는 구체적인 모습을 알 수 없다. 공자는 예의와 인의를 동시에 강조했는데, 맹자는 예를 인의에 종속되는 외재적 표출로서 양보나 진퇴 등 몇 가지 행위규범을 뜻하는 정도로만 취급한다. 예라는 글자는 『맹자』에 68번이나 등장하지만 그중 60번이 행위규범에 대한 얘기이며 철학적 논쟁을 한 곳은 없다. 그의 다음 세대인 순자가 예의 범주를 우주자연의 원리에까지 확장하며 최고의 위치에 놓은 것과는 사뭇 구별된다.[25] '옳고 그름을 구별하는' 지는 인식론의 범주에 속하는 일인데, 맹자는 이를 윤리적 개념으로 바꾸어 인륜관계를 해석하는 개념으로 사용하였다. 다만 예와 마찬가지로 지에 대한 구체적 철학적 분석은 없다. 그러나 어쨌든 인륜관계를 인간의 선한 본성과 연결시키고 그 실천의 뿌리인 인·의·예·지가 인간의 마음에서 나옴을 논증한 맹자는 윤리와 정치, 혹은 윤리와 사회를 일원화시킴으로써 인간중심주의적 정치사상의 역사에 중대한 공헌을 하였다.[26] 힘의 정치질서에 대한 도덕의 우위를 설명할 수 있는 근거를 마련해준 것이다.

백성을 선하다고 생각하라

　온 세상에 도덕을 구현하겠다는 큰 정치에 뜻을 둔 점에서 맹자와 순자는 비슷하다. 그러나 왕도에 이르는 방법에 있어서 두 사람은 차이가 났다. 순자는 인간사회의 갈등에 주목하였으며, 인간 본성을 방치하면 사회적으로 큰 혼란을 불러온다고 생각하였다. 따라서 예의를 통해 인간의 악한 성향을 철저히 규제함으로써 왕도에 도달할 수 있다고 보았다. 그러나 맹자는 동물과 다른 인간 고유의 심성에 주의를 기울였다. 원초적으로 선한 본성을 지닌 인간의 도덕적 능력을 신뢰하였다. 그래서 사람의 어진 마음을 가족으로부터 천하로 확충함으로써 왕도를 구현할 수 있다고 생각했다. "사람이 금수와 다른 까닭은 극히 미미한데 보통사람들은 그것을 버리고 군자는 그것을 지킨다. 순임금은 온갖 사물의 이치에 밝았으며 인간관계의 기본 윤리(즉 인륜)를 잘 이해하였다. 그는 모든 일을 인의에 기초하여 처리했으며 인의를 도구나 수단으로 이용하지 않았다."(「이루 하」 · 19)

인의는 세상의 갈등을 통제하는 수단이나 도구가 아니다. 어진 정치, 즉 인의에 입각한 인정은 권력수단을 통해 이루어지는 것이 아니라 인간의 선한 본성을 끝없이 확충시키는 정치이다. 그런데 정말 인간 본성은 선할 것일까? 이 복잡한 인간사회를 보면서 도대체 사람의 본성은 어떤 것일까 곰곰이 생각하면 다음과 같은 몇 가지 상상을 해볼 수 있다. 갓 태어난 아이의 천진무구한 얼굴을 상상하면 사람은 참 선한 본성을 타고난다고 생각하게 될 것이다. 눈썹 하나 까딱하지 않고 사람을 토막 내는 흉악한 몰골들을 상상하면 사람의 본성은 악하다고 생각하게 될 것이다. 저렇게 착해 보이는 사람이 뒤로 그토록 못된 짓을 했다는 얘길 들으면 사람의 본성은 선한 구석도 있고 악한 구석도 있나 생각하게 될 것이다. 어려서 그토록 착하던 아이가 흉악한 마두가 되었다거나 못된 사람이 개과천선하여 천사가 되었다는 예를 보면 본성은 선하게 될 수도 선하지 않게 될 수도 있다고 생각할 것이다. 또 자기 내면의 복잡한 성향들을 돌이켜보면 한 사람의 성품에 어떤 부분은 선하고 어떤 부분은 악한 요소를 다 가지고 있다는 생각도 하게 될 것이다. 또한 사람은 선하지도 악하지도 않고 그저 자연 그대로 태어나지만 주변 환경의 영향을 받아 선하게도 되고 악하게도 된다고도 생각할 것이다.

이런 상상은 2천 년 전 중국에서 벌써 치열하게 논쟁을 했던 주제로, 철학서에서는 흔히 성선설, 성악설, 선악겸구(善惡兼具)설, 성가이위선가이위불선(性可以爲善可以爲不善)설, 유성선유성불선(有性善有性不善)설, 성무선무불선(性無善無不善)설 등으로 불린다. 수많은 책과 논문이 다루고 있는 이 주제를 여기서 일일이 말할 필요는 없겠으나, 한 가지는 짚고 넘어갈 필요가 있다. 대부분 사람들이 일반적으로 사람도 자연의 일부라 선하지도 악하지도 않게 그냥 태어난다고 생각하는데 왜 맹자는 아니라고 주장했을까? 그런 고자(告子)의 주장이 훨씬 정교하고 이치에도 맞으며 상식적인데 맹자는 왜 정교하지도 못하고 논리적으로도 하자가 있는 성선설[27]을 굳이 주장했던 것일까? 그 이유는 아마도 그의 의도가 인성의 선악을 논하고자 하는 철학적 논변에 있었던 것이 아니라 도덕을 무기로 한 정치적 구상에 있었기 때문일 것이다.

고자가 말했다. "본성은 휘늘어진 버드나무와 같지요. 그리고 의(義)는 그 버드나무 가지를 휘어서 만든 그릇받침과 같고요.

사람의 본성으로 인의를 행하게 만드는 것은 버드나무 가지로
그릇받침을 만드는 것과 같습니다."

맹자가 말했다. "당신은 버드나무의 본성에 그대로 순응해서 그
릇받침을 만들 수 있겠소? 아마도 버드나무를 잔인하게 해친 뒤
그것으로 그릇받침을 만들 것이오. 버드나무를 잔인하게 해쳐
서 그것으로 그릇받침을 만드는 것이라면, 또한 사람을 잔인하
게 해쳐서 인의를 행하게 만들겠다는 말이오? 온 천하 사람들을
다 거느리고 인의를 망치는 것은 필경 당신 같은 사람의 말 때
문이오!"   —「고자 상」· 1

고자가 말했다. "본성은 용솟음하는 물과 같습니다. 동쪽으로
길을 트면 동쪽으로 흐르고, 서쪽으로 길을 트면 서쪽으로 흐르
지요. 사람의 본성에 선과 선하지 않음의 구분이 없는 것은 물
에 동쪽과 서쪽의 구분이 없는 것과 같습니다."

맹자가 말했다. "물은 정말로 동서의 구별이 없소. 그런데 상하
의 구분도 없을까요? 사람의 본성이 선한 것은 물이 아래로 흐
르는 것과 같지요. 어떤 사람이든 선하지 않는 경우가 없고, 어
떤 물이든 아래로 흐르지 않는 경우가 없소. 여기 물이 있는데
손으로 쳐서 튀어 오르게 하면 이마를 넘게 할 수도 있고, 보를
만들어 밀면 산으로 끌어올릴 수도 있어요. 이것이 어찌 물의
본성 때문이겠소? 외부로부터의 힘이 그렇게 만든 것이지요. 사

람이 선하지 않게 될 수 있는 것도 그 본성이 이와 같은 경우를
당했기 때문이오."   —「고자 상」·2

고자가 말했다. "타고난 자질을 본성이라 부릅니다."
맹자가 말했다. "타고난 자질을 본성이라 부르는 것은 모든 종
류의 하얀 것을 하얗다고 말하는 것과 같소이까?"
"그렇습니다."
"흰 깃털의 흰 것과 백설의 흰 것이 같고, 흰 눈의 흰 것과 백옥
의 흰 것이 같다는 말씀이지요?"
"그렇소."
"그렇다면 개의 본성은 소의 본성과 같고, 소의 본성은 사람의
본성과 같단 말씀이시오?"   —「고자 상」·3

공도자가 말했다. "고자는 '본성은 선함도 없고 선하지 않음도
없다'고 말합니다. 어떤 사람은 '본성은 선하게 될 수도 있고 선
하지 않게 될 수도 있다. 그래서 문왕과 무왕 같은 성왕이 일어
나면 백성들이 선함을 좋아하고, 유(幽)왕과 여(厲)왕 같은 폭군
이 일어나면 백성들이 포악함을 좋아한다'고 말합니다. 혹자는
'어떤 사람의 본성은 선하고 어떤 사람의 본성은 선하지 않다.
그래서 요와 같은 성인이 군주가 되었음에도 순의 이복동생 상
(象) 같은 나쁜 사람이 있고, 고수(瞽瞍) 같은 못된 아버지를 두

고도 순 같은 성인이 있으며, 주왕 같은 포악한 사람이 형의 아들이면서 군주가 되었음에도 미자 계(微子啓)나 왕자 비간(比干) 같은 착한 사람이 있었다' 고 말합니다. 이제 선생님께서 '본성은 선하다' 고 말씀하시는데, 그렇다면 저들이 모두 틀렸다는 것입니까?"

맹자가 말했다. "타고난 성정을 그대로 좇으면 누구나 선하게 될 수 있다는 것이 내가 선하다고 말한 까닭이네. 선하지 않은 행위를 하는 경우도 있지만 그건 타고난 성질[20]이 잘못되었기 때문이 아니네. 불쌍히 여기는 마음은 사람이면 누구나 가지고 있으며, 부끄러워하는 마음은 사람이면 누구나 가지고 있으며, 공경하는 마음은 사람이면 누구나 가지고 있으며, 옳고 그름을 구별하는 마음은 사람이면 누구나 가지고 있다네. 측은지심은 인이고, 수오지심은 의이고, 공경지심은 예이고, 시비지심은 지이네. 인·의·예·지는 외부에서 나를 녹이는 것이 아니라 내 자신에게 본래부터 있던 것인데 사람들이 생각하지 않고 있을 뿐이지. 그래서 '구하면 얻을 것이요 버리면 잃을 것이다' 라고 말하는 것일세. 그런데 어쩌다 사람들이 그런 선함으로부터 몇 배 혹은 헤아릴 수 없을 정도로 멀리 벗어나 버리는 것은 그 타고난 성질을 충분히 발휘할 수 없었기 때문이네. 『시경』에 '하늘이 만 백성을 낳으셨네/ 삼라만상 모두가 제 규칙을 지녔다네/ 백성들이 그 불변의 규칙을 지녔으니/ 이 아름다운 덕을 좋아하도다'란 말이 있네. 공자께선 '이 시를 지은 사람은 도를 아는 사람이리니! 어떤 사건 사물이든 모두 법칙이 있는데, 백성들이 그 불변의 규칙을 지녔기 때문에 이 아름다운 덕을 좋아하는 것이다'라고 말씀하셨네."
                                                        —「고자 상」·6

『맹자』에서 인성에 관한 논쟁은 이것이 거의 전부인데, 어떤 경우든 맹자의 마지막 결론은 사회질서를 위한 구상으로 끝이 난다. 그러니까 맹자가 구상한 왕도정치는 그 어떤 악도 존재하지 않는 사회이다. 본성적으로 선한 인간이 외부적 영향 때문에 생겨난 선하지 못함을 완전히 제거하는 것이 어진 정치의 실체이며, 그리하여 도달한 완전히 선한 사회가 왕도 사회인 셈이다.

고자의 주장은 유가의 일반적 주장과 대체로 일치한다. 공자도 『논어』에서 "식욕과 성욕은 본성이다" "본성은 서로 비슷비슷하다"고 하였고, 『예기』 「예운」편에도 "음식을 먹는 것과 남녀간 일은 인간의 큰 욕망이다"고 하였으며, 『순자』도 인간의 본성을 선과 악으로 상정하기 전의 자연스런 성향으로 본다. 그런데도 맹자가 사람을 잔인하게 해친다느니, 본성이 아래로 흐른다느니, 사람의 본성을 소의 본성과 같게 취급했다느니 하면서 고자를 비판하고 본성이 선하다고 한 것은 정치하는 존재로서 인간의 위대성을 강조하기 위해서라고 생각된다. 결론 격인 「고자 상」 6장의 얘기는 결국 백성들의 미덕, 동물과 다른 인간만의 특성인 '심(心)'의 문제로 끌어가고 있다. 다시 말해 왕도정치의 바탕인 인간의 마음, 특히 인·의·예·지 네 가지 도덕규칙의 선함을 얘기하기 위해 본성의 선함을 논증하지 않으면 안 되었던 것이다. 거꾸로 얘기하면 본성의 선함을 사람 마음의 씨앗인 사단과 연결하여 왕도정치의 당위성을 역설한 것이다. 「고자 상」 4장에서 인간 본성의 자연성을 얘기하는 고자의 말은 접어두고 '인은 내적인 것이고, 의는 외적인 것이다'는 고자의 언급에 대한 반박만 하고 있는 것도 이러한 맥락에서다.

사실 『맹자』의 다른 부분에서 맹자는 인간 본성의 자연성을 긍정하고 있다. 상식적으로 인간의 사회적 행동을 볼 때 선한 구석이 분명히 있고, 그 점만 중시하면 인간 본성은 선하다. 맹자의 예처럼 물에 빠진 어린 아이를 구하려는 마음이 그렇다. 그러나 인간의 숱한 성향을 이 한 가지로만 정의할 수 없기 때문에 인간 본성이 선하다는 논증은 많은 문제점을 안게 된다. 맹자 스스로도 이런 얘기를 했다. "입으로 맛난 음식을 먹고 싶고, 눈으로 아름다운 빛깔을 보고 싶고, 귀로 좋은 음악을 듣고 싶고, 코로 향기로운 냄새를 맡고 싶고, 사지 손발을 편안히 쉬고 싶은 것이 사람의 본성이다."(「진심 하」·24) "사람이 어릴 땐 부모를 사랑하고, 색을 알게 되면 예쁜 여자를 사랑하고, 처자식이 있게 되면 처자식을 사랑하고, 벼슬하면 임금을 사랑하고, 임금의 은총을 얻지 못하면 얻으려 열중한다.”(「만장 상」 · 1) 맹자는 이것들을 작은 본성이며 시시한 일이라 하고, 군자나 대인은 이를 추구하지 않는다고 하였다. 좀 엉뚱한 주장이다. 세상에 본성을 두고 군자가 어디 있고 소인이 어디 있겠는가? 결국 우리는 이 말들을 통해 맹자의 성선설이 맹자 철학의 논리적 출발점이 아니라 결국 위대한 인간만이 성취할 수 있다는 왕도정치론의 부속 관념임을 확인할 수 있다.

맹자가 하고 싶었던 얘기는 아마도 '사람이면 다 사람이냐? 사람이 사람다워야 사람이지!' 였는지도 모른다. 묵자나 양주 등 당시 유행하던 사상이나 부국강병론 등 당시 정부 여당의 정책 모두가 맹자에겐 사람답지 않은 주장으로 보였던 것이다. 그는 성선설의 귀결로서 인 · 의 · 예 · 지라는 마음의 씨앗을 설명하면서 다른 사람을 불쌍하게 여기는 마음이나 잘못을 부끄러워하는 마음 등이 없으면 '사람이 아니다' 라고 못 박는다.(「공손추 상」 · 6) 맹자는 사람의 마음에 공통되는 성질이 있다고 생각했다. 도리와 인의가 그것이다.(「고자 상」 · 7) 선한 본성을 발휘하고픈 마음이 온몸에 울리는 것, 온 가정에 울리는 것, 온 사회에 울리는 것, 온 천하에 울리는 것, 그리하여 모든 백성들이 인의와 도리를 공유하는 세상,

그것이 맹자가 바라는 왕도이다. 백성들의 마음을 선하다고 믿어라. 선한 백성들의 마음, 즉 선한 민심이야말로 야당 정치가로서 맹자가 기댄 정치의 귀결이었다.

민심에 모든 것을 걸어라

    사람은 동물과 달리 '마음'을 가지고 있는 위대한 존재이므로 모두 선한 본성을 지니고 있다. 선한 사람도 있고 악한 사람도 있다거나, 선할 수도 악할 수도 있다는 말은 말이 안 된다. 따라서 모든 백성들이 다 성인이 될 수 있다. "요임금·순임금도 다 같은 사람이다."(「이루 하」·32) 맹자는 성인이든 왕이든 일반 백성들이든 모두 같은 부류의 사람이라고 생각했다. 모두 동물과 달리 선한 본성과 마음을 지녀 인의를 실천할 수 있는 위대한 존재들이라는 말이다. 일반 백성을 성인이나 왕과 같은 부류로 취급했다는 것은 맹자 정치사상의 획기적 성취처럼 보인다. 평등성을 살렸다는 측면에서 그렇다. 맹자는 말한다.

백성들이 가장 소중하고 사직은 그 다음이며 군주는 그렇게 중요하지 않다. 그래서 일반 백성들의 신뢰를 얻으면 천자가 되고, 천자의 신뢰를 얻으면 제후가 되고, 제후의 신뢰를 얻으면 대부가 된다. 제후가 사직을 위태롭게 만들면 다른 사람으로 바꾸고, 희생에 쓸 가축을 다 마련하고 곡물도 깨끗이 갖추어 제때에 제사를 지내는데도 가뭄이나 홍수가 연이으면 종묘사직을 바꾼다.   ―「진심 하」· 14

　민심을 업어야 도덕정치의 상징으로서 천자가 된다는 뜻이며, 통치자의 합법성은 백성들의 지지 위에서 만들어진다는 뜻이다. '제후가 사직을 위태롭게 만들면' 바꾸어 버린다는 말은 제후에게 엄청난 공포를 주는 말로 여기서 민심의 중요성을 한껏 고조시켰다. 그러나 현대적 의미의 정치적 평등과 착각해서는 안 된다. 맹자가 성인·왕·백성을 동류로 취급한 것은 인간이 본질적으로 평등하다는 의미라기보다 인의를 행할 수 있는 존재라는 점에서 그렇다는 의미이다. 즉그의 인정론을 왕과 성인의 존재 위에 끌어다 놓은 것이다. 백성을 소중하게 여기고 왕을 가볍게 여긴다는 맹자의 소위 민귀군경(民貴君輕)론은 결국 그의 왕도정치론의 숭고함을 표현한 것이며, 야당 정치가로서 인의가 권력보다 위대한 것임을 강조하기 위함이라고 할 수 있다.

백성 즉 민(民)을 강조한 정치 전통은 오래되었다. 우리는 『서경』이나 『좌전』 등 고대 정치서적들에서 이와 관련된 주장을 얼마든지 찾아낼 수 있다. 심지어 국가가 흥하려면 백성들의 말을 경청하라든가, 백성은 신령의 주인이라는 등 언급도 많다.(『좌전』 장공 32년/ 희공 19년 등) 이를 굳이 민본(民本) 정치사상이라 이름 붙인다면 춘추전국시대 중국의 정치 전통은 민본사상의 보고이며, 맹자는 그 연속선상에 있다. 공자는 정치를 하면서 끝까지 놓지 말아야 할 사항은 군대나 경제보다 백성들의 신뢰라고 말하였다.(『논어』 「안연」)

그런데 공자에서 순자까지 법가를 제외한 거의 모든 제자백가들이 군주의 입장에서 민의의 중요성을 강조하면서도 군주와 백성을 직접 대비시켜 누가 중요한가를 비교하지는 않았다. 반면 맹자는 위의 인용에서처럼 직접 대비하면서 민이 훨씬 중요하다고 못을 박았다. 이 때문에 『맹자』와 맹자는 나라가 혼란에 빠지거나 폭군에 대한 민중들의 분노가 처절할 때면 노장사상과 더불어 재야세력이나 백성들에게 크게 유행하였으며, 반면 독재정권이 출현하거나 권력 교체기에 이르면 철저한 경계의 대상이 되었다. 명나라 태조 주원장은 『맹자』를 금서로 삼아 선비들에게 읽지 못하도록 철저히 막았다.[29]

하지만 이와 같은 이유 때문에 맹자의 사상을 '민본위 사상으로 받아들여 오늘날의 민주정치와 비교하는 것은 어불성설이다. 유가에서의 민의 중시는 대부분 군주에게 도덕적 권위를 마련하고 또 어쩌면 군주를 도덕적으로 절제시켜 장기적인 사회 안정을 추구하려는 수단으로서의 의미가 강하다. 진짜 민주가 되려면 백성들의 주체적 권리를 찾아주어야 할 텐데, 『맹자』를 포함한 중국 사상 어느 것에도 민중에게 의무 외에 권리를 부여해 주라는 말은 없다. 따라서 맹자가 '인민 주체성의 입장에 서 있다' [30]고 말할 수는 없으며, 특히 전제군주정치에 대항한 사상으로 해석하는 것은 문제가 있다. 맹자에게 민은 정치권력의 근본이 아니라 도덕의 근본이라고 봄이 옳다. 정치와 윤리가 결합된 맹자적 의미의 큰 정치라는 개념을 도입하면 물론 정치의 근본이 될 수 있으나, 오늘날 민주 개념 속의 민과는 다른 개념이다.

그러나 어찌되었든 『맹자』엔 곳곳에서 민을 강조하고 있으며, 민심에 모든 것을 걸라고 정치가들에게 충고한다. 예를 들면 인재등용에 관해 맹자는 제 선왕에게 이렇게 충고하였다.

좌우 측근이 모두 특정인을 어질다고 말하더라도 믿어선 안 됩니다. 여러 대부들이 모두 어질다고 하더라도 믿어선 안 됩니다. 백성들〔國人〕모두가 어질다고 말하면 그때야 주의 깊게 살펴보고 현명함을 확인한 뒤에 등용하십시오. 좌우 측근이 모두 특정인을 안 된다고 말하더라도 귀담아 듣지 마십시오. 여러 대부들이 모두 안 된다고 하더라도 듣지 마십시오. 백성들 모두가 안 된다고 말하면 그때야 주의 깊게 살펴보고 불가함을 확인한 뒤에 버리십시오. 좌우 측근이 모두 특정인을 죽여야 한다고 말하더라도 귀담아 듣지 마십시오. 여러 대부들이 모두 죽여야 한다고 하더라도 듣지 마십시오. 백성들 모두가 죽여야 한다고 말하면 그때야 주의 깊게 살펴보고 죽여야 한다는 판단이 선 뒤에 그를 죽이십시오. 그래서 전 국민이 그를 죽인 것이라고 말하는 것입니다. 이렇게 한 뒤라야 백성들의 부모가 되실 수 있습니다.　　　　　　　　　　　　　　　　　—「양혜왕 하」·7

　이 구절에서의 '백성들 모두' 란 표현은 『맹자』에 한자 '민(民)' 이 아니라 '국인(國人)' 이라고 쓰여 있다. 맹자의 민심에 대한 강조는 이 국인과 관련이 있다. 국인이란 말은 『맹자』에 8번 나오는데, 『좌전』엔 무려 82번이나 등장하며 가장 활발하게 정치참여를 한 부류로 정리되어 있다.[31] 춘추시대 신분변동이 극심하던 사회에서 이 국인들은 집단의 힘으로 군주를 바꾸거나 외교의 중추적 역할을 하기도 하였다. 국(國)은 마치 고대 그리스의 폴리스처럼 읍성을 단위로 한 정치체제였으며 글자도 그 상형이다. 생산은 주로 성 밖 야인(野人)들이 담당했는데, 2백 개 전후의 이 국들이 춘추시대 후반 통합되기 시작하고, 전국시대엔 정복군주에게 권력이 모아지면서 거대한 몇 개의 나라로 합쳐진다. 이들에 의해 군주전제정치의 시대가 열리면서 국인들은 급격히 소멸하였다. 맹자의 '민귀군경' 론은 이 국인들을 염두에 둔 것이 아닌가 생각된다. 우리가 백여 년 전 근대사를 자세히 알고 있듯이 맹자 또한 백여 년 전 국인의 역할을 상세히 들었을 것이다.

이제 나라가 더욱 커지고 국인은 야인과 혼돈되어 다 같이 민으로 불렸다. 신민에 대한 생사여탈의 권력을 지니고 국가와 군주의 이익에 매진하는 정부 여당이 지배하는 시대에 야당 맹자는 민의 '마음'에서 국인의 역할을 기대했는지도 모른다. "하나라 걸왕과 은나라 주왕이 천하를 잃은 것은 그 백성들을 잃었기 때문이다. 백성들을 잃은 것은 그들의 마음을 잃었기 때문이다."(「이루 상」 · 9) 민심은 천심이니 모든 민들이 평등하게 인의를 행할 수 있으며, 그래서 인의의 정치는 절대다수인 민에 의해서 움직여지는 정치인 것이다. 그러니 정치권력보다 훨씬 위대한 도덕권력을 지닌 '백성들이 가장 소중하고 사직은 그 다음이며 군주는 그렇게 중요하지 않다.'

도덕적 우위로 정부 여당의 권력을 압도해야 했기에 맹자는 이익보다 의리를 강조할 수밖에 없었다. 그런데 정부가 현실적으로 부국강병을 추구하고 그 목적이 정권 담당자들의 이익과 결부되든 안 되든 결국은 온 백성이 잘 사는 것이라고 할 때, 이익을 배제할 수는 없다. 그러니까 제 아무리 의(義)가 중시되는 세상이라 하더라도 백성들에 대한 이(利)가 보장되지 않으면 도덕권력은 수립되지 않는다. 정치의 존재 이유는 보다 나은 세상을 만드는 것인데 정치의 주체인 백성들을 헐벗고 굶주리게 해놓고 보다 나은 미래를 위해 대의를 중시하자고 말할 수는 없기 때문이다.

의란 마땅히 해야 하는 것이며, 사람답게 살아가는 것이며, 도리를 아는 것이다. 대의명분이요, 남에 대한 배려요, 공동체를 중시하는 원만한 인간관계요, 문명의 수레를 움직이는 사람다움이다. 그래서 맹자는 의가 이보다 중요한 근본이라고 말한다. 이익을 따지는 양 혜왕에게 "위아래서 서로 이익을 다툰다면 그 나라는 위험에 빠집니다. …… 대의를 뒤로 미루고 이익만 앞세우기 때문에 남의 것을 빼앗지 않고는 만족하지 못하는 것입니다. 어질면서 자기 부모를 버리는 사람은 없으며, 의로우면서 자기 군주를 나중에 생각하는 사람은 없습니다. 왕께서는 인의만을 말씀하셔야 합니다. 하필 이익을 말씀하십니까?"(「양혜왕 상」·1)라고 질타했다. 여기서 맹자의 의도는 이를 배척하고 의만을 숭상해야 한다는 논리가 아니다. 무엇을 앞세우고 무엇을 뒤로 미루느냐 하는 정치적 판단의 문제를 얘기하고 있다. 대의명분이 가장 중요한 정치세계에서 이익을 강조하는 여당과 의리를 강조하는 야당 중 누가 민심을 얻을 수 있을까? 맹자는 이익보다 의리에 우선순위를 두었다.

기실 맹자가 이익에 관하여 말하지 않은 것도 아니었다. "백성들에게 생업을 마련해 주어도 위로 부모를 충분히 봉양할 수가 없고, 아래로 처자식을 충분히 먹여 살릴 수가 없습니다. 풍년이 들어도 일년 내내 고통스럽고 흉년이 들면 죽음을 면치 못합니다. 이런 상황에서 자기 목숨도 보전하기 어려운데 어느 겨를에 예의를 익히겠습니까? 왕께서 어진 정치를 행하고자 하신다면 역시 근본적인 문제로 되돌아가셔야 합니다."(「양혜왕 상」·7) 근본적인 문제는 역시 이익과 관련이 있다. "일정한 생업이 없으면 일정한 도덕심도 갖지 못합니다."(「양혜왕 상」·7, 「등문공 상」·3) 하지만 맹자가 민생 해결을 근본적인 문제로 삼은 것은 그 목적이 인의에 도달하기 위함이었다. "숙속(菽粟, 맹자 당시의 주식)이 물불처럼 가득한데 백성들 중 인의를 실천하지 않는 사람이 있겠는가!"(「진심 상」·23) 역시 의리를 높은 곳에 두었다. 그가 구상하는 큰 정치를 위한 민심 획득의 길이 바로 그것이었다. "백성을 얻는 데 길이 있다. 그들의 마음을 얻으면 백성을 얻는 것이다. 마음을 얻는 데 길이 있다. 그들이 바라는 바를 주면 모여들고 싫어하는 바를 베풀지 않으면 가까워진다."(「이루 상」·9) 백성들과 더불어 즐기라. 백성들과 사냥터를 같이 사용하라. 민심에 모든 것을 걸어라.

정치인으로서 자부심을 가져라

맹자는 정치야말로 인간사회의 일 중에서 가장 위대한 일이라고 생각하였다. 그는 정치를 하려면 큰 뜻을 품으라고 외친다. 일국의 권력을 장악하는 것보다 더 큰 꿈, 즉 천하에 왕도를 실현시키는 큰 꿈을 가지라고 한다. 인의의 정치로 왕도를 구현하겠다는 생각으로 무장하고 현실 정치권력에 대해 큰소리를 치라고 말한다. 천하를 책임질 사람이 자신뿐이라는 자신감을 가지라고 요구한다. 자신 있게 행동하고 자신을 최고로 생각하라고 말한다. 온 세상의 갈등을 조절하고 모든 인간에 내재하는 선한 본성을 충분히 발현시켜 주는 것이 정치인데, 그런 정치를 하는 진정한 정치가는 얼마나 위대한 존재인가. 당연히 모든 백성들이 우러러 그를 받들고 섬기고 봉양하여야 한다. 신농씨를 받드는 농가 일파 인물이 군주도 직접 밭을 갈아 먹고살아야 한다고 주장하자, 맹자는 그 원조인 허행(許行)을 지목하며 신랄히 비난한다.

맹자가 말했다. "허행은 반드시 자기가 곡식을 심은 뒤 그것을 먹습니까?"

허행의 제자 진상이 대답했다. "그렇습니다."

"허행은 반드시 자기가 베를 짠 뒤 그것으로 옷을 만들어 입습니까?"

진상이 대답했다. "아닙니다. 허행은 그냥 거친 갈옷을 그대로 입습니다."

"허행도 모자를 쓰지요?"

진상이 대답했다. "모자를 씁니다."

맹자가 물었다. "어떤 모자를 쓰지요?"

진상이 대답했다. "흰 모자를 씁니다."

맹자가 물었다. "자기가 직접 그것을 짜서 씁니까?"

진상이 대답했다. "아닙니다. 곡식으로 바꿉니다."

맹자가 말했다. "허행은 왜 직접 자기가 모자를 짜지 않는가요?"

진상이 대답했다. "농사에 방해가 되기 때문입니다."

맹자가 말했다. "허행은 가마솥과 시루로 밥을 해먹고 쇠 보습을 이용해 밭을 갑니까?"

진상이 대답했다. "그렇습니다."

"자기가 직접 만듭니까?"

진상이 대답했다. "아닙니다. 곡식과 바꿉니다."

"곡식으로 시루나 농기구를 바꾸는 것은 도공이나 대장장이에게 손해를 끼치는 행동이 아닙니다. 도공이나 대장장이가 자신이 만든 시루나 농기구를 곡식과 바꾸는 것이 어찌 농부에게 손해를 입히는 일이겠소이까? 그런데 허행은 왜 도공이나 대장장이의 일을 하지 않지요? 자기 집안에서 모든 것을 다 만들어서 사용하면 될 터인데, 어찌하여 하나하나 다 수공장인들과 바꾸어 쓰는 것입니까? 왜 허행은 그런 것을 귀찮아 하지 않는 거지요?"

진상이 대답했다. "모든 수공장인들이 하는 일은 한편으로 농사를 지으면서 동시에 할 수 있는 일이 아닙니다."

"그렇다면 천하를 다스리는 일만은 농사를 지으면서 동시에 할 수 있는 일이란 말입니까? 큰 정치가의 일이 따로 있고, 어린 백성들의 일이 따로 있는 법입니다.[32] 그리고 비록 한 사람이 살아가더라도 수많은 수공장인들이 만든 여러 가지 물건들을 갖추어야 합니다. 반드시 모든 사람이 자기가 만든 뒤 그것들을 사용한다면, 이는 온 세상 사람들을 피로에 지치게 만들 것입니다.[33] 그래서 나는 어떤 사람은 정신노동을 하고 어떤 사람은 육체노동을 한다고 말합니다. 정신노동을 하는 사람〔勞心者〕은 다른 사람을 다스리고, 육체노동을 하는 사람〔勞力者〕은 다른 사람의 다스림을 받습니다. 다른 사람에게 다스림을 받는 사람은 다른 사람을 먹여 살리고, 다른 사람을 다스리는 사람은 다른 사람에 의해 먹여 살려지는 것입니다. 이것이 천하에 통용되는 기본 원칙입니다."　　　　　　　　　　　　 —「등문공 상」·4

　여기에 이어서 맹자는 정치가가 얼마나 위대한 일을 하는가에 대하여 말하고 있다. 요임금과 순임금과 우임금이 홍수로 엉망이 된 천하를 구제하기 위해 동분서주하며 얼마나 힘들었는데 언제 여가가 있어 농사를 지을 것이며, 농사 잘 짓는 법뿐만 아니라 학교를 세워 인륜과 도덕을 가르치느라 얼마나 노심초사했는데 언제 틈이 나 농사를 지을 것인가. 천하의 인재를 발탁하여 어진 정치를 수행하고 예의바른 중국의 문명을 주변 나라에도 전파해야 하는데 어떻게 '100묘의 전답이 잘 가꾸어지지 않을까 근심하는 농부'와 비교할 수 있다는 말인가.

　역대 많은 맹자 비판자들이 엘리트주의니 지배계급의 정당화니 억압과 착취의 사유니 하면서 근거로 든 맹자의 이 주장들은 성선설에 관한 주장처럼 약간의 억지가 들어 있다. 정신노동을 해야 꼭 통치자가 되는 것은 아니며, 사람은 정신과 육체를 동시에 놀리는 존재라는 점에서 그렇다. 실제로 이런 이분법은 『맹자』 전체를 관통하는 연계성과 통합성의 원칙에도 어긋난다. 그러나 여기서 맹자가 강조하고 싶은 것은 정신과 육체의 이분법, 혹은 농사일을 천시하려는 것이 아니다. 맹자가 농사일이라는 보편적인 육체노동을 예로 들며 주장하고자 한 바는 정치의 중요성에 대한 강조로 보인다. 이 구절의 마지막에서 맹자는 세상의 많은 물건 중 품질에 따라 값이 수백 배 혹은 수만 배의 차이가 나는데, 세상의 일 가운데 나라를 다스리는 정치보다 중요한 일이 무엇이 있겠느냐고 결론을 맺는다. 맹자는 정치가 인간집단의 행위 가운데 가장 광범하고 가장 장기적이며 가장 많은 사람들에게 영향을 미치는 중요한 일이라고 생각하였으며, 따라서 당연히 세금을 내어 백성들이 정치가들을 먹여 살려야 한다고 말한 것이다.

사람들은 누구나 집안에서든 회사에서든 갈등의 조절과 해결이라는 작은 정치를 하고 있으므로 누구나 국가경영이라는 큰 정치도 할 수 있다고 생각한다. 그래서 정치는 모든 사람의 토론 대상이며 비판 대상이며 동시에 관심 대상이기도 하다. 사람의 일상이 정치이기는 하지만 다양한 갈등과 수많은 충돌이 들끓는 세상의 질서를 잡는 일은 아무나 하지 못한다. 지배와 복종, 통치자와 피통치자가 존재하는 정치세계에서 이념과 경험과 환경 등이 복합적으로 작용하여 시간적 공간적 특성에 맞는 정치가 이루어진다. 맹자는 멀리는 요임금·순임금·우임금의 경험, 가까이는 공자의 이념을 받들어 전쟁과 경쟁의 패도정치를 평화와 인의의 왕도정치로 바꾸고자 하였다. '힘으로 인의를 가장하여' 부강한 나라를 만들고 패도정치를 하면 사람들이 '마음에서 우러나와 복종' 하지 않는데, '도덕으로 인의를 실천하면' 천하 사람들이 '속마음을 다해 기꺼이 진심으로 복종' 하므로 진정한 왕도정치를 달성할 수 있다는 맹자의 주장은 지배-복종의 정치관계에 대한 새로운 개념[34]의 수립이다.(「공손추 상」·3) 맹자가 기존의 정치노선과 이념에 대한 야당으로서 새 개념 정의를 한 것은 정치라는 위대한 인간의 행위에 대한 자각과 관련이 깊다.

　형식적으로라도 존재했던 주 왕실의 영향력이 완전히 사라진 전국시대 중반부터 다시 천하통일의 논의가 활발했다. 정치가들이든 사상가들이든 모두 통일문제에 깊은 관심을 드러냈는데 맹자도 결국 천하는 '하나로 통일되어서 안정될 것' 이며, '사람 죽이기를 좋아하지 않는 사람이 천하를 통일할 수' 있을 것이라고 예견했다.(「양혜왕 상」·6) 다른 대부분의 사상가나 정치가들이 물리적 폭력에 의한 통일을 생각할 때, 맹자는 인정이란 위대한 정치행위를 통해 왕도를 실현함으로써 천하 백성들의 '마음' 이 귀순함을 통일로 생각한 것이다. 지배와 통치에 대한 맹자의 정의는 진정한 야당 정치가로서 자신감의 산물이다. "한 나라의 군주가 인을 좋아하면 천하무적이"(「이루 상」·7) 될 것이며, 야당 정치가일지라도 "어진 사람은 무적"(「양혜왕 상」·5)이 될 것이니 자신 있게 왕도정치를 외치라. 정치인으로서 자부심을 가져라. 부강 경쟁으로 백성을 괴롭히는 소인의 정치가 아니라 "백성들의 생활을 안정시켜 왕도를 실천"(「양혜왕 상」·7)하는 군자의 정치를 하라.

군자의 정치를 하라, 소인의 정치를 하지 마라

맹자는 이렇게 큰소리를 쳤다. "천하를 태평하게 다스리고자 한다면 오늘날 세상에 나를 빼고 그 누가 있겠느냐?" (「공손추 하」·13) 여기서 '천하를 태평하게' 만든다는 한자 평(平) 자는 '질서가 안정된 상태'를 뜻하는 치(治), 가지런함을 얘기하는 제(齊), 내적 갈등을 수습하는 수(修), 올바른 상태로 바로잡는다는 정(正) 등과 같이 모두 다스린다는 '정치'의 의미이다. 세상의 문제를 경청한다는 청(聽) 등도 마찬가지이다. 『맹자』에 등장하는 군자는 바로 이렇게 정·수·제·치·평이란 위대한 정치 행위를 하는 사람이다.

인간의 선한 본성이 충분히 발현되는 세계인 왕도사회를 구축하는 선봉은 군자이다. 선한 본성을 잃고 어질지 못한 행위를 하는 사람은 소인이다. 원래 군주의 자제로 정치에 참여하던 계급을 뜻하던 '군자(君子)'라는 말이 춘추시대를 거치며 도덕적 품성을 겸비한 사람을 뜻하는 말로 의미 확장을 하였고, 맹자는 인의의 '마음'을 가진 사람이란 의미를 덧붙였다. 그러니까 오늘날 말로 하면 도덕과 양심에 따라 행동하는 세상에 유익한 사람을 군자라고 할 수 있다.

진정한 정치가로서 인의의 마음을 가진 사람이란 점에서 군자는 대인이기도 하다. 『맹자』에는 군자와 대인에 대해 다음과 같이 얘기하고 있다. "군자가 보통사람과 다른 점은 그가 마음에 담고 있는 것〔存心〕 때문이다. 군자는 마음에 인의를 담고 있으며, 마음에 예의를 담고 있다. 인자는 다른 사람을 사랑하며, 예를 갖춘 자는 다른 사람을 공경한다. 타인을 사랑하는 자는 항상 사람들의 사랑을 받으며, 타인을 공경하는 자는 항상 사람들의 공경을 받는다."(「이루 하」·28) "몸에는 귀한 부분과 천한 부분, 작은 부분과 큰 부분이 있다.[35] 작은 부분으로 큰 부분을 해치지 말아야 하고, 천한 부분으로 귀한 부분을 해치지 말아야 한다. 작은 부분만 열심히 키우는 사람이 소인이고, 큰 부분을 열심히 키우는 사람이 대인이다."(「고자 상」·14) "하늘이 준 마음의 큰 뜻을 따르면 대인이 되고, 감관의 작은 욕망을 따르면 소인이 되는 것일세."[36](「고자 상」·15)

군자가 인의의 마음을 지키는 사람인 반면 소인은 방심하고 방종하여 몸의 감각적 욕망에만 따르는 사람이다. 군자는 무엇이 최고의 선인지 따지는 사람이고 소인은 이익만을 따지는 사람이다.(「진심 상」·25) 맹자가 바라는 군자의 정치는 바로 이것이다. 천하에 최고의 선을 구현하는 것, 모든 사람이 다른 사람을 공경하고 예의를 차리는 것, 인·의·예·지의 덕을 밝혀 왕도정치의 큰 뜻을 펴는 것이 군자의 정치이다. 별 볼일 없는 작은 일로 귀하고 중요한 일을 그르치는 정치적 공격이나 감각적인 욕망과 일신의 사적인 이익 때문에 대세를 흩뜨리는 것은 소인의 정치이다.

넓은 땅과 많은 민중은 군자가 바라는 바이지만 즐거움은 그 안에 있지 않다. 천하의 한가운데 서서 온 세상의 백성들을 안정시키는 일로 군자는 즐거움을 삼지만, 본성이 여기에 있지는 않다. 군자가 지키는 본성은 천하에 통용되는 큰일을 했다고 하여 더 보태지지도 않으며, 가난하게 은거하여 산다고 하여 더 줄어들지도 않는다. 처음부터 확실히 고정되어 있기 때문이다. 군자가 지키는 본성은 인·의·예·지가 마음에 뿌리를 내리고 있다. 그것이 생생하게 밖으로 발하여 맑고 윤택한 모습이 낯빛에 드러나고, 등 뒤에 충만하고, 네 팔다리에 넘쳐흐른다. 팔다리의 움직임만 보아도 설명이 필요 없이 분명히 알 수 있다. ─「진심 상」·21

맹자는 군자를 성인의 경지에 끌어올리고 있다. 군자는 여당이 되어 직접 정치를 하는 것도 즐겨하지만, 권력과 관계없이 도도하게 천지와 더불어 호흡하고 온몸에 도덕을 구현하는 성인의 모습이다. 실제로 바로 앞 20장에서 맹자는 부모형제 건재하고, 세상에 부끄러움이 없이, 똑똑한 제자를 거두어 키우는 것이 군자의 세 가지 즐거움이라고 하면서 "천하에 왕도를 시행하는 일은 그 안에 포함되지 않는다"고 말한다. 더 정밀하게 얘기하면 맹자가 말한 군자는 관청에서 업무의 중심에 서서 열성으로 정책을 집행하려고 노력하는 사람이기보다 인·의·예·지를 온몸으로 구현해내는 사회적 실천가의 모습이다. 야당으로, 더 나아가 양심적인 재야 활동가로서의 모습이다. 맹자가 말한 군자의 정치는 곧 권력을 초탈한 진정한 야당의 정치이다.

『맹자』엔 군자 또는 대인과 대비하여 어질지 못한 사람, 포악한 정치를 하는 사람, 전쟁을 좋아하는 군주, 언행이 거친 정치가 등을 잔혹한 도적 또는 속이 검은 사람과 같은 소인으로 취급한다. 소인은 주로 이목구비의 욕망만을 좇는 사람이다. 인간만의 위대한 특성인 '마음'을 풀어버려〔放心〕 욕망이 양심을 눌러버리는 사람이다. 그들이 권력을 잡고 인·의·예·지 네 가지 기본 양심을 지키지 못하는 정치가 소인의 정치이다.

방심으로부터 네 가지 기본 양심을 지켜내는 군자가 되려면 학문을 하고, 마음에 흔들림이 없고, 기를 다듬어야 한다. "학문의 길엔 다른 것이 없다. 방심으로부터 구하는 것일 뿐이다."(「고자 상」·11) 외부 사물로부터 자극을 받았을 때 '마음이 움직이지 않아야' 하고, '마음은 기의 통솔자이고 기는 몸에 충만해 있는 것이므로' 부지런히 호연지기를 기를 것이며,(「공손추 상」·2) 특히 하룻밤의 휴식으로 낡은 욕망이 묽어지고 새 욕망이 아직 일지 않은 새벽의 기운〔平旦之氣〕을 잘 길러야 한다.(「고자 상」·8) 욕망과 싸우라는 얘기이다. 원래 사람이면 누구나 선한 본성으로 인의의 마음을 갖고 있는데 소인이 되는 것은 외적 요인으로 생기는 욕망 때문이니, 그것을 극복하라는 주문이다. 그래야 도덕으로 무장한 진정한 야당 정치가가 될 수 있으며, 부도덕한 집권세력에 대해 소인이라고 공격할 수 있게 된다.

집권세력에 책임을 요구하라

군주에 대한 맹자의 태도는 극단적이다. 인의의 정치를 하
느냐의 여부를 두고 왕도를 실천할 성군과 몰아내야 할 폭군
으로 극명하게 나눈다. 그가 '세상을 구할 사람은 자신 밖에
없다'고 외친 것은 권력을 장악하고 싶다는 말이 아니다. 그
는 자신의 정치적 역할을 인의의 정치를 하도록 군주를 설득
하는 데 두고 있었다. 따라서 그는 인정에 어긋나는 경쟁 이
념을 신랄하게 공격했으며, 인정을 실시하지 않는 군주를 혹
독하게 비판했다.

군주의 기원에 관해 맹자는 천명론을 믿었다. 그는 『서경』
을 인용한다. "하늘이 백성들을 내려 주시어 그들을 대신하
여 군주를 세우고, 그들을 대신하여 스승을 세워 주셨소이다.

위로 상제를 도와 그 은총이 사방에 미치도록 하라는 말씀이었소이다."(「양혜왕 하」·3) 맹자가 군권신수설을 긍정한 의도는 군권이 국왕 개인의 사적인 소유가 아니므로 군주 혼자서 멋대로 정치를 해서는 안 된다는 것을 강조하기 위함이었다. 자식이 아니라 현명한 사람을 골라 정권을 이양했던 선양(禪讓)의 전통을 긍정하면서도 군주가 사적인 판단으로 하늘이나 백성들에게 의사를 물어보지도 않고 선양의 '정치 행위'를 하는 것에는 반대했다. 연나라 왕 쾌(噲)가 멋대로 왕위를 자지(子之)에게 물려주자 맹자는 제나라로 하여금 연나라를 공격하라고 선동할 정도였다.(「공손추 하」·8)

천자가 새 군주를 하늘에 천거하고 새 군주에게 "제사를 주재하게 하여 모든 신들이 와서 흠향한다면 이는 하늘이 그를 받아들인 것이며, 그로 하여금 일을 주재케 하여 일이 잘 처리되어 백성들이 편안하다면 백성들이 그를 받아들인 것이다"라는 맹자의 말은 하늘에 대한 신비주의적 접근이라기보다 권력의 근원이 민심에 있고, 민심의 획득은 백성들을 편안하게 해주느냐의 여부에 달려 있다는 말이다. 맹자는 천자의 추천을 하늘의 뜻으로 보고 있다. 그래서 성인의 덕을 지니고도 천자의 추천을 받지 못해 천자가 되지 못한 사람으로 공자를 예로 든다. 하지만 천자의 추천을 받을 수 있는 선행 조건은 역시 민심의 획득 여부이다. 그는 『서경』「태서」편의 구절을 인용하여 이를 정당화한다. "하늘은 우리 백성의 눈을 통해서 보며, 하늘은 우리 백성의 귀를 통해서 듣는다." (「만장 상」·5) 민심의 획득은 바로 인의의 정치와 왕도의 실행이다. 민의를 통해 새 권력이 형성된 뒤에도 인정과 왕도를 통해 백성들을 편안하게 하여 민심을 얻어야 하늘의 인정을 받는 진정한 집권세력이 된다는 논리이다.

『맹자』에는 진정한 집권자가 되려면 지도자로서 백성들의 모범이 되는 행동을 하고(「등문공 상」·2), 참된 인격수양으로 지도자의 품성을 기르며(「이루 상」·4), 자기 고집을 버리고 좋은 의견을 청취하라(「공손추 상」·8)는 등 다양하고 의미 있는 충고가 가득하다. 그리고 그렇지 못한 집권세력에 대한 공격으로 가득하다. 구절구절 민심으로 권력을 견제하는 야당 정치가 맹자의 진가가 잘 드러나 있다.

> 맹자가 제 선왕에게 이렇게 물었다. "왕의 신하 가운데 자기 처자식을 친구에게 부탁하고 초나라 여행길을 떠난 사람이 있었습니다. 그런데 돌아와 보니 그 처자식이 추위와 배고픔에 떨고 있었다면, 이를 어떻게 해야 합니까?"
> 왕이 말했다. "그런 친구는 버려야지요."
> 맹자가 말했다. "옥을 담당하는 관리가 하급 직원들을 제대로 관리하지 못한다면, 이를 어떻게 해야 합니까?"

왕이 말했다. "그만두게 해야지요."

맹자가 말했다. "국경 안의 사방이 잘 다스려지지 않는다면, 이를 어떻게 해야 합니까?"

왕은 좌우를 돌아보며 다른 얘기를 하였다.   —「양혜왕 하」·6

전쟁으로 관리들이 다 죽어가는데도 아무 백성도 도와주지 않는다고 한탄하는 추나라 목공에게 맹자는 "흉년에 굶주리던 시절, 군주의 백성 가운데 노약자들 시신은 구렁텅이에 나뒹굴었고 건강한 사람들은 흩어져 사방으로 떠났습니다. 그런 사람이 수천 명이었습니다. 그런데도 군주의 창고는 곡식으로 가득 찼고 관청 창고에는 재물이 가득했습니다. ……백성들은 오늘에 이르러서야 자신들이 당한 것을 되돌려주게 된 것입니다. 군주께선 탓하지 마십시오."(「양혜왕 하」·12)라고 민심의 복수를 얘기한다. 전쟁 책임을 통치자 당신이 지라고 요구한 것이다. 군주들을 설득하러 다니면서 맹자는 집권세력에 조금도 굴하지 않았다.

제후들을 설득할 때는 그를 대수롭지 않게 여기고 그의 높은 지위를 안중에 두지 말아야 한다. 집 높이가 몇 길에 이르고 서까래 너비가 몇 척이나 되도록 집을 짓는 그런 짓을 난 뜻을 얻어도 하지 않겠다. 화려하고 풍성한 요리에 시첩을 수백 명이나 두는 그런 짓을 난 뜻을 얻어도 하지 않겠다. 흥에 겨워 술을 마시며 말을 달리고 사냥을 가면서 뒤따르는 수레를 천 대나 두는 그런 짓을 난 뜻을 얻어도 하지 않겠다. 그들 제후들이 하는 짓은 모두 내가 하지 않는 행동들이다. 내가 하는 행동은 모두 옛날 제도에 합치하는 것들이다. 내 무엇 때문에 그들을 두려워하겠느냐?　　　　　　　　　　　　　　　　　　　─「진심 하」· 34

야당 정치가로서 맹자의 자신감은 권력과 집권세력에 대해 어떤 미련도 갖지 않는 데서 나온 듯하다. "옛날의 현명한 왕은 선을 좋아하면서 권세는 잊고 지냈다. 옛날의 현명한 선비라고 어찌 홀로 그렇지 않았겠는가? 자신의 길을 즐거이 갈 뿐 다른 사람의 권세 따위는 잊어버렸다. 그러므로 왕공이라도 그에게 공경과 예를 다하지 않는 한 자주 만날 수조차 없었다."(「진심 상」· 8) 군주가 신하에게 예의를 차려야 상대적으로 신하도 군주에게 충성을 한다는 이른바 '상대적 군신관계'[37]는 원시 유가사상가들에게 공통된 사항이었다. 맹자는 당시 천하의 강국인 제나라 선왕을 앞에 놓고 "군주가 신하를 수족처럼 여기면 신하는 군주를 심장처럼 여길 것이다. 군주가 신하를 개나 말처럼 여기면 신하는 군주를 나라 안 보통사람처럼 여길 것이다. 군주가 신하를 초개처럼 여기면 신하는 군주를 원수처럼 여길 것이다."(「이루 하」· 3)라고 호언

했다.

「공손추 하」 2장에는 군주와 신하에 관한 야당인 맹자의 시각이 잘 드러나 있다. 제 선왕이 맹자를 만나려 노력하였으나 맹자가 만나주지 않았다. 경추씨가 군신관계는 공경이 핵심인데 너무 무례한 것 아니냐고 비판하자, 맹자는 "나는 요순의 도가 아니면 감히 왕 앞에서 말을 꺼내지 않으니 제나라 사람들 가운데 나보다 왕을 공경하는 사람은 없을 것이오"라고 대답했다. 집권세력과의 정치적 관계는 오로지 인의와 덕으로 상대해야 한다는 주장이다.

> 세상에서 공통적으로 존중하는 것이 세 가지 있는데 작위, 나이, 덕입니다. 조정에선 작위가 최고이고, 고을에선 나이가 최고이며, 군주를 도와 백성들을 위한 정치를 하는 데는 덕이 최고입니다. 어찌 그 중 하나를 갖추었다고 하여 나머지 둘을 경시할 수 있겠소이까. 큰일을 하려는 군주라면 반드시 함부로 소환하기 어려운 신하를 갖고 있는 법입니다. 상의하고 싶은 일이 있으면 직접 찾아가지요. 덕을 존중하고 도를 즐기는 것이 이와 같지 못하면 더불어 큰일을 할 수가 없지요.

덕에 관한 한 자신이 군주보다 한 수 위라는 생각은 집권세력에 대한 도덕적 요구의 발판이다. "천하에 도가 있으면

도를 위해 제 몸을 바치고, 천하에 도가 없으면 제 몸을 도에
바칠 뿐이다. 도가 권세 있는 다른 사람에게 바쳐진다는 말은
아직 들어보지 못했다."(「진심 상」·42) 도덕이 권력에 복속
되는 것이 아니라 권력이 도덕에 복속되어야 한다는 맹자의
주장은 포악한 군주 또는 현실권력의 장악자들을 공격하는
가장 좋은 무기가 된다. 관념적인 도덕의 권위로 현실의 정치
권력을 제약하려는 시도는 맹자 정치학의 큰 성취이다. 천리
운운하며 도덕을 따지고 끊임없이 왕에게 대들었던 유교 관
료들의 정치 전통은 이렇게 만들어졌다.

그렇게 집권세력을 공격하고 군주에게 대들어도 안 될 경
우는 어떻게 할 것인가? 『맹자』에는 주로 떠나라는 말이 많
다. 맹자 스스로도 그렇게 야당으로서 여유작작하며 떠났다.
"관직을 맡은 사람은 직무를 완수할 환경이 못 되면 떠나고,
간언을 책임진 사람은 계책이 받아들여지지 않으면 떠난다
고 한다. 난 맡은 관직도 없고 간언을 책임지고 있지도 않다.
그러니 내가 나가든 물러가든 어찌 여유가 작작하지 않겠느
냐?"(「공손추 하」·5) 야당은 자유롭다. 여당에 끝없이 책임을
물으며 걸고 넘어져라. 끝까지 인의의 정치적 개선이 이루어
지지 않는다면 돈 몇 푼에 연연하지 말고 과감히 떠나라.(「공
손추 하」·10)

매우 드문 경우이긴 하지만 『맹자』에는 떠나는 소극적인

행위 외에 군주를 위협하는 적극적인 얘기도 몇 편 있다. 「만장 하」 9장엔 두 가지 경우를 얘기하고 있다. 귀족 친척들은 "임금에게 큰 잘못이 있으면 나아가 간언하고, 반복해도 듣지 않으면 왕위를 바꿀 수 있지요." 다른 성씨의 신하는 "임금에게 잘못이 있으면 간언하고, 반복해도 들어주지 않으면 떠납니다." 특별한 경우 군주를 내쫓거나 다른 사람으로 대신하게 만들 수 있다는 말은 군주에게 큰 위협이다.

> 제 선왕이 물었다. "은나라 왕 탕은 하나라 왕 걸을 축출하였으며, 주 무왕이 은 왕 주를 토벌했다는데 그런 일이 있었습니까?"
> 맹자가 대답했다. "전해오는 문헌에 그런 기록이 있습니다."
> 왕이 말했다. "신하가 자신의 군주를 시해해도 괜찮은 겁니까?"
> 맹자가 말했다. "인을 해치는 자를 도적이라 부르고, 도의를 해치는 자를 잔악하다고 말합니다. 잔악하고 도적질하는 이런 사람을 한낱 필부라고 부릅니다. 저는 한낱 필부인 주를 죽였다는 말을 들었을 뿐 군주를 시해했다는 말은 들은 적이 없습니다."
>
> ─「양혜왕 하」·8

폭군을 죽이거나 몰아내고 제후의 자리나 사직을 바꿀 수 있다는 맹자의 말은 군주정치 하에서 매우 충격적인 발언이다. 물론 그렇게 하려면 지고의 도덕성이 있는 '하늘을 대신

폭군 걸을 물리치고 은나라 시조가 된 성군 탕왕(우)과 맹자가 칭송해 마지
않는 신하 이윤(伊尹)(좌). 탕왕 상은 대북 고궁박물원 소장,

한 관리'(「공손추 하」 · 8)거나, 이윤(伊尹)[38]처럼 권력을 장악
했다가도 군주가 잘못을 고치면 다시 왕권을 돌려주는 성인
의 행위가 전제되어야 한다. 이렇게 특정한 경우로 한정하는
신중한 태도를 보였으나, 어쨌든 군주전제정치가 급격히 가
속화되어 가던 전국시대에 집권세력을 공격할 사상적 무기
를 만들고 통치자에 대한 탄핵을 긍정했다는 점에서 맹자 정
치사상의 역사적 역할을 긍정할 수 있다. 다만 애석한 것은
부도덕하고 폭력적인 집권세력은 쫓겨나게 될 것이라는 말
뿐, 어떻게 몰아낼 것인지 구체적 방법에 대한 구상은『맹자』
를 통해 읽을 수 없다는 점이다.

경쟁 이념을 적극 공격하라

　맹자가 당시 유행하던 묵자와 양주의 학설을 공격하고 부국강병에만 매진하던 군주를 비난할 수 있었던 것은 도덕의 실천자로서 강한 자신감이 있었기 때문이었다. "왕이 만약 나를 등용한다면 어찌 제나라 백성들만 편안해지겠느냐? 천하의 백성들 모두가 편안해질 것이다. 난 선왕이 생각을 바꾸길 고대한다."(「공손추 하」 · 12) 그는 성인의 역할을 자임하였다. 요·순·우·탕·문왕·무왕·주공·공자를 예로 들며 폭력정치와 사악한 이념을 극복했던 그들의 행동을 계승하고 싶어했다. 왜 그렇게 논쟁하길 좋아하냐는 제자의 질문에 맹자는 이렇게 대답하였다.

세상의 도덕이 쇠락하여 온갖 사악한 학설과 폭력이 난무하더니 자기 군주를 죽이는 신하가 생겨나고 자기 아버지를 죽이는 자식이 있었더니라. 공자께서는 이를 깊이 걱정해서 역사서 『춘추』를 쓰셨다. 『춘추』 역사서는 원래 천자가 해야 할 일이었다. 그래서 부득이 이를 썼던 공자는 '나를 아는 사람은 오직 『춘추』를 통해서일 테고, 나에게 죄를 묻는 사람도 필시 『춘추』를 통해서이리라' 고 말하였다.

성왕은 더 이상 나타나지 않고 제후들은 오만방자하며 선비들은 제멋대로 의론이 분분하다. 양주와 묵적의 주장이 천하를 가득 메우고 있다. 세상의 주장은 양주로 귀결되지 않으면 묵자로 귀결되었다. 양주는 자신만을 위하는 위아(爲我)주의니 군주를 인정하지 않는 셈이며, 묵자는 모든 사람을 친애하는 겸애(兼愛)주의니 부모를 인정하지 않는 셈이다. 군주를 인정하지 않고 부모를 인정하지 않는 것은 짐승이다. 공명의는 이렇게 주장한다. '궁궐 주방엔 살찐 고기가 있고 마구간엔 살찐 말들이 있는데, 백성들은 굶주린 기색이 역력하고 들판엔 굶어죽은 시체가 널려 있다면 이는 짐승들을 몰아서 사람을 잡아먹는 셈이다.'

양주 묵적의 도가 약해지지 않으면 공자의 도는 드러나지 못한다. 이는 혹세무민의 온갖 사설이 인의를 가로막고 있기 때문이다. 인의가 가로막히면 짐승을 몰아서 사람을 잡아먹고 장차는 사람끼리 서로 죽고 죽이게 될 것이다. 나는 그렇게 될까 아주 두렵다. 그래서 나는 논쟁을 통해 애써 옛 성인의 도를 수호하고, 양주나 묵적의 설에 반대하고, 잘못된 말들을 배척하고, 사악한 학설을 펴는 자들이 다시는 고개를 들지 못하도록 노력하고 있다. 사악한 주장이 마음에 생기면 일을 그르치게 되고, 사악한 주장에 따라 일을 처리하면 정치를 그르치게 된다. 성인이 다시 나타나더라도 내 말을 바꾸지 못할 것이다. ……나도 인심을 바로잡고 싶다. 사악한 학설을 없애고 극단적인 행위를 제거하고 잘못된 주장을 추방하여 위 세 분 성인을 계승하고 싶다. 어찌 논쟁을 좋아한다고 하느냐? 난 부득이해서 그런 것이다. 논쟁하여 양주나 묵적의 주장을 없앨 수만 있으면 곧 성인의 제자이리라.　　　　　　　　　　　　　　　　　　　─「등문공 하」·9

맹자에게 '군주를 인정하지 않고 부모를 인정하지 않는 사람'은 응징의 대상이다. 선한 본성에 위배되며 인간만의 특징인 어진 마음을 갖고 있지 않기 때문이다. 맹자가 추구한 길은 중용의 길이었다. 당시 유행하던 묵자와 양주의 학설을 주된 경쟁 이념으로 삼은 것은 그들이 양 극단이기 때문이었다. '몸에 난 터럭 하나를 뽑아서 천하를 이롭게 할 수 있다는 데도 하지 않는' 양주나, 조그만 이익이 있어도 '머리가 다 빠지고 발뒤꿈치가 다 닳아도[39] 하는' 묵자 모두 한 가지에 치우쳐 올바른 인의의 도를 해치는 자들이다. 중간을 주장

하는 것이 왕도에 가깝다는 것이다.(「진심 상」·26)

곧 맹자의 주장은 양주나 묵자의 학설을 그대로 두면 '정치를 그르치게 되어' 인의의 왕도를 시행할 수 없게 된다는 것이다. 사실 따지고 보면 자신의 주장 외에 일체의 다른 주장은 사이비라는 맹자의 논리가 오히려 덜 중용적인지도 모르겠다. '사랑에 차등이 없다'는 묵가학파 이지의 주장에 대해 부모에 대한 애틋한 마음에서 흙으로 매장하는 장례제도가 생겼다는 맹자의 반박은 좀 엉뚱하다.(「등문공 상」·5) 하지만 선한 인간의 본성을 확충하여 인간다운 마음이 발현되는 맹자 왕도정치의 구상으로 볼 때 가족으로부터 사회질서가 구성된다는 논리는 충분히 설득력을 지닌다. 위 인용문에서 보이듯 맹자의 의도는 헐벗고 굶주리거나 인간끼리 투쟁하는 국면을 벗어나게 하는 정치적 성취를 이루는 것이었다. 맹자는 자신이 있었다. "묵가의 학설을 벗어나면 반드시 양주의 학설로 귀의하고, 양주의 학설을 벗어나면 반드시 유가학파로 귀의하게 된다. 귀의해오면 받아주면 그뿐이다."(「진심 하」·26)

양주나 묵자에 대한 맹자의 공격이 사회적인 문제에 대한 것이라면, 법가사상에 대한 공격은 정책에 대한 것이었다. 맹자가 '부국강병'이란 말을 직접 거론하지는 않았지만 우리는 이익을 둘러싼 그의 논변을 통해 정치이념의 주적으로 부

국강병론을 공격하고 있음을 알 수 있다. 위 4절에서 보았듯
이 의리와 이익에 관해 맹자는 매우 철학적인 논변을 하고 있
으며, 의(義)는 『맹자』 전편의 주된 뜻이기도 하다. 『맹자』의
첫 구절부터 의를 강조하고 나온 것은 당시 거의 모든 나라가
법가적 개혁을 성공시키며 부국강병에 매진하고 특히 서쪽
진나라가 상앙의 변법에 힘입어 초강대국으로 성장하면서
모든 군주들이 전쟁과 경쟁에 혈안이었던 시대 상황과 무관
하지 않다. 맹자는 인의의 정치에 정반대되는 이 부국강병 정
책이 결국은 나라를 망칠 것이라고 공격한다. "어질지 못한
사람과 무엇을 상의할 수 있겠는가? 그들은 남을 위험에 빠
뜨리고 편안해 하고, 남의 재난을 이용해 이익을 취하는가 하
면, 결국은 집안과 나라를 망칠 일을 하면서 즐거워한다."
(「이루 상」·8)

맹자는 인의를 추구하는 정치가 이익을 추구하는 정치보다
훨씬 장기적인 안정을 불러오며, 온 세상 사람들의 존경을 받
는 진정한 천하통일을 이룰 수 있다고 주장한다. 자신의 체면
을 헌신짝처럼 버리고 오로지 세상의 평화를 위해 전쟁의 종
식을 설득하고 다니던 유명한 학자 송경(宋牼)이 진나라와 초
나라 군주를 만나 전쟁이 결국은 이롭지 못하다는 것을 설득
하겠노라고 맹자에게 말하였다. 맹자는 이렇게 대답하였다.

선생의 뜻이 참으로 큽니다. 그런데 선생의 문제제기 방법은 좀 문제가 있는 것 같습니다. 선생이 이익을 가지고 진나라 초나라 왕을 설득하여 진·초의 왕이 이익 때문에 기뻐하며 3군의 군사행동을 그쳤다고 합시다. 그러면 3군의 병사들도 전쟁 중지에 기뻐하며 너도나도 이익에 열광하게 될 것입니다. 신하되는 사람이 이익 관념을 품고서 제 군주를 섬기고, 자식되는 사람이 이익 관념을 품고서 제 부모를 섬기고, 아우되는 사람이 이익 관념을 품고서 제 형을 섬긴다고 합시다. 이렇게 군신·부자·형제가 끝내 인의 관념을 버리고 이익 관념으로만 서로를 상대하게 되니 이러고도 망하지 않은 나라는 아직 없었습니다.

선생이 인의를 가지고 진나라 초나라 왕을 설득하여 진·초의 왕이 인의 때문에 기뻐하며 3군의 군사행동을 그쳤다고 합시다. 그러면 3군의 병사들도 전쟁 중지에 기뻐하며 너도나도 인의에 열광하게 될 것입니다. 신하되는 사람이 인의 관념을 품고서 제 군주를 섬기고, 자식되는 사람이 인의 관념을 품고서 제 부모를 섬기고, 아우되는 사람이 인의 관념을 품고서 제 형을 섬긴다고 합시다. 이렇게 군신·부자·형제가 끝내 이익 관념을 버리고 인의 관념으로만 서로를 상대하게 되니 이러하여 천하통일의 왕도가 실시되지 않는 나라는 아직 없었습니다.   ―「고자 하」·4

맹자는 이익을 선의 반대개념으로 본다. 정책이념을 이익 중심으로 짜면 모든 사람들이 도적의 두목인 척(跖)처럼 온종일 선하지 못한 행위만 할 것이다.(「진심 상」·25) 당신이 정의로운 사회를 꿈꾸는 진정한 정치가라면 이익만 따지는 정부 여당의 정책에 철저히 이의를 제기하라, 비판하라.

어진 나라의 정책들

그렇다면 인의의 정치를 하는 나라는 어떤 정책을 시행하는가? 경쟁 이념보다 훌륭하고 집권세력에 대안이 되며, 군자의 정치로서 자부심을 가지고 민심을 얻을 수 있는, 그리하여 인간의 선한 본성이 충분히 발현되고 도덕적 우위를 차지할 수 있는, 진정한 큰마음의 정책은 무엇인가? 『맹자』에 가장 많이 등장하는 용어인 성인 및 요순의 도와 유사개념으로 쓰이는 인정, 왕정, 선왕의 도 등이 다루고 있는 내용은 주로 맹자의 정책 구상과 관련이 있다. 그 다양한 주장들을 여기서는 다음 세 가지로 종합해 보고자 한다.

첫째, 백성들의 기본생계를 보장하는 정책이다. 인의의 정치는 '백성들에게 위해가 가해지는 것을 참지 못하는' 인간

의 선한 마음이 그 출발점이
다. 백성들이 느끼는 가장 큰
위해는 배고픔과 추위이다.
최소한 이것을 면해 주는 정
치여야 한다. "현명한 군주는
백성들에게 생업을 마련해 주
어 반드시 위로 부모를 충분
히 봉양할 수 있도록 하고, 아

전국시대 쌀을 찧던 디딜방아 그림. 한나라
때 화상석에 새겨진 그림.

래로 처자식을 충분히 먹여 살릴 수 있도록 해 줍니다. 풍년이
들면 일년 내내 배부르게 먹도록 해주고 흉년이 들어도 굶어
죽지 않도록 해 줍니다."(「양혜왕 상」 · 7) 백성들이 죽음에 이
르러서도 아무 유감이 없게 만드는 정치가 왕도의 시작이다.

기본생계를 보장하는 근본 대책은 일정한 생업을 마련해
주는 것이다. 『맹자』의 개념으로 항산(恒産)이라 부르는데,
주로 토지와 저택을 마련해 주고 기본 경작지를 분할해 주는
일을 말한다. 독점과 남획을 방지하는 적절한 통제가 정책의
핵심이다.

농사철을 어기지 않으면 곡식을 이루 다 먹을 수 없을 테며, 방죽
과 연못에 빽빽한 그물을 집어넣지 못하게 하면 물고기 자라 등을
이루 다 먹을 수 없을 테며, 제 때를 맞추어 도끼를 들고 입산토록

하면 목재를 이루 다 쓸 수 없을 것입니다.　　—「양혜왕 상」·3

다섯 묘의 집터에 뽕나무를 심게 하면 나이 오십 된 사람이 비단 옷을 입을 수 있습니다. 닭, 돼지, 개 같은 가축을 길러 새끼 칠 때를 잃지 않도록 하면 나이 칠십 된 사람이 고기를 먹을 수 있습니다. 백 묘의 전답에 농사시기를 빼앗기지 않고 경작을 하면 여덟 식구의 집안이 굶주리지 않을 수 있습니다.

　　　　　　　　　　　　　　　　　　　—「양혜왕 상」·3/7

　농사철에 인력동원을 줄이고 파종과 수확시기를 잘 지도할 것, 산림에 대한 적절한 개방과 통제로 누구나 연료를 확보할 수 있도록 도울 것, 저인망이나 세코그물 등을 사용한 어업을 금지하여 어족 자원을 보호할 것, 가축을 기르고 텃밭을 일구도록 장려할 것 등이 주 내용이다. 요즘으로 보면 텃밭 150평에 농토 3천 평 정도를 경작하여 조손 3대 한 가족 여덟 식구가 먹고 살도록 가족 단위의 생계를 계산한 것으로 보인다.

　맹자의 경제정책 가운데 특기할 만한 것은 정전제(井田制)이다. 맹자의 주장인지 그가 등나라에서 실제로 행했던 정책인지 정확하지 않다. 맹자는 등 문공에게 백성들이 일정한 생업[恒産]이 없으면 일정한 도덕심[恒心]도 없어져 온갖 부정과 탈법을 저지르게 된다면서(「양혜왕 상」·7, 「등문공 상」·3)

국가 건설의 기본계획을 건의한다. 정전제는 주나라 초기 실시했다는 이상국가의 모델인데, 역사상 최초로 언급된 문서가 바로 이 『맹자』「등문공 상」 3장이다. 기본 내용은 이렇다.

> 성 밖 농지에선 9분의 1의 조법(助法)을, 성안에선 10분의 1의 조세를 부과한다. 경 이하는 모두 규전(圭田) 50묘, 농가의 기타 노동자들에겐 25묘씩 준다. 사방 1리마다 우물 정 자 모양의 정전을 두어 1정 900묘 중 100묘의 공전은 공동 경작하여 그 생산량을 세금으로 내고, 나머지 800묘 사전은 8가구가 100묘씩 경작하여 먹고 산다.

정전제를 포함한 경제개혁 등 등나라에서 시도한 맹자의 정책은 국가 규모가 너무 작아 큰 성공을 본 것 같지는 않다. 그러나 백성들에게 100묘씩의 생산단위를 제공하여 기본생계를 해결하도록 구상한 것은 그의 왕도정치론과 '항산이 있어야 항심이 있다'는 주장에 설득력을 더해준다고 하겠다.

둘째, 조세감면·형벌경감·빈민구제 정책을 통해 사회 안정을 추구한다. 맹자는 "부모들은 추위와 굶주림에 시달리고 형제와 처자식은 사방으로 흩어지는"(「양혜왕 상」·5) 상황을 정치 안정에 가장 부정적인 요인으로 보았다. 그렇게 되는 가장 큰 이유는 과중한 세금부담과 인력동원이다. 요역은 반드시 농사철을 피해서 하고(「양혜왕 상」·5), 당해 수확량의 10분의 1을 세금으로 받아야지 흉년이든 풍년이든 평균 수확량으로 세금을 매겨서는 절대 안 된다(「등문공 상」·3). 맹자는 또 상공업의 사회적 기능을 중시하여 관문의 통행세 면제정책과 시장에서의 이중과세 금지를 주장하기도(「양혜왕 하」·5, 「공손추 상」·5) 하였다.

맹자는 백성들이 죄를 짓게 되는 이유의 대부분은 정치 때문이라고 생각했다. 무거운 세금과 전쟁 동원, 통치자의 환락 등을 위해 백성들을 핍박하기 때문에 형벌을 받게 된다는 것이다. 그래서 형벌은 가급적이면 가볍게 하여야 하고 "죄인을 처벌하면서 처자식까지 연루시켜선"(「양혜왕 하」·5) 안 된다고 주장한다. "사방 백 리의 땅만 있어도 왕도를 실천할 수 있습니다. 왕께서 백성들에게 어진 정치를 베푸시어 형벌을 줄여주고 세금을 가볍게 해주면 백성들은 열심히 밭을 갈고 부지런히 김을 맬 것입니다."(「양혜왕 상」·5)

빈민구제도 정치가가 반드시 신경을 써야 할 분야라고 강조한다. "늙어서 아내가 없는 사람을 홀아비〔鰥〕라고 합니다. 늙어서 남편이 없는 사람을 과부〔寡〕라고 합니다. 늙어서 자식이 없는 사람을 무의탁자〔獨〕라고 합니다. 어려서 부모가 없는 아이를 고아〔孤〕라고 합니다. 이 넷은 세상에서 가장 가난한 백성들로 어디 하소연할 데가 없는 사람들입니다. 문왕께서 어진 정치를 실시했을 때는 이 네 종류 사람들을 꼭 먼저 챙기셨습니다. 『시경』엔 '돈 있는 사람들이야 잘 지내 겠지/ 애달픈 이는 외롭고 쓸쓸한 자들이지' 라는 말이 있습 니다."(「양혜왕 하」·5)

셋째, 윤리교육의 장려이다. 유가 사상의 특질은 교육에 있 다. 공자든 맹자든 순자든 교육으로 업을 삼았다. 인격수양과 정치참여의 전제조건을 모두 공부에 두고 있는 사상이 유가이 다. 또 하나의 공통점은 이들이 교육을 생계문제를 해결한 뒤 에 착수해야 할 사업으로 생각하고 있다는 점이다. 맹자는 이 렇게 말한다. "사람은 도리가 있어야 합니다. 배불리 먹고, 따 뜻이 입고, 편안히 사는데 교육이 없다면 짐승과 다를 게 없을 것입니다. 성인이 이를 걱정하여서 설(契)을 교육담당 장관으 로 임명하여 백성들에게 인간관계의 기본윤리, 즉 부자유친· 군신유의·부부유별·장유유서·붕우유신을 가르치게 하였습니 다."(「등문공 상」·4) 맹자의 교육목표는 바로 윤리교육이었다.

지방에 상(庠)·서(序)·학(學)·교(校)를 설립하여 백성들을 가 르치십시오. 상은 교양이란 뜻이며, 교는 교도한다는 뜻이며, 서는 실물을 진열한다는 뜻입니다. 하나라 때 지방학교를 교라 했고, 은나라 때는 서라 했으며, 주나라 때는 상이라 불렀습니 다. 대학은 3대가 공통으로 학이라 칭했습니다. 모두 인간관계

의 기본윤리를 밝혀주는 데 목적이 있었습니다. 윗사람들이 인
간관계의 기본윤리에 밝으면 아래 백성들도 자연스레 친목을
도모하게 됩니다.   ―「등문공 상」·3

　　이 구절은 백성들에게 먼저 일정한 생업을 준 뒤 생활안정
을 이루면 교육을 실시하라고 등 문공에게 건의한 내용이다.
맹자는 윤리교육이 잘 이루어지면 인간의 선한 본성이 더욱
확충되어 인성교육의 효과를 볼 수 있다고 생각했다. "근엄
하게 학교 교육을 실시하여 효도와 공경의 도리를 반복시키
면 머리가 희끗희끗한 사람이 짐을 이고 지고 길거리를 다니
는 일이 없을 것입니다."(「양혜왕 상」·3)
　　윤리교육이나 인성교육은 부모가 시키지 않는가? 맹자의
생각은 달랐다. 교육은 선을 가르치는 것인데 아버지가 자식을
가르치면서 바르지 못하다고 야단치거나, 자식은 또 교육받은
대로 아버지에게 바른 행동을 요구한다면 부자 간에 감정을 상
할 수가 있다. 부자 간 친애의 상실이야말로 천리에 위배되는
가장 위험한 사건이다. 맹자는 그래서 부모는 자식을 직접 가
르칠 수 없으며, 옛날부터 자식을 바꾸어서 가르쳤다고 말한
다.(「이루 상」·18) 바꾸어 가르친 결과가 학교 교육이다.
　　맹자의 지식방법론은 '사람은 배우지 않고도 할 수 있는
양능(良能)과 생각하지 않고도 알 수 있는 양지(良知)를 갖고

있다'⁴⁰⁾는 것이다. 두세 살 어린애도 제 부모를 친애할 줄 알고, 크면 어른을 존경할 줄 아는데 부모에 대한 친애가 곧 인이고, 어른에 대한 존경이 곧 의라고 한다.(「진심 상」·15) 그렇다면 맹자가 인의의 도를 중심으로 인륜교육을 시행하자고 하는 것은 인간이 본래 가지고 있는 인의의 속성을 살려내고 그것을 확충하고 키운다는 의미일 것이다. 그러니까 정부의 공교육으로 국가에서 필요한 인재를 키운다거나 부국강병에 종사할 인재를 양성한다는 따위는 근본적으로 교육 대상이 아니다. 사람다운 사람을 만들고 왕도사회를 만드는 데 일조할 수 있는 큰 뜻을 지닌 진정한 정치가를 키워내는 일을 교육으로 본 것이다. 그래서 좋은 교육이 좋은 정치보다 더 민심을 얻을 수 있다고 한다. "좋은 정치는 백성들이 그것을 두려워하지만, 좋은 교육은 백성들이 그것을 사랑한다. 좋은 정치는 백성들의 재물을 얻게 되지만, 좋은 교육은 백성들의 마음을 얻게 된다."(「진심 상」·14)

큰 뜻을 지닌 진정한 정치가인 군자를 키우는 교육에는 다섯 가지가 있다. "때맞추어 내리는 비처럼 만물을 감화시키는 법, 온전한 덕성을 갖추는 법, 재능을 충분히 발휘하는 법, 온갖 의문에 해답을 내리는 법, 전해오는 각종 유습을 통해 스스로 익히는 법"이 그것이다.(「진심 상」·40) 어진 나라에서 벌이는 실제 정책에 대한 맹자의 고민은 한마디로 윤리의 정치화였다.

4장

『맹자』의 영향 및 현대적 의의

윤리 관념의 정치화

　『맹자』「등문공 하」 6장은 맹자와 대불승이라는 송나라 대신과의 대화이다. 맹자는 초나라에 사는 아이에게 아무리 매질을 해서 제나라 말을 배우라고 해도 잘 안될 테지만, 제나라 수도 번화가에 데려다 놓으면 제나라 말을 하지 말래도 금방 하게 될 것이라면서 환경의 중요성을 강조한다. 대불승이 훌륭한 선비 설거주를 송 왕실에 추천한 데 대해 "왕의 처소에 있는 사람들이 어른 아이 귀족 노비 할 것 없이 모두 설거주 같다면 왕이 누구와 더불어 나쁜 일을 하겠소? 그런데 왕의 처소에 있는 사람들이 어른 아이 귀족 노비 할 것 없이 모두 설거주 같지 않다면 왕은 누구와 더불어 좋은 일을 하겠소? 설거주 한 사람이 송 왕을 어떻게 할 수 있겠소?"라고 맹자는 반문한다. 돌이켜보면 이는 맹자에게 어울리는 말이다. 정부 여당은 온통 부국강병만을 추구하고 세상 사람들은 다 이익만을 다투는데 맹자 혼자서 무엇을 할 수 있었겠는가! 그 래선 안 된다는 맹자의 설득에 한둘을 제외하고 거의 모든 군 주들의 대답은 "당신 말씀은 구구절절 다 옳아요, 하지만 우 리는 그럴 수 없어요"였다.

현실적으로 맹자는 당시 중국사회를 변화시키는 데 아무 역할도 하지 못했다. 그러나 그가 꿰뚫어본 정치사회의 진면 목은 『맹자』라는 책을 통해 후대 동양사회를 변화시키는 데 엄청난 역할을 하였다. 도덕·윤리·인성의 잣대로 정부정책 에 과감히 이의를 제기하고 황제의 권력에 대항했던 동양 정 치사에서의 지적 전통은 상당부분 맹자 정치학의 계승이자 영향이라고 생각된다. 정치가 혼란스럽거나 폭군이 등장할 때면 『맹자』는 꿋꿋한 모습으로 수많은 반정부세력들의 복 음서가 되기도 하였다. 맹자가 책의 마지막 구절에 한 "공자 의 도를 보고 아는 사람이 아무도 없구나. 앞으로 들어서 알 사람도 아무도 없을 것인가!"(「진심 하」·38)라는 한탄은 기 우였을까! 맹자가 죽은 지 백년 쯤 지나 유가의 경전들 그리 고 『논어』『맹자』까지 통일된 국가에서 장려하는 박사관을 두게 되었으며, 천년 쯤 지나서는 그가 입만 열면 칭송해 마 지않던 요임금·순임금·공자 등과 어깨를 나란히 하는 성인으로 맹자 자신이 추앙받기에 이르렀다.

그렇다고 맹자가 원하는 도덕적 이상국가가 수립되어서 그가 역사적 영향력을 갖게 된 것은 아니다. 한나라 이래 유교가 국가이데올로기로 '채택'되면서 공자·맹자·순자가 원래 그렸던 왕도사회와 무관하고 맹자가 생각했던 큰 뜻의 정치와도 무관하며, 오히려 민의가 경시되고 세금은 늘어나고 집권세력은 책임을 지지 않는 그런 제국의 질서 속에서 통치의 편의를 위해서 유가사상이 전략적으로 강조되었고, 맹자는 그렇게 숭앙받았을 뿐이다. 한마디로 후대에 이루어진 제도화된 유교와 신화화된 공자·맹자는 원시 유가의 정치적 아이디어에서 크게 벗어난, 어떻게 보면 역행하는 것이었다. 인의의 정치를 역설하다 받아들여지지 않으면 자유롭게 떠나면 그만이었던 야당인 맹자의 정치이념은 후일 천하가 하나로 됨으로써 어디에도 떠날 곳이 없어진, 그리하여 황제에 대한 절대적 복종만이 존재하게 된 제국의 질서에서 구차한 여당의 정치이념이 되고 말았다. 도덕에 대한 충성은 권력에 대한 충성으로 바뀌었고, 근대 서구문명의 충격 아래서는 봉건권력의 지배이념으로 매도당하여 버려지더니, 급기야 오늘날에는 억압적 신분계급과 권력의 옹호자라는 오해를 받기에 이르렀다. 신격화되기 이전 인간 맹자에겐 억울한 일이다.

아무리 그렇더라도 맹자 정치학의 역사적 공로는 사라지

지 않을 것이다. 지배-복종 관계는 동물의 세계에도 존재한다. 그러나 쌍방이 갈등하여 정치적 해결이 필요한 상태에서 어느 한쪽이 다른 쪽을 힘으로 완전히 제거해버려 갈등을 해결했다면 그건 정치가 아니다. 수많은 사회갈등을 지혜롭게 조화시키고 보다 나은 사회를 만들어 가는 것이 정치이다. 정치는 인간이 창조한 가장 위대한 행위 가운데 하나이다. 우리는 『맹자』를 통해 권력을 통한 지배-복종 관계는 갈등에 대한 올바른 해결책이 아니며 보다 나은 사회를 담보해 주지도 않는다는 사실을 알 수 있다. 왕도를 지향한 인의의 정치, 그리고 지배의 정당성을 구성원들의 동의, 그것도 마음으로부터의 동의에서 구하는 지배-복종의 정치 관계야말로 진정으로 나은 사회를 만들 수 있다는 맹자의 주장은 강한 설득력을 지닌다. 윤리 관념의 정치화라 부를 수 있는 맹자의 정치사상은 그렇게 동아시아 정치사회에 오랜 영향력을 행사하였다.

『맹자』 사상에 대한 평가와 문제점

맹자 사후 『맹자』에 대한 주석 및 연구가 꾸준히 진행되었다.[41] 그러나 맹자에 대해 비교적 객관적 평가와 사상적 이의 제기가 있었을 것으로 생각되는 당나라까지의 연구 성과는 많지도 않거니와 완전한 모습으로 현재 남아있는 책은 동한 조기의 『맹자장구』 14권뿐이다. 송나라 이후는 맹자가 성인으로 추앙되면서 청대까지 수백 종의 문헌이 발간되었지만 시대가 너무 떨어져 있고, 또 대부분은 맹자를 숭상하고 추종했던 조기의 주석본에 근거했을 확률이 높으므로 이들을 통해 맹자 사상의 객관적인 평가를 끌어내기는 쉽지 않다.

단편적으로 등장하는 역대 문헌 속의 맹자에 대한 평가 가운데 최초는 순자이다. 『순자』 「비십이자(非十二子)」편은 법가·명가(名家) 등 제자백가를 대부분 비판하고 있는데, 여기에 "옛 일에 입각하여 새로운 주장을 만들어내 오행(五行)이라 불렀다. 심히 치우치고 체계가 없으며, 명확하지 않아……자사와 맹가의 죄이다"라는 구절이 있다. 그런데 자사가 지었다는 『중용』이나 『맹자』엔 음양오행에 관한 기록이 없다. 순자가 무엇인가 오해를 하고 있었거나 '심(心)'에 대한 다른 해석 때문인 듯하다.[42]

그 후 한나라 때 맹자에 대한 기록은 『사기』 「맹자순경열전」인데 사마천 스스로 『맹자』를 읽어보고 '이익'을 얘기하는 양 혜왕에 대해 탄식하며 맹자의 주장에 찬동한다. 그러나 맹자의 주장이 부국강병을 주장하는 시대적 분위기에 맞지 않았다고 평가하였다. 동중서는 맹자의 성선설이 '지나친 견해'라고 비판했으며(『춘추번로』 「실성」), 왕충은 맹자의 주장이 논리적으로 일치하지 않고 황당하다고 비난했다.(『논형』 「자맹」)

비판과 동조가 엇갈리던 한나라 때의 맹자 평가는 조기의 「맹자제사」에 이르러 극찬으로 바뀐다. '제왕이 읽으면 천하를 안정시키고, 대부가 따르면 만고의 충신이 되고, 선비가 좇으면 절개를 드높이는' 위대한 업적이라면서 아성(亞聖)이라 드높였다. 그러나 당나라에 이르기까지 순자보다 대단한 사상가로 인정받거나 성인으로 떠받들어진 경우는 거의 없었다. 삼국 위나라의 서간은 아성이란 표현을 쓰지만 순자를 맹자보다 앞에 두었고(『중론』서문), 진나라 부립은 맹자와 순자를 나란히 언급하며 만약 공자의 직접 제자였다면 덕행에서 이 두 사람이 가장 뛰어난 제자가 되었을 것이라고 말하였다.

당나라 때 맹자가 살아난 것은 외국에서 들어온 불교의 유행에 대한 반발심리, 당 왕실의 도교에 대한 중시 등에 영향을 받은 지식인들의 유학부흥운동과 맥락을 같이한다. 양관이 『맹자』를 경전으로 취급하자는 상소문을 올리고, 피일휴는 『맹자』 학과의 설립을 주청하고, 한유는 맹자가 순자보다 뛰어나며 공자의 정통을 계승한 성인으로 추앙하였다. 송 대의 주자학은 한유로부터 비롯된 도학에 사상적 뿌리가 닿고 있었으므로 그 후 맹자는 공식적으로 성인의 반열에 올랐으며, 『맹자』는 관료로 진출하기 위해 반드시 익혀야 할 관학(官學)이 되었다. 맹자 사상은 크게 꽃을 피웠으며, 주희의 『맹자집주』는 그 후 고시과목의 표준 답안이 되었다. 사마광의 맹자에 대한 의혹〔疑孟〕 등 간헐적인 맹자 비판이 있었으나, 원나라 문종 때 황제가 직접 '추국아성공(鄒國亞聖公)'에 봉하는 등 민중 지배이데올로기로서 유학의 고착화가 강해질수록 맹자에 대한 숭상도 높아졌다.

그러나 서구문명의 중국 유입과 더불어 중국에서든 한국에서든 일본에서든 전통문화에 대한 비판과 부정이 일대 조류를 이루었다. 장태염 같은 학자는 혹독한 유교 비판을 서둘렀고, 맹자를 말류로 비하하기도 하였다. 5·4운동 시기에는 사람 잡아먹는 사상으로 공자·맹자 사상이 비판되었으며, 사회주의 중국에서 유학은 아예 금기시되어 오늘 한국사회에서보다 더 심한 푸대접을 받기에 이르렀다.

성인으로 신화화된 뒤의 맹자가 어떤 긍정적인 혹은 부정적인 평가를 받았는지는 오늘의 시각에서 그다지 중요하지 않다. 우리는 통치자의 날선 독재욕구가 팽팽하던 전쟁과 경쟁의 전국시대를 당차게 살아가면서 정치의 중심에 우뚝 서서 인의와 도덕을 외치고 다닌 '인간 맹자'의 사상이 오늘에 어떤 의의를 갖고 있는지에 더 관심을 가져야 한다. 이를 위해 그의 사상에 내재하는 기본적인 문제점을 지적하는 동시에 그 문제점이 갖는 양면성을 살펴보는 것은 의미 있는 작업이다.

예컨대 첫째, 맹자가 부강을 추구해야 할 현실정치를 외면하고 인의와 왕도만 외친 것은 공허한 이상주의라는 비판을 자주 듣는다. 그러나 바로 그 전쟁과 생명파괴라는 강한 현실성이 이상주의를 부른 근원이며, 그것이 지식인들의 철학적 고뇌를 가능케 하고, 결국 그 이상주의를 통해 현실비판의 중요한 근거가 마련된다는 점을 동시에 고려해야 한다. 맹자의 이상적 아이디어는 현실에 유용한 부분도 있다.

둘째, 맹자가 말끝마다 선왕이나 요·순을 언급하고 현실을 죄악시 하는 것은 복고적이고 수구적이라는 비판을 받을 수 있다. 그러나 맹자는 역사적 사실을 따지며 그것으로 돌아가자고 주장한 것이 아니라, 자신의 이론을 정당화하기 위하여 선왕을 빌어다 이용하고 있을 뿐이다. 그의 논의는 복고주의라기보다 현실비판을 위한 시대적 요구였다고 해석할 수 있다.

셋째, 맹자가 정신노동자와 육체노동자를 나누는 등 상하 위계적 계급관계를 긍정하고 그 바탕 위에서 도덕정치로의 개혁을 외친 것은 기존 질서체계의 옹호에 불과하다는 비판을 받을 수 있다. 그러나 기존의 사회체계를 완전히 부수고 새 집을 짓는 혁명적 방식을 통해 사랑에 기초한 인의의 정치를 얘기하기는 부적절하다. 온정적 개량주의라는 자기 한계가 있긴 하지만 가족관계의 긍정과 확장을 통해 더 나은 사회를 이끌 수도 있다.

넷째, 세금과 형벌을 줄이기만 하면 왕도가 실천된다는 맹자의 주장은 다양하고 복합적인 이해관계가 상충하는 정치를 너무 쉽게 생각했다는 비판을 면하기 어렵다. 하지만 "학정으로 백성들의 초췌함이 이보다 심한 적이 없었던"(「공손추 상」·1) 시절에 무거운 세금이 더 많은 가난한 사람의 복지를 보장해줄 수도 있다는 설득을 하기는 어렵다.

다섯째, 폭정에 몸으로 항거하지 않고 입으로 설득하다 안되면 물러나 심성 수양을 하라는 맹자의 내성(內聖)에 치우친 주장은 권력의 핵심에 오르지 못한 한의 정당화이거나 패배주의적 발상이라는 비판이 있다. 그러나 천리(天理)를 최후의 무기로 삼고 민심을 하늘의 뜻으로 여기며 현실 정치권력을 뛰어넘는 도덕정치라는 큰 뜻을 지닌 야당 정치가의 입장에서 보면 수양 그 자체가 적극적인 정치행위일 수 있다.

여섯째, 논란이 많아 본문에 언급하지 않았지만 맹자가 이민족을 배척하는 배타적 중화 우월주의자였다는 비판이 있다. 그 근거는 「등문공 상」 4장의 내용이다. 농가학파의 제자가 정치가도 생산에 직접 종사해야지, 백성들의 재물을 약탈하여 먹고살아서는 안 된다는 주장에 대해 촌놈이라고 신랄하게 비판하는 대목에서다. "나는 중화문화[43]를 이용해 오랑캐의 문화를 바꾼다는 말은 들었지만, 오랑캐의 문화로 인해 중국문화가 바뀐다는 말은 아직 들어본 적이 없다." 여기서 맹자는 논리가 약간 맞지 않는 주장을 하면서 남쪽 초나라 이민족 문화를 무시하는 주장을 펴는 게 확실하다. 『맹자』에는 주로 선왕을 존중하지 않고, 예의를 차리지 않으며, 선한 심성을 보여주지 못한 존재로 오랑캐를 들먹인다. 하지만 맹자가 이민족을 대표하는 이(夷)자를 인용하면서 실제로 존재하는 북방민족을 이해했다거나 그들의 문화[44]와 비교하려는 노력을 기울인 적은 없다. 맹자가 이런 주장을 한 이유는 정치를 낮춰보고 선왕을 무시하는 발상에 대한 강렬한 반대 의식 때문이다. 즉 자기 주장의 정당화를 위해 극단적인 예를 끌어다 붙인 것이라고 해석할 수 있다는 얘기다.

이상의 비판과 그에 대한 양면적 해석 가능성의 제기는 이미 오래전부터 맹자를 둘러싸고 벌어진 논쟁들이기도 하고 필자의 생각을 덧붙이기도 한 것이다. 비판에 열려 있어야 사상의 발전이 가능하다. 맹자에 대한 비판과 반론은 궁극적으로 맹자 사상의 영향력을 확대하고 역사 속에서 그를 거듭 살려내는 중요한 역할을 해 줄 것이다. 그리고 이것들을 통해 『맹자』로부터 살아 있는 현재적 의의를 발견하는 것이 우리에겐 더욱 중요한 과제이다.

『맹자』의 현대적 의의

　우리는 정치학 교과서 『맹자』를 통해 야당인 맹자의 주장과 면모를 살펴볼 수 있다. 보다 나은 사회를 넘어 최고의 세상을 만드는 작업을 정치로 생각한 정치가, 한 번도 권력을 잡아보지 못한 채 권력자들을 비판하고 정부정책에 이의를 제기하고 패도의 현실에 대하여 왕도의 이상을 제기한 고집스런 정치가 맹자를 읽게 된다. 또한 『맹자』를 통해 가치나 권위의 배분 따위엔 관심을 두지 않는 정치가를 만날 수 있다. 따라서 여당을 할 필요도, 권력을 장악할 필요도, 정권을 잡기 위해 노력할 필요도 없음을 천명한 기발한 정치가를 만날 수 있다. 야당을 하더라도 보다 나은 세상, 최고의 사회를 만드는 작업에 모든 사람이 동참하면 그것이 가장 위대한 정치라고 생각한 군자를 만날 수 있다.

맹자는 정치에 대해 큰 구상을 하였다. 그는 권력을 중심으로 벌어지는 자잘한 다툼, 국가 간의 경쟁과 이해관계의 충돌을 작은 정치로 보았다. 그의 용어로는 소체(小體)이다. 그런 소인의 정치를 뛰어넘는 대인·군자는 인간의 선한 본성에서 비롯되는 인·의·예·지 네 가지 마음 바탕을 충분히 발현시켜 온 세상에 왕도를 실현한다. 현대 정치학에선 정치를 가치나 이익의 배분, 권위에 기초한 권력 현상 등으로 정의한다. 『맹자』를 통해 우리는 정치에 대한 이런 현실적 의미를 뛰어넘어 도덕의 완성이란 이상적 정의를 내릴 수 있게 된다. 맹자는 도덕적 이상의 잣대를 권력적 현실에 들이대며 정치를 비판할 수 있는 근거를 마련한 것이다. 이는 맹자 정치학의 큰 성취이다. 『맹자』를 읽으면 정치와 윤리를 구분한 마키아벨리적 정의에 이의를 제기할 수 있다. 맹자는 통합적 사유를 통해 정치와 윤리를 훌륭히 결합시켰다.

전쟁과 경쟁의 세월, 군주의 전제권력이 농익어 가던 전국시대를 감안하면 맹자의 주장은 급진적 정치이념이라 할 수 있다. 그는

맹자. 대북 고궁박물원 소장

급진적 이데올로기로 끝없이 논쟁을 만들고 실제로 논쟁에서 많은 승리를 거두었다. 절대 권력을 가진 왕의 면전에서 백성들에게 잘못하면 정권이 바뀔 수도 있고, 죽임을 당할 수도 있다고 맹자처럼 말할 수 있는 사람은 많지 않다. 애써 연나라를 정벌하여 통합하려던 제나라 군주에게 "왕께선 속히 명령을 내려 노인과 아이들을 돌려보내고 귀중한 기물의 약탈을 멈추십시오. 연나라 백성들과 상의하여 새 군주를 앉히신 뒤 물러나십시오"(「양혜왕 하」 · 11)라고 얘기했다. 전제군주 시절 '백성들과 상의하여 새 군주를 세우라'고 주장한 것은 급진의 극치이다. 백성을 소중하게 여기고 왕을 가볍게 여긴다는 맹자의 민귀군경(民貴君輕)론은 인의가 권력보다 위대한 것임을 강조하는 말이다. 맹자의 인의─민심─권력이라는 연계적 사유를 통해 민심으로 어떻게 정권을 견제하고, 어떻게 집권세력에게 강력한 태클을 걸 수 있는지 아이디어를 얻을 수 있다.

맹자가 도덕정치의 범주를 단순한 권력세계뿐만 아니라 자기 자신, 부모, 마을, 국가, 그리고 천하로 확충되어 가는 일련의 과정으로 파악한 것 또한 그의 통합적이면서 연계적인 사유방식을 드러낸 부분이다. 인간관계의 기본윤리, 즉 인륜을 인간의 선한 본성과 연계시킨 것도 마찬가지이다. 『맹자』에서의 통합과 연계의 이중주를 통해 우리는 개인과 사회를 철저히 구분하는 현대사회의 문제점을 꿰뚫어볼 수 있으며, 인간중심주의의 정치사상이 윤리와 사회의 일원화 속에서 한 걸음 더 진전된다는 생각을 할 수 있다.

우리는 『맹자』를 통해 의리를 강조함으로써 이익을 추구하는 정치권력의 대척점에 설 수 있고, 현실에서 승리하지 못하더라도 역사에선 승리한다는 자신을 얻게 된다. "5백 년이 되면 반드시 왕도를 실천하는 왕이 출현하고 그 사이 세상에 이름을 떨치는 사람도 반드시 나타난다."(「공손추 하」 · 13) 이 부도덕하고 어지러운 세상이 끝장날 때가 되었으니, 사회를 올바르게 만들 사람은 오직 나라는 자신감을 가지고 도덕을 실천하라. 모든 사람들이 세상에 깊은 관심을 가지고 정의로운 사회를 향해 자신을 던지는 위대한 꿈의 소유자로서 공자·맹자·순자 같은 인물이 된다면 5백 년이 아니더라도 왕도는 실천될 것이다.

그 외에도 우리는 성인이든 왕이든 일반 백성들이든 모두 선한 본성과 마음을 지닌 위대한 존재로서 같은 부류라는 맹자의 말을 통해 인간 평등성의 근원을 '선한 본성과 마음'에서 찾아볼 수 있게 된다. '힘으로 인의를 가장한' 패도정치와 '마음에서 우러나와 복종'하는 왕도정치의 대비를 통해 우리는 지배-복종의 정치관계에 대한 새로운 개념을 얻을 수 있다. 도덕이 권력에 복속되는 것이 아니라 권력이 도덕에 복속되어야 한다는 맹자의 주장은 포악한 군주 또는 현실권력의 장악자들을 공격하는 가장 좋은 무기이다. 관념적인 도덕의 권위로 현실의 정치권력을 제약하려는 시도는 맹자 정치학의 큰 성취이다.

2부

『맹자』 본문

『맹자』는 공리공담이 아니다. 높은 수양을 요구하는 도덕군자의 고담준론이 아니다. 경제가 살아 있고, 정치가 살아 있는 현실의 이야기이다. 삶과 정치가 하나로 통합되어 있으며, 개인의 사유와 사회적 행위, 도덕과 이상이 연계되어 있는 생생한 정치학 교과서이다. 성리학자들의 손에 의해 성인이 된 맹자가 아니라 전쟁과 경쟁의 전국시대를 온몸으로 부대끼며 살아간 정치가 맹자의 진솔한 삶의 경험과 펄펄 뛰는 시대정신이 녹아 있는 고전이 『맹자』이다.

일러두기

* 주희 『맹자집주』, 초순 『맹자정의』, 양백준 『맹자역주』를 주로 참고하여 맹자의 정치사상이 잘 나타난 다섯 편을 발췌하여 번역하였다.

* 가능한 한 쉬운 현대 우리말을 사용하였으며, 구별을 위해 꼭 필요한 부분을 제외하고는 모든 인명이나 지명을 한자 한글독음으로만 썼다.

* 특별한 의미가 있거나, 해석상 오해가 생길 수 있는 부분을 제외하곤 가급적 주석을 붙이지 않았다.

양혜왕 상(梁惠王 上) 제1편

1. 맹자가 양 혜왕을 알현했다. 왕이 말했다. "노선생[45]께서 천리를 멀다 않고 오셨으니 장차 우리나라에 이익을 가져다주려는 것이겠지요?"

맹자가 대답했다. "왕께서는 하필 이익이라는 말씀을 하십니까? 그저 인의만 얘기하셔야 합니다. 왕께서 '어떻게 해야 우리나라에 이익이 될까?'라고 말씀하시면, 대부들은 '어떻게 해야 우리 가문에 이익이 될까?'라고 말할 것이며, 선비와 서민들은 '어떻게 해야 내 몸에 이익이 될까?'라고 말할 것입니다. 위아래서 서로 이익을 다툰다면 그 나라는 위험에 빠집니다. 만 대의 전차를 가진 큰 나라에서 군주를 시해할 세력은 필경 천 대의 전차를 가진 대신의 가문일 것입니다. 천 대의 전차를 가진 나라에서 군주를 시해할 이들은 필경 백 대의 전차를 가진 대부의 가문일 것입니다. 전차만 대의 나라 안에서 천 대의 전차를 가지고 있고, 전차 천대의 나라 안에서 백 대의 전차를 가지고 있다는 것은 적다고 할 수 없사옵니다.[46] 그럼에도 대의를 뒤로 미루고 이익만앞세우기 때문에 남의 것을 빼앗지 않고는 만족하지 못하는 것입니다. 어질면서 자기 부모를 버리는 사람은 없으며, 의로우면서 자기 군주를 나중에 생각하는 사람은 없습니다. 왕께서는 인의만을 말씀하셔야 합니다. 하필 이익을 말씀하십니까?"

> 孟子見梁惠王. 王曰："叟不遠千里而來, 亦將有以利吾國乎?"
>
> 孟子對曰："王何必曰利? 亦有仁義而已矣. 王曰'何以利吾國?' 大夫曰'何以利吾家?' 士庶人曰'何以利吾身?'上下交征利而國危矣. 萬乘之國弑其君者, 必千乘之家; 千乘之國弑其君者, 必百乘之家. 萬取千焉, 千取百焉, 不爲不多矣. 苟爲後義而先利, 不奪不饜. 未有仁而遺其親者也, 未有義而後其君者也. 王亦曰仁義而已矣, 何必曰利?"

2. 맹자가 양 혜왕을 알현했다. 왕은 연못가에 서서 기러기, 사슴 따위가 노는 모습을 돌아보면서 이렇게 말했다. "현자도 이런 것에 즐거워합니까?"

맹자가 대답했다. "현자가 된 뒤에야 이런 것을 즐거워하지요. 현명하지 못한 사람은 이런 것이 있어도 즐거워하지 못합니다. 『시경』에 이런 말이 있습니다. '처음 영대를 지을 적에/ 줄을 치고 측량하였더니/ 백성들이 너도나도 달려들어/ 며칠 못 가 다 지었다네/ 급할 것이 없다 해도/ 백성들이 자식처럼 모여 들었네/ 왕께서 영대의 동산에 납시니/ 암수 사슴들 엎드려 있네/ 그 사슴들 번지르르한 윤기/ 눈부신 백조들의 깨끗함이라니/ 왕께서 영대 못가에 납시니/ 아아 물고기 가득히 팔딱거림이여.' 문왕께선 백성들의 힘으로 누대를 만들고 연못을 팠습니다. 백성들은 그것을 기뻐하고 즐거워하였으며 신령스럽다는 의미를 더해 누대를 영대라 하고, 연못을 영소라 불렀습니다. 사슴과 물고기 자라까지도 그것을 즐거워하였습니다. 옛날의 현인들은 백성과 함께 즐겼으므로 즐거울 수 있었습니다. 『서경』「탕서」편에 이런 말이 있습니다. '태양이라는 저 걸왕은 언제 죽나? 내 너와 함께 망하리라.' 백성들이 더불어서 함께 망하고자 한다면 누대와 연못, 새와 짐승이 있은들 어떻게 혼자 즐거워할 수 있겠습니까?"

孟子見梁惠王, 王立于沼上, 顧鴻鴈麋鹿, 曰 : "賢者亦樂此乎?"

孟子對曰 : "賢者而後樂此, 不賢者雖有此, 不樂也. 詩云 : '經始靈臺, 經之營之, 庶民攻之, 不日成之. 經始勿亟, 庶民子來. 王在靈囿, 麀鹿攸伏, 麀鹿濯濯, 白鳥鶴鶴. 王在靈沼, 於牣魚躍.' 文王以民力爲臺爲沼, 而民歡樂之, 謂其臺曰靈臺, 謂其沼曰靈沼, 樂其有麋鹿魚鼈. 古之人與民偕樂, 故能樂也. 湯誓曰：'時日害喪? 予及女偕亡.' 民欲與之偕亡, 雖有臺池鳥獸, 豈能獨樂哉?"

3. 양 혜왕이 물었다. "과인은 나라를 다스리는 데 온 정성을 다 바치고 있어요. 하내 지역에 흉년이 들자 백성들을 하동 지역으로 이주시키고 하내에 곡식을 옮겨오도록 하였습니다. 하동 지역에 흉년이 들었을 때도 그렇게 하였습니다. 이웃나라의 정치를 살펴보니 과인처럼 마음을 쓰는 사람이 없어요. 그런데도 이웃나라 백성의 숫자가 줄지 않고, 과인의 백성이 늘지 않는 것은 대체 어째서일까요?"

맹자가 대답하였다. "왕께서 전쟁을 좋아하시니 전쟁으로 비유하겠나이다. 둥둥 북소리가 울리고 칼날을 부딪치며 막 접전에 들어갔는데 갑옷을 벗어던지고 병기를 끌면서 달아나는 병사가 있습니다. 어떤 병사는 백 걸음을 달아난 뒤 멈추고, 어떤 병사는 오십 걸음을 달아난 뒤 멈추었습니다. 여기서 오십 보를 달아난 병사가 백 보를 달아난 병사를 비웃었다면 어떻게 생각하십니까?"

왕이 말했다. "가당치 않습니다. 백 보를 가지 않았을 뿐 달아난 것은 마찬가지니까요."

맹자가 말하였다. "왕께서 이것을 아신다면 이웃나라보다 백성이 많아지기를 바라지 마십시오. 농사철을 어기지 않으면 곡식을 이루 다 먹을 수 없을 테며, 방죽과 연못에 빽빽한 그물을 집어넣지 못하게 하면 물고기 자라 등을 이루 다 먹을 수 없을 테며, 제 때를 맞추어 도끼를 들고 입산토록 하면 목재를 이루 다 쓸 수 없을 것입니다. 곡식과 어류를 이루 다 먹을 수 없고 목재를 이루 다 쓸 수 없다면, 산 사람을 양육하든 죽은 사람을 장사지내든 백성들에겐 아무런 유감도 없을 것입니다. 산 사람을 양육하고 죽은 사람을 장사지내는 데 아무런 유감이 없는 상태야말로 왕도의 시작이옵니다.

　다섯 이랑[47]의 집터에 뽕나무를 심게 하면 나이 오십 된 사람이 비단 옷을 입을 수 있습니다. 닭, 돼지, 개 같은 가축을 길러 새끼 칠 때를 잃지 않도록 하면 나이 칠십 된 사람이 고기를 먹을 수 있습니다. 백 묘의 전답에 농사시기를 빼앗기지 않고 경작을 하면 집안의 여러 식구들[48]이 굶주리지 않을 수 있습니다. 근엄하게 학교 교육을 실시하여 효도 공경의 도리를 반복시키면 머리가 희끗희끗한 사람이 짐을 이고 지고 길거리를 다니는 일이 없을 것입니다. 나이 칠십인 사람이 비단 옷에 고기를 먹고, 일반 백성들 가운데 추위와 굶주림에 떠는 사람이 없는데도 왕도를 실천하지 못한 사람은 아직 없었습니다.

　궁궐의 개·돼지가 백성들이 먹을 양식을 먹어치우는데도

이를 단속할 줄 모르고, 길거리에 굶어죽은 시체가 널려 있는데도 창고를 열 줄 모르며, 사람이 죽었는데도 '나 때문이 아니야, 흉년 때문이야'라고 말한다면, 이는 사람을 칼로 찔러 죽여 놓고는 '내가 죽인 게 아니야, 칼이 죽인 거야'라고 하는 것과 무엇이 다르겠습니까? 왕께서 흉년의 탓으로 돌리지 않으시면 천하의 백성들이 몰려들 것입니다."

梁惠王曰:"寡人之於國也, 盡心焉耳矣. 河內凶, 則移其民於河東, 移其粟於河內. 河東凶亦然. 察鄰國之政, 無如寡人之用心者. 鄰國之民不加少, 寡人之民不加多, 何也?"

孟子對曰:"王好戰, 請以戰喩. 塡然鼓之, 兵刃旣接, 棄甲曳兵而走, 或百步而後止, 或五十步而後止. 以五十步笑百步, 則何如?"

曰:"不可, 直不百步耳, 是亦走也."

曰:"王如知此, 則無望民之多於鄰國也. 不違農時, 穀不可勝食也;數罟不入洿池, 魚鼈不可勝食也;斧斤以時入山林, 材木不可勝用也. 穀與魚鼈不可勝食, 材木不可勝用, 是使民養生喪死無憾也. 養生喪死無憾, 王道之始也.

五畝之宅, 樹之以桑, 五十者可以衣帛矣;鷄豚狗彘之畜, 無失其時, 七十者可以食肉矣;百畝之田, 勿奪其時, 數口之家可以無饑矣;謹庠序之敎, 申之以孝悌之義, 頒白者不負戴於道路矣. 七十者衣帛食肉, 黎民不饑不寒, 然而不王者, 未之有也.

狗彘食人食而不知檢, 塗有餓莩而不知發;人死, 則曰:'非我也,

歲也.' 是何異於刺人而殺之, 曰:'非我也, 兵也.' 王無罪歲, 斯天
下之民至焉."

4. 양 혜왕이 말했다. "과인은 선생의 가르침을 즐거이 받
들고자 합니다."

맹자가 대답했다. "몽둥이로 사람을 죽이는 것과 칼로 사
람을 죽이는 것에 차이가 있습니까?"

왕이 말했다. "차이가 없습니다."

"칼로 죽이는 것과 정치로 죽이는 것에 다름이 있습니까?"

왕이 대답했다. "다름이 없습니다."

맹자가 말했다. "궁궐 주방엔 살찐 고기가 있고 마구간엔
살찐 말들이 있는데, 백성들은 굶주린 기색이 역력하고 들판
엔 굶어죽은 시체가 널려 있다면 이는 짐승들을 몰아서 사람
을 잡아먹는 셈입니다. 짐승들끼리 서로 잡아먹는 것도 사람
들은 싫어합니다. 그런데 백성의 부모가 되어서 정치를 하면
서 짐승들을 몰아서 사람을 잡아먹는 상태를 못 벗어나게 한
다면, 그를 어찌 백성들의 부모 된 사람이라 하겠습니까? 공
자는 '처음 인형을 만들었던 사람은 그 후손이 끊기리라!' 고
절규했습니다. 사람의 모양을 똑같이 본떠서 순장하는 데 그
것을 사용했기 때문입니다. 그렇거늘 어떻게 백성들을 산 채
로 굶어 죽게 만든단 말입니까?"

梁惠王曰：“寡人願安承教．”

孟子對曰：“殺人以梃與刃, 有以異乎？”

曰：“無以異也．”

“以刃與政, 有以異乎？”

曰：“無以異也．”

曰：“庖有肥肉, 廐有肥馬, 民有饑色, 野有餓莩, 此率獸而食
人也.獸相食, 且人惡之. 爲民父母, 行政不免於率獸而食人. 惡
在其爲民父母也？ 仲尼曰：‘始作俑者, 其無後乎！’爲其象人而
用之也.如之何其使斯民饑而死也？”

5. 양 혜왕이 말했다. “진(晉)⁴⁹⁾ 즉 우리 위나라가 천하에
막강한 국가임은 노선생도 익히 아는 바입니다. 그런데 과인
의 대에 이르러 동쪽으로 제나라에 패해 큰아들이 전사했고,
서쪽으로 진(秦)나라에 하서 7백 리의 땅을 잃었으며, 남쪽으
로 초나라에 8개 성읍을 잃는 치욕을 당했습니다. 과인은 심
히 부끄럽게 생각합니다. 죽은 자들을 위하여 한 번 깨끗이
설욕을 하고 싶은데 어떻게 하면 좋겠습니까?”

맹자가 대답했다. “사방 백 리의 땅만 있어도 왕도를 실천
할 수 있습니다. 왕께서 백성들에게 어진 정치[仁政]를 베푸
시어 형벌을 줄여 주고 세금을 가볍게 해주면 백성들은 열심
히 밭을 갈고 부지런히 김을 맬 것입니다. 젊은이들에게는 한

가한 시간을 이용해 효도, 공경, 성실, 신의 등을 배우도록 하여 집에 들어서면 제 부모를 열심히 섬기고, 집을 나서면 윗사람을 잘 모시도록 하십시오. 그러면 몽둥이만 깎아서도 진나라 초나라의 단단한 갑옷과 예리한 병기를 물리칠 수 있을 것입니다. 저들 나라는 농사철을 빼앗음으로써 백성들이 밭을 갈고 김을 매어 자기 부모를 봉양하지 못하게 만들고 있습니다. 부모들은 추위와 굶주림에 시달리고 형제와 처자식은 사방으로 흩어지고 있습니다. 저들이 이토록 백성들을 구렁텅이에 빠뜨리고 있으니 왕께서 나아가 토벌하신다면 그 누가 대왕께 대적을 하겠습니까? 그래서 '어진 사람은 무적이라'고 말합니다. 왕께선 조금도 의심치 마옵소서!"

梁惠王曰：“晉國, 天下莫强焉, 叟之所知也. 及寡人之身, 東敗於齊, 長子死焉；西喪地於秦七百里；南辱於楚. 寡人恥之, 願比死者壹洒之, 如之何則可？”

孟子對曰：“地方百里而可以王. 王如施仁政於民, 省刑罰, 薄稅斂, 深耕易耨. 壯者以暇日修其孝悌忠信, 入以事其父兄, 出以事其長上, 可使制梃以撻秦楚之堅甲利兵矣. 彼奪其民時, 使不得耕耨以養其父母, 父母凍餓, 兄弟妻子離散. 彼陷溺其民, 王往而征之, 夫誰與王敵？ 故曰：‘仁者無敵.’ 王請勿疑！”

6. 맹자가 양 양왕을 알현했다. 그리고는 나와서 다른 사

람에게 이렇게 얘기했다. "멀리서 바라보아도 임금 같지가 않았고, 가까이 보아도 두려워할 만한 위엄이 보이지 않았다. 그런데 갑자기 나에게 '천하가 어찌 해야 안정되겠습니까?'[50]라고 물어와 나는 '하나로 통일되어야 안정될 것입니다' 라고 대답하였다. '누가 천하를 통일시킬 수 있습니까?' 라고 하여 '사람 죽이기를 좋아하지 않는 사람이 천하를 통일할 수 있습니다' 라고 대답하였다. '누가 그와 함께할 수 있겠습니까?' 라고 하여 나는 이렇게 대답하였다. '천하에 그와 함께하지 않는 사람이 없을 것입니다. 왕께선 벼 싹을 아십니까? 7~8월 사이 가뭄에 벼 싹은 바짝 마릅니다. 그러다 하늘에 뭉게뭉게 구름이 생겨 시원하게 빗줄기가 쏟아지면 벼 싹들은 활기차게 살아납니다. 이와 같이 되면 그 누가 막을 수 있겠습니까? 지금 천하의 군주들 가운데 사람 죽이기를 좋아하지 않는 사람이 없습니다. 만약 사람 죽이기를 좋아하지 않는 사람이 있다면 천하의 백성들이 모두 목을 길게 늘어뜨리고 그 사람만 바라볼 것입니다. 정말 그렇게 되면 마치 물이 아래로 흐르듯이[51] 백성들이 귀순해 올 것입니다. 이 시원함을 그 누가 막을 수 있겠습니까?' 라고."

孟子見梁襄王. 出, 語人曰 : "望之不似人君, 就之而不見所畏焉. 卒然問曰 : '天下惡乎定?' 吾對曰 : '定于一.' '孰能一之?' 對曰 : '不嗜殺人者能一之.' '孰能與之?' 對曰 : '天下莫不與也. 王知夫苗

乎? 七八月之間旱, 則苗槁矣. 天油然作雲, 沛然下雨, 則苗浡然興

之矣. 其如是, 孰能御之? 今夫天下之人牧, 未有不嗜殺人者也, 如

有不嗜殺人者, 則天下之民皆引領而望之矣. 誠如是也, 民歸之, 由

水之就下, 沛然誰能御之?'"

7. 제 선왕이 물었다. "제 환공과 진 문공의 패업에 관한

일을 들려줄 수 있으십니까?"

맹자가 대답했다. "공자의 제자들 중에는 환공과 문공의

패업에 관한 일을 말하는 사람이 없습니다. 그래서 후세에 전

해지지 않고 있습니다. 신도 들어본 적이 없습니다. 부득이하

다면 왕도는 어떠신지요?"

왕이 말했다. "어떤 덕행을 갖추어야 왕도를 실천할 수 있

습니까?"

맹자가 대답했다. "백성들의 생활을 안정시켜 왕도를 실

천하면 아무도 막을 사람이 없습니다."

왕이 물었다. "과인 같은 사람도 백성들의 생활을 안정시

킬 수 있겠습니까?"

맹자가 대답했다. "가능합니다."

왕이 물었다. "어떤 연유로 제가 가능하다는 것을 아셨습

니까?"

맹자가 말했다. "신은 호흘이 하는 말을 들었습니다. 왕께

서 대전에 앉아 계시는데 소를 끌고 대전 아래를 지나가는 사람이 있었다면서요. 왕께서 그걸 보시고 '소를 어디로 끌고 가는고?' 라고 물으니 '종을 만드는데 희생의 피를 바르는 흔종 제사의식에 쓰려고 합니다' 라고 대답했다는군요. 왕께서 이에 '놓아 주거라! 벌벌 떨면서 사지로 끌려가는 모습을 보니 내 참을 수가 없구나' 라고 했답니다. '그러시면 흔종 의식을 폐지하오리까?' 대답하니 왕께서 '어찌 폐지할 수 있겠느냐? 양으로 바꾸어라!' 라고 말씀하셨다는데, 잘 모르겠습니다만 그런 일이 있었습니까?"

왕이 말했다. "있었습니다."

맹자가 말했다. "그런 마음이면 충분히 왕도를 행할 수 있습니다. 백성들 모두는 왕이 소를 아까워해서라고 생각하겠지만, 신은 왕께서 불쌍한 마음을 참지 못해서 그랬음을 분명히 알고 있습니다."

왕이 말했다. "그렇지요. 확실히 그렇게 생각하는 백성들이 있었습니다. 제나라가 아무리 비좁고 작다 하더라도 내 어찌 소 한 마리를 아까워하겠소? 아무 죄도 없이 사지로 끌려가면서 벌벌 떠는 모습을 보니 참을 수가 없어서 양으로 바꾸라고 한 것이지요."

맹자가 말했다. "왕께서는 왕을 인색하다고 생각한 백성들을 이상하게 여기지 마십시오. 작은 것으로 큰 것을 바꾸었으니 저들이 그 속내를 어찌 알겠습니까? 왕께서 아무 죄 없이 사지로 끌려감을 측은해 했던 것이니 그것이 소였든 양이었든 어찌 가리셨겠습니까?"[52]

왕이 웃으면서 말하였다. "정말 어떤 마음에서 그랬을까요! 내가 재물이 아까웠던 것은 아니거든요. 그런데 소를 양으로 바꾸었으니 백성들이 나를 인색하다고 말한 것도 당연하네요."

맹자가 말했다. "상심하지 마십시오. 그 참지 못하는 마음이야말로 인을 행하는 방법[仁術]입니다. 소는 눈으로 직접 보았고, 양은 보지 않았기 때문입니다. 군자는 짐승이 살아 있을 때 모습을 보았으면 그 죽은 모습을 차마 보지 못하며, 애처로운 비명소리를 들었으면 그 고기를 차마 먹지 못합니다. 그래서 군자는 주방을 멀리하는 것입니다."

선왕이 기뻐하며 말하였다. "『시경』에 '다른 사람의 속마음을/ 내 꿰뚫어본다네' 라는 구절이 있는데, 바로 선생을 두고 한 말이군요. 난 분명히 그렇게 행동했는데 돌이켜 생각해 보아도 내 마음을 알 수가 없었어요. 그런데 선생께서 그렇게 말씀해주시니 내 마음이 활연히 밝아지는 느낌입니다. 이 마음이 왕도에 부합하는 까닭은 또 무엇입니까?"

맹자가 말했다. "어떤 사람이 왕께 아뢰길 '제 힘은 3천 근을 들어올릴 수 있습니다' 고 말하면서 깃털 하나도 제대로 들지 못하고, '눈이 밝아 가을날 미세한 새털의 끝동까지 분간할 수 있습니다' 고 말하면서 수레에 가득 실은 장작더미도 알아채지 못한다면[53] 왕께선 그것을 믿으시겠습니까?"

왕이 대답했다. "아닙니다."

"지금 왕의 은혜가 금수에게까지 미치고 있는데도 그 공덕이 백성들에게 이르지 못하는 까닭은 도대체 왜일까요? 이렇게 볼 때 깃털 하나를 들지 못함은 힘을 쓰지 않았기 때문이며, 수레 가득한 장작더미를 보지 못함은 밝은 눈을 사용하려 하지 않았기 때문입니다. 백성들이 생활보장을 받지 못함은 은혜를 베풀려들지 않았기 때문입니다. 그러니 왕께서 왕도를 행하지 못하시는 것은 하지 않는 것이지 할 수 없어서가 아닙니다."

왕이 말했다. "하지 않는 모양과 할 수 없는 모양의 차이는 무엇입니까?"

맹자가 말했다. "태산을 옆구리에 끼고 북해를 뛰어넘는 행동을 '나는 할 수 없다' 고 다른 사람에게 말했다면 이는 정말로 할 수 없는 것입니다. 노인을 위해 나뭇가지 하나를 꺾는 행위를 '나는 할 수 없다' 고 다른 사람에게 말했다면 이는 하지 않는 것이지 할 수 없어서가 아닙니다. 왕께서 왕도를 실천하지 못함은 태산을 옆구리에 끼고 북해를 뛰어넘는 그런 종류가 아니오라, 왕께서 왕도를 실천하지 못함은 노인을 위해 나뭇가지를 꺾는 그런 종류입니다.

우리 집 노인에 대한 공경이 다른 집 노인에게도 미치게 되고, 우리 집 아이에 대한 사랑이 다른 집 아이에게도 미치게 된다면 천하는 손바닥 위에 올려놓은 듯 다스릴 수 있습니다. 『시경』에 '내 아내에게 모범이 되고/ 다시 형제에게 이르고/ 더 나아가 가문과 나라로 넓혀지리' 라는 말이 있습니다. 이는 공경하고 사랑하는 마음을 더 멀리 넓혀 가라는 말입니다. 그래서 은혜를 넓혀 나가면〔推恩〕 온 세상 백성들의 생활을 다 안정시킬 수 있지만, 은덕을 넓히지 못하면 자기 처자식의 생활도 보전할 수 없습니다. 옛날의 현인이 보통사람들보다 뛰어났던 점은 다른 것이 아니오라 자신의 훌륭한 행위를 누구보다 잘 넓혀 나갔기 때문입니다.

지금 왕의 은혜가 금수에게까지 미치고 있는데도 그 공덕이 백성들에게 이르지 못하는 까닭은 도대체 왜일까요? 저울로 달아본 뒤에야 가볍고 무거움을 알 수 있고, 자로 헤아려본 뒤에야 길고 짧음을 알 수 있습니다. 만물이 다 그렇지만 사람의 마음은 특히 그렇습니다. 왕께서 이를 잘 헤아리시옵소서! 설마 왕께선 군대를 일으켜 장교와 신하들을 위험에 빠뜨리고, 이웃 제후들과 원한을 맺은 뒤라야 마음이 유쾌하시나이까?"

선왕이 말했다. "아닙니다. 내 어찌 그것에 통쾌해 하겠소? 내가 크게 바라는 바를 추구하기 때문이지요."

맹자가 말했다. "왕께서 크게 바라는 바를 들어볼 수 있겠습니까?"

선왕은 웃으면서 대답하지 않았다.

맹자가 말했다. "풍성하고 맛있는 음식이 입에 맞지 않으십니까? 가볍고 따뜻한 옷이 몸에 맞지 않으십니까? 아니면 어전의 화려한 색채가 눈에 차지 않으십니까? 귀에 들리는 아름다운 음악소리가 부족하십니까? 앞에서 명령을 수행하는 시종이 부족하십니까? 왕의 여러 신하들이 이 모든 것을 충분히 공급할 터이니 왕께서 바라시는 바가 어찌 이런 것들 때문이겠습니까?"

왕이 말했다. "아니오. 난 그런 것들 때문이 아니오."

맹자가 말했다. "그렇다면 왕께서 크게 바라는 바를 알 수 있겠습니다. 영토를 확장하고, 진나라 초나라의 조공을 받으며, 중원 맹주에 군림하여 사방 이민족들을 누르고 싶으신 것입니다. 그러나 전쟁 행위로 바라는 바를 추구하는 것은 나무에 올라가 물고기를 잡으려는 행동〔緣木求魚〕과 같습니다."

왕이 말했다. "그게 그토록 심한 것이오?"

맹자가 말했다. "어쩌면 더 심할 테지요! 나무에 올라가 물고기를 잡으려는 행동은 물고기를 얻지 못하더라도 후환은 없습니다. 그런데 전쟁 행위로 바라는 바를 추구하는 것은 혼신의 노력을 기울여 하더라도 반드시 후환이 따르게 됩니다."

왕이 말했다. "그 이유를 들어볼 수 있겠습니까?"

맹자가 물었다. "추나라와 초나라가 싸우면 왕께서는 누가 이기리라 생각하십니까?"

왕이 대답했다. "초나라가 이깁니다."

맹자가 말했다. "그렇다면 땅이 작은 나라는 실로 땅이 큰 나라와 대적할 수가 없고, 인구가 적은 나라는 실로 인구가 많은 나라를 대적할 수가 없고, 힘이 약한 나라는 실로 힘이 센 나라를 대적할 수가 없겠습니다. 지금 이 세상에 사방 천 리의 땅을 가진 나라가 아홉입니다. 제나라는 그 중 하나이지요. 하나로 여덟 개를 굴복시키려 함은 추나라가 초나라를 대적하는 것과 무엇이 다르겠습니까? 역시 근본적인 문제로 되돌아가셔야 합니다.

이제 왕께서 어진 정치를 베푸시어 천하의 벼슬아치들이 모두 제나라 조정에 서고자 하며, 농부들이 모두 제나라 들녘에서 밭을 갈고자 하며, 장사꾼들이 모두 제나라 시장에 물건을 쌓아 놓고자 하며, 여행객들이 모두 제나라 도로를 거닐고 싶어 하도록 만드십시오. 천하에 자기 나라 군주를 미워하는 이들이 모두 왕에게 몰려와 하소연하려 들 것입니다. 그렇게 되는 것을 그 누가 막을 수 있겠습니까?"

왕이 말했다. "나는 어리석어 거기에까지 나아갈 수가 없

습니다. 원컨대 선생께서 내 뜻을 보좌하여 나를 밝게 이끌어
주십시오. 내 비록 불민하지만 한 번 시도해 보고자 합니다."

맹자가 말했다. "일정한 생업[恒産]이 없으면서도 일정한
도덕심[恒心]을 가지는 것은 오직 선비들만 가능한 일입니
다. 일반 백성들은 일정한 생업이 없으면 일정한 도덕심도 갖
지 못합니다. 일정한 도덕심이 없으므로 부정 탈법 등 온갖
못된 짓을 저지르게 됩니다. 그리하여 백성들을 죄에 빠지게
한 다음에 형벌을 가한다면 이는 백성들에게 그물질을 하는
행위입니다. 어진 군주가 자리에 있으면서 어찌 백성들을 그
물질하는 행위를 할 수 있겠습니까?

그래서 현명한 군주는 백성들에게 생업을 마련해 주어 반
드시 위로 부모를 충분히 봉양할 수 있도록 하고, 아래로 처
자식을 충분히 먹여 살릴 수 있도록 해 줍니다. 풍년이 들면
일년 내내 배부르게 먹도록 해주고 흉년이 들어도 굶어죽지
않도록 해 줍니다. 그런 뒤 백성들을 선으로 유도하므로 백성
들이 쉽게 군주를 따르게 됩니다.

그런데 지금은 백성들에게 생업을 마련해 주어도 위로 부
모를 충분히 봉양할 수가 없고, 아래로 처자식을 충분히 먹여
살릴 수가 없습니다. 풍년이 들어도 일년 내내 고통스럽고 흉
년이 들면 죽음을 면치 못합니다. 이런 상황에서 자기 목숨도
보전하기 어려운데 어느 겨를에 예의를 익히겠습니까? 왕께

서 어진 정치를 행하고자 하신다면 역시 근본적인 문제로 되돌아가셔야 합니다.

다섯 묘의 집터에 뽕나무를 심게 하면 나이 오십 된 사람이 비단 옷을 입을 수 있습니다. 닭, 돼지, 개 같은 가축을 길러 새끼 칠 때를 잃지 않도록 하면 나이 칠십 된 사람이 고기를 먹을 수 있습니다. 백 묘의 전답에 농사시기를 빼앗기지 않고 경작을 하면 여덟 식구의 집안이 굶주리지 않을 수 있습니다. 근엄하게 학교 교육을 실시하여 효도 공경의 도리를 반복시키면 머리가 희끗희끗한 사람이 짐을 이고 지고 길거리를 다니는 일이 없을 것입니다. 노인들이 비단 옷에 고기를 먹고, 일반 백성들 가운데 추위와 굶주림에 떠는 사람이 없는데도 왕도를 실천하지 못한 사람은 아직 없었습니다."

齊宣王問曰：“齊桓晉文之事可得聞乎？”

孟子對曰：“仲尼之徒無道桓文之事者，是以後世無傳焉. 臣未之聞也. 無以，則王乎？”

曰：“德何如，則可以王矣？”

曰：“保民而王，莫之能禦也.”

曰：“若寡人者，可以保民乎哉？”

曰：“可.”

曰：“何由知吾可也？”

曰：“臣聞之胡齕曰，王坐於堂上，有牽牛而過堂下者，王見之，曰:‘牛何之?’對曰:‘將以釁鐘.’王曰:‘舍之! 吾不忍其穀觫, 若無罪而就死地.’對曰:‘然則廢釁鐘與?’曰:‘何可廢也? 以羊易之!’不識有諸?”

曰:“有之.”

曰:“是心足以王矣. 百姓皆以王爲愛也. 臣固知王之不忍也.”

王曰:“然. 誠有百姓者. 齊國雖褊小, 吾何愛一牛? 卽不忍其穀觫, 若無罪而就死地, 故以羊易之也.”

曰:“王無異於百姓之以王爲愛也. 以小易大, 彼惡知之? 王若隱其無罪而就死地, 則牛羊何擇焉?”

王笑曰:“是誠何心哉! 我非愛其財, 而易之以羊也. 宜乎百姓之謂我愛也.”

曰:“無傷也, 是乃仁術也, 見牛未見羊也. 君子之於禽獸也, 見其生, 不忍見其死;聞其聲, 不忍食其肉. 是以君子遠庖廚也.”

王說曰:“詩云:‘他人有心, 予忖度之.’夫子之謂也. 夫我乃行之, 反而求之, 不得吾心. 夫子言之, 於我心有戚戚焉. 此心之所以合於王者, 何也?”

曰:“有復於王者, 曰:‘吾力足以擧百鈞’, 而不足以擧一羽;‘明足以察秋毫之末’, 而不見輿薪, 則王許之乎?”

曰:“否.”

“今恩足以及禽獸, 而功不至於百姓者, 獨何與? 然則一羽之不擧, 爲不用力焉;輿薪之不見, 爲不用明焉, 百姓之不見保, 爲不用恩焉.故王之不王, 不爲也, 非不能也."

曰:"不爲者與不能者之形何以異?"

曰:"挾太山以超北海, 語人曰'我不能', 是誠不能也. 爲長者折枝, 語人曰'我不能', 是不爲也, 非不能也. 故王之不王, 非挾太山以超北海之類也;王之不王, 是折枝之類也.

老吾老, 以及人之老;幼吾幼, 以及人之幼. 天下可運於掌. 詩云:'刑於寡妻, 至於兄弟, 以御於家邦.' 言擧斯心加諸彼而已. 故推恩足以保四海, 不推恩無以保妻子. 古之人所以大過人者無他焉, 善推其所爲而已矣.

今恩足以及禽獸, 而功不至於百姓者, 獨何與? 權, 然後知輕重;度, 然後知長短. 物皆然, 心爲甚. 王請度之! 抑王興甲兵, 危士臣, 構怨於諸侯, 然後快於心與?"

王曰:"否.吾何快於是? 將以求吾所大欲也."

曰:"王之所大欲可得聞與?"

王笑而不言.

曰:"爲肥甘不足於口與? 輕暖不足於体與? 抑爲采色不足視於目與? 聲音不足聽於耳與? 便嬖不足使令於前與? 王之諸臣皆足以供之, 而王豈爲是哉?"

曰:"否.吾不爲是也."

曰:"然則王之所大欲可知已.欲辟土地, 朝秦楚, 莅中國而撫四夷也. 以若所爲, 求若所欲, 猶緣木而求魚也."

曰：“若是其甚與？”

曰：“殆有甚焉! 緣木求魚，雖不得魚，無後災. 以若所爲，求若所欲，盡心力而爲之，後必有災.”

曰：“可得聞與？”

曰：“鄒人與楚人戰，則王以爲孰勝？”

曰：“楚人勝.”

曰：“然則小固不可以敵大，寡固不可以敵衆，弱固不可以敵强. 海內之地方千里者九，齊集有其一. 以一服八，何以異於鄒敵楚哉？蓋亦反其本矣.

今王發政施仁，使天下仕者皆欲立於王之朝，耕者皆欲耕於王之野，商賈皆欲藏於王之市，行旅皆欲出於王之塗，天下之欲疾其君者皆欲赴愬於王，其若是，孰能御之？”

王曰：“吾惛，不能進於是矣. 願夫子輔吾志，明以敎我. 我雖不敏，請嘗試之.”

曰：“無恒產而有恒心者，惟士爲能. 若民，則無恒產，因無恒心. 苟無恒心，放辟邪侈，無不爲已. 及陷於罪，然後從而刑之，是罔民也. 焉有仁人在位，罔民而可爲也？

是故明君制民之產，必使仰足以事父母，俯足以畜妻子，樂歲終身飽，凶年免於死亡. 然後驅而之善，故民之從之也輕. 今也制民之產，仰不足以事父母，俯不足以畜妻子，樂歲終身苦，凶年不免於死亡. 此惟救死而恐不贍，奚暇治禮義哉？王欲行之，則盍反其本矣.

五畝之宅, 樹之以桑, 五十者可以衣帛矣; 雞豚狗彘之畜, 無失其
時, 七十者可以食肉矣; 百畝之田, 勿奪其時, 八口之家可以無饑
矣; 謹庠序之敎, 申之以孝悌之義, 頒白者不負戴於道路矣. 老者衣
帛食肉, 黎民不饑不寒, 然而不王者, 未之有也."

양혜왕 하(梁惠王 下) 제2편

1. 제나라 신하 장포가 맹자를 만나서 "제가 왕을 알현했는데 왕께서 음악을 좋아하신다는 말씀을 하셨습니다. 저는 아무 대답도 못 드리고 말았습니다"고 말하였다. 그리고 물었다. "음악을 좋아한다는 것은 어떤 것입니까?"

맹자가 대답했다. "왕께서 그토록 음악을 좋아하신다면 앞으로 제나라 정치는 다 잘 되겠군요!"

얼마 후 맹자는 제 선왕을 알현하면서 물었다. "왕께서 음악을 좋아하신다고 장포에게 말씀하셨다는데, 그런 일이 있으십니까?"

왕이 낯빛을 붉히면서 말했다. "과인은 고대 성왕들의 음악을 좋아하는 것이 아니라 그저 세속적인 유행곡을 좋아할 따름입니다."

맹자가 말했다. "왕께서 그토록 음악을 좋아하신다면 앞으로 제나라 정치는 다 잘 되겠습니다! 지금의 음악이나 옛날의 음악이나 다 같은 음악입니다."

왕이 물었다. "그 까닭을 들어볼 수 있겠습니까?"

맹자가 대답했다. "혼자 음악을 즐기는 것과 다른 사람과 더불어 음악을 즐기는 것 중 어느 쪽이 더 즐겁겠습니까?"

왕이 말했다. "다른 사람과 더불어 듣는 것이 더 낫지요."

맹자가 말했다. "그러시면 몇 사람과 더불어 음악을 즐기시는 것과 수많은 사람과 더불어 음악을 즐기는 것 중 어느 쪽이 더 즐겁겠습니까?"

왕이 말했다. "수많은 사람과 더불어 듣는 것이 더 낫지요."

"신이 음악 등 오락[54]에 대해 말씀드리도록 허락해 주십시오. 지금 여기서 왕이 연주회를 여는데, 백성들이 왕의 종소리, 북소리, 피리소리 등을 들으면서 머리를 절레절레 흔들고 이마를 찌푸리며 여기저기서 '우리 임금은 음악 연주를 좋아하여 왜 우리를 이 지경으로 만들어 놓는고? 부모자식이 서로 만날 수 없고, 형제들과 처자식은 다 흩어져 버렸네'라고 수군거린다고 생각해 보십시오. 지금 여기서 왕이 사냥을 하는데, 백성들이 왕의 마차소리, 말울음소리를 듣고 휘날리는 아름다운 깃발을 보면서 머리를 절레절레 흔들고 이마를 찌

푸리며 여기저기서 '우리 임금은 사냥을 좋아하여 왜 우리를 이 지경으로 만들어 놓는고? 부모자식이 서로 만날 수 없고, 형제들과 처자식은 다 흩어져 버렸네' 라고 수군거린다고 생각해 보십시오. 백성들이 그러는 것은 다른 이유가 아니라 백성들과 더불어 즐기지 않기 때문이옵니다.

반대로 지금 여기서 왕이 연주회를 여는데, 백성들이 왕의 종소리, 북소리, 피리소리 등을 들으면서 기쁨에 들떠 웃으면서 여기저기서 '우리 임금님이 아무런 질병도 없으신가 보다! 아니면 어찌 저리 음악을 잘하시겠는가?' 라고 얘기한다고 생각해 보십시오. 지금 여기서 왕이 사냥을 하는데, 백성들이 마차소리, 말울음소리를 듣고 휘날리는 아름다운 깃발을 보면서 기쁨에 들떠 웃으며 여기저기서 '우리 임금님이 아무런 질병도 없으신가 보다! 아니면 어찌 저리 사냥을 잘하시겠는가?' 라고 얘기한다고 생각해 보십시오. 백성들이 그러는 것은 다른 이유가 아니라 백성들과 더불어 즐기기[與民同樂] 때문입니다. 지금 왕께서 백성들과 즐거움을 함께 나누신다면 그것이 바로 왕도의 실천입니다."

莊暴見孟子, 曰:"暴見於王, 王語暴以好樂, 暴未有以對也." 曰: "好樂何如?"

孟子曰:"王之好樂甚, 則齊國其庶幾乎!"

他日見於王曰:"王嘗語莊子以好樂, 有諸?"

王變乎色, 曰:"寡人非能好先王之樂也, 直好世俗之樂耳."

曰:"王之好樂甚, 則齊其庶幾乎! 今之樂, 由古之樂也."

曰:"可得聞與?"

曰:"獨樂樂, 與人樂樂, 孰樂?"

曰:"不若與人."

曰:"與少樂樂, 與衆樂樂, 孰樂?"

曰:"不若與衆."

"臣請爲王言樂:今王鼓樂於此, 百姓聞王鐘鼓之聲, 管籥之音, 擧疾首蹙頞而相告曰:'吾王之好鼓樂, 夫何使我至於此極也? 父子不相見, 兄弟妻子离散.' 今王田獵於此, 百姓聞王車馬之音, 見羽旄之美, 擧疾首蹙頞而相告曰:'吾王之好田獵, 夫何使我至於此極也? 父子不相見, 兄弟妻子离散.'此無他, 不與民同樂也.

今王鼓樂於此, 百姓聞王鐘鼓之聲, 管籥之音, 擧欣欣然有喜色而相告曰:'吾王庶幾無疾病與! 何以能鼓樂也?'今王田獵於此, 百姓聞王車馬之音, 見羽旄之美, 擧欣欣然有喜色而相告曰'吾王庶幾無疾病與! 何以能田獵也?'此無他, 與民同樂也.今王與百姓同樂, 則王矣."

2. 제 선왕이 물었다. "주 문왕의 사냥터는 사방 70리였다던데 그렇습니까?"

맹자가 대답했다. "전해오는 문헌에 그런 기록이 있습니다."

왕이 말했다. "정말 그렇게나 컸습니까?"

맹자가 말했다. "백성들은 오히려 작다고 여겼습니다."

왕이 말했다. "과인의 사냥터는 사방 40리인데도 백성들이 오히려 크다고 여기는 것은 무엇 때문일까요?"

맹자가 말했다. "문왕의 사냥터는 사방 70리였는데 나무꾼들이 무시로 드나들었고 꿩이나 토끼를 잡으러 들어갈 수 있어 백성들과 더불어 누렸으니 백성들이 작다고 여김이 당연한 것 아니겠습니까? 신은 처음 제나라 국경에 이르렀을 때 나라에서 가장 크게 금지하는 바가 무엇이냐고 물어본 뒤에 들어왔습니다. 그 때 성밖 관문 안에 사방 40리의 사냥터가 있는데 거기서 사슴들을 죽인 사람은 살인죄로 처벌한다는 말을 들었습니다. 그렇다면 이는 나라 가운데다 사방 40리의 함정을 파놓은 셈입니다. 백성들이 크다고 여김이 당연한 것 아니겠습니까?"

齊宣王問曰 : "文王之囿, 方七十里, 有諸?"

孟子對曰 : "於傳有之."

曰 : "若是其大乎?"

曰 : "民猶以爲小也."

曰 : "寡人之有, 方四十里, 民猶以爲大, 何也?"

曰 : "文王之囿, 方七十里, 芻蕘者往焉, 雉兎者往焉, 與民同之. 民以爲小, 不亦宜乎? 臣始至於境, 問國之大禁, 然後敢入. 臣聞郊關

之內, 有囿方四十里, 殺其麋鹿者如殺人之罪. 則是方四十里, 爲阱
於國中. 民以爲大, 不亦宜乎?"

3. 제 선왕이 물었다. "이웃나라와 교류하는 데 도가 있습
니까?"

맹자가 대답했다. "있습니다. 오직 어진 군주만이 강대국
이면서 약소국을 섬길 수 있습니다. 이것이 은나라 왕 탕이
무례한 갈백을 섬기고, 주나라 문왕이 오랑캐 곤이를 섬긴 까
닭입니다. 그리고 오직 지혜로운 군주만이 약소국이면서 강
대국을 섬길 수 있습니다. 문왕의 부친 태왕이 북방 강국 훈
육을 섬기고, 월나라 구천이 오나라 왕 부차를 섬긴 까닭입니
다. 대국으로 소국을 섬기는 군주는 천리를 즐기는 낙천적인
사람이며, 소국으로 대국을 섬기는 군주는 천리를 두려워하
는 조심스런 사람입니다. 천리를 즐기는 사람은 천하를 지켜
내고, 천리를 두려워하는 사람은 자기 나라를 지켜냅니다.
『시경』엔 '하늘의 위엄을 두려워하네 / 그리하여 나라를 보전
하였네' 라는 말이 있습니다."

왕이 말했다. "참으로 대단한 말씀이오! 헌데 과인에겐 병
이 있어요, 과인은 용맹을 좋아합니다."

맹자가 대답했다. "그렇다면 왕께선 제발 작은 용맹을 좋
아하지 마십시오. 칼자루를 어루만지고 눈을 부릅뜨면서 '네

가 어떻게 감히 나를 당하겠는가!' 라고 말한다면, 이는 필부의 용맹으로 그저 한 사람을 대적하는 것입니다. 부디 왕께선 큰 용맹을 지니십시오! 『시경』엔 '문왕께서 불끈 노하셨네/ 이에 군대를 정돈하시어/ 거나라로 가는 적을 막으셨네/ 주나라의 복을 두터이 하시었으며/ 온 천하의 기대에 보답했다네' 라고 하였는데, 이것이 문왕의 용맹입니다. 문왕께서 한 번 노하시는 것으로 천하의 백성들이 안정을 얻은 것입니다.

『서경』엔 '하늘이 백성들을 내려 주시와, 그들을 대신하여 군주를 세우고, 그들을 대신하여 스승을 세워 주셨소이다. 위로 상제를 도와 그 은총이 사방에 미치도록 하라는 말씀이었소이다. 죄가 있는 사람인지 죄가 없는 사람인지 모두 저에게 책임을 지라고 하셨소이다. 천하의 누가 감히 하늘의 뜻을 넘어설 수 있단 말이오?' 라고 말합니다. 폭군 주왕 한 사람이 온 세상을 제멋대로 하는지라 무왕이 이를 부끄러워하셨으니, 이것이 무왕의 용맹입니다. 무왕 또한 한 번 노하시는 것으로 천하의 백성들이 안정을 얻었습니다. 이제 왕께서도 한 번 노하시는 것으로 천하의 백성들이 안정을 얻는다면, 백성들은 왕께서 혹시 용맹을 좋아하지 않으실까봐 걱정할 것입니다."

齊宣王問曰：“交鄰國有道乎？”

孟子對曰：“有. 惟仁者爲能以大事小, 是故湯事葛, 文王事混夷；

惟智者爲能以小事大, 故大王事獯鬻, 句踐事吳. 以大事小者, 樂天

者也; 以小事大者, 畏天者也. 樂天者保天下, 畏天者保其國. 詩云:
'畏天之威, 于時保之.'"

王曰: "大哉言矣! 寡人有疾, 寡人好勇."

對曰: "王請無好小勇. 夫撫劍疾視曰, '彼惡敢當我哉'! 此匹夫之
勇, 敵一人者也. 王請大之! 詩云: '王赫斯怒, 爰整其旅, 以遏徂
莒, 以篤周祜, 以對於天下.' 此文王之勇也. 文王一怒而安天下之
民.

書曰: '天降下民, 作之君, 作之師. 惟曰其助上帝, 寵之四方. 有罪
無罪, 惟我在, 天下曷敢有越厥志?' 一人衡行於天下, 武王恥之.
此武王之勇也. 而武王亦一怒而安天下之民. 今王亦一怒而安天下之
民, 民惟恐王之不好勇也."

4. 제 선왕이 별장인 설궁에서 맹자를 접견했다. 왕이 물
었다. "현자도 이런 즐거움이 있을까요?"

맹자가 대답했다. "있습니다. 사람들은 그런 즐거움을 얻
지 못하면 자신의 군주를 비난합니다. 즐거움을 얻지 못했다
고 하여 자신의 군주를 비난하는 것은 잘못입니다. 그런데 백
성들의 윗사람, 즉 군주가 되어서 백성들과 즐거움을 함께하
지 못하는 것 또한 잘못입니다. 군주가 백성들의 즐거움을 자
신의 즐거움으로 여기면 백성들 또한 군주의 즐거움을 자신
들의 즐거움으로 여깁니다. 군주가 백성들의 근심을 자신의

근심으로 여기면 백성들 또한 군주의 근심을 자신들의 근심으로 여깁니다. 천하와 더불어 즐기고 천하와 더불어 근심하고도 왕도를 실천하지 못한 사람은 아직 없었습니다.

옛날 제 경공께서 현신 안영에게 '내가 전부산과 조무산을 둘러보고 바닷길을 따라 남쪽으로 내려가 낭야까지 영토를 훑어보고자 합니다. 내 어떻게 해야 과거 성왕들의 시찰에 견주어 손색이 없는지요?' 라고 물었습니다. 이에 안자는 다음과 같이 대답하였습니다. '정말 좋은 질문입니다. 천자가 제후국으로 가는 것을 순수(巡狩)라 하는데, 순수란 제후들이 지키고 있는 강토를 순시한다는 뜻입니다. 제후가 천자를 배알하는 것을 술직(述職)이라 하는데, 술직이란 제후 자신의 직무를 보고한다는 뜻입니다. 모두 공무와 관련된 일이지요. 봄에는 경작 상황을 시찰하여 부족한 농민들을 도와주고, 가을엔 추수 상황을 시찰하여 모자란 생산량을 보충해 줍니다. '우리 왕이 유람가지 않으시는데 내 어떻게 쉬자고 하나? 우리 왕이 나와 즐기지 않으시면 내 어디서 도움을 받을 수 있나? 왕께서 유람가고 즐김은 곧 제후들의 본보기니라' 라는 하나라 속담이 있습니다. 그런데 지금은 그렇지 않습니다. 군대를 대동하고 왕이 움직여서 대규모 식량을 써버립니다. 굶주린 자들은 먹지 못하고, 힘든 노동을 한 사람이 쉬지를 못합니다. 서로를 흘겨보고 헐뜯으며 백성들이 거침없이 못된 짓을 합니다. 이런 시찰은 천명을 어기고 백성들을 학대하며 음식을 물처럼 낭비하는 일입니다. 그 유련(流連)하고 황망(荒亡)함은 제후들의 골칫거리가 되고 있습니다. 물을 타고 내려가며 놀다가 돌아갈 일을 잊어버리는 것을 유(流)라하고, 배를 거슬러 올라가며 놀다가 돌아갈 일을 잊어버리는 것을 련(連)이라 하고, 사냥터에서 절제를 모르고 짐승만 쫓는 것을 황(荒)이라 하고, 절제를 모르고 술만 마셔대는 것을 망(亡)이라 합니다. 과거의 훌륭한 왕들은 유련의 쾌락이나 황망한 시찰 행위가 없었습니다. 어떤 시찰을 할 것인지는 군주에게 달려 있습니다.'

경공은 안자의 말을 듣고 크게 기뻐 우선 도성 안에 큰 경계령을 내리고 교외로 나와 민가에 머물면서 창고를 열고 부족한 빈민들을 도와주었습니다. 그리고 음악을 관장하는 태사를 불러 '군주와 신하가 함께 즐길 수 있는 악곡을 지어다오!' 라고 부탁하였습니다. 치소(徵招)와 각소(角招)가 바로 그 음악입니다. 가사에 '군주의 욕심을 누름이 무슨 잘못이리?' 라 하는데, 군주의 욕심을 제지하는 것은 군주를 좋아하기 때문입니다."

齊宣王見孟子於雪宮. 王曰："賢者亦有此樂乎?"

孟子對曰："有. 人不得, 則非其上矣. 不得而非其上者, 非也; 爲民

上而不與民同樂者, 亦非也. 樂民之樂者, 民亦樂其樂; 憂民之憂

者, 民亦憂其憂. 樂以天下, 憂以天下, 然而不王者, 未之有也.

昔者齊景公問於晏子曰:'吾欲觀於轉附朝舞, 遵海而南, 放於琅邪. 吾何修而可以比於先王觀也?'晏子對曰:'善哉問也! 天子適諸侯曰巡狩, 巡狩者巡所守也; 諸侯朝於天子曰述職, 述職者述所職也. 無非事者. 春省耕而補不足, 秋省斂而助不給. 夏諺曰:"吾王不遊, 吾何以休? 吾王不豫, 吾何以助? 一遊一豫, 爲諸侯度."今也不然: 師行而糧食, 饑者弗食, 勞者弗息. 睊睊胥讒, 民乃作慝. 方命虐民, 飲食若流. 流連荒亡, 爲諸侯憂. 從流下而忘反謂之流, 從流上而忘反謂之連, 從獸無厭謂之荒, 樂酒無厭謂之亡. 先王無流連之樂, 荒亡之行. 惟君所行也.'

景公說, 大戒於國, 出舍於郊. 於是始興發補不足. 召大師曰:'爲我作君臣相說之樂!'蓋徵招角招是也. 其詩曰:'畜君何尤?'畜君者, 好君也."

5. 제 선왕이 물었다. "사람들이 모두 나더러 천자가 순수할 때 쓰시던 명당(明堂)을 헐라고 합니다. 헐어야 할까요? 말아야 할까요?"

맹자가 대답했다. "명당은 왕도를 행한 왕의 전당입니다. 왕께서 왕도정치를 행하시려거든 명당을 허물지 마십시오."

왕이 말했다. "왕도정치에 대해 들려주실 수 있겠습니까?"

맹자가 대답했다. "옛날 문왕께서 서백(西伯) 시절 기 땅을 다스릴 적에 정전제(井田制)에 따라 농민들에겐 9분의 1 세금만 거두었습니다. 벼슬했던 사람들에겐 녹봉을 세습시켰습니다. 관문 시장에서는 조사만 하고 세금을 물리지 않았습니다. 호수 연못에서 누구나 물고기를 잡을 수 있도록 금지하지 않았습니다. 죄인을 처벌하면서 처자식까지 연루시키지 않았습니다. 늙어서 아내가 없는 사람을 홀아비〔鰥〕라고 합니다. 늙어서 남편이 없는 사람을 과부〔寡〕라고 합니다. 늙어서 자식이 없는 사람을 무의탁자[55]〔獨〕라고 합니다. 어려서 부모가 없는 아이를 고아〔孤〕라고 합니다. 이 넷은 세상에서 가장 가난한 백성들로 어디 하소연할 데가 없는 사람들입니다. 문왕께서 어진 정치를 실시했을 때는 이 네 종류 사람들을 꼭 먼저 챙기셨습니다. 『시경』엔 '돈 있는 사람들이야 잘 지내겠지/ 애달픈 이는 외롭고 쓸쓸한 자들이지' 라는 말이 있습니다."

왕이 말했다. "참 좋은 말씀이오!"

맹자가 말했다. "왕께서 그리 좋게 여기신다면 왜 실천하지 않으십니까?"

왕이 말했다. "과인에겐 병이 있어요. 나는 재물을 좋아해요."

맹자가 대답했다. "옛날 주나라 창업시조인 공유 또한 재물을 좋아했습니다. 『시경』에 이런 말이 있습니다. '곡식이 들판에도 쌓여 있고 창고에도 가득하네/ 마른 양식을 꾸리어 / 부대에도 담고 자루에도 담았네/ 백성들 편안히 하고 국위를 떨치고자/ 활 화살을 펼쳐 들고/ 창 방패 도끼를 떨쳐 들고/ 호탕하게 길을 열고 나아가네.' 집에 남은 사람들에겐 곡식이 창고에 쌓여 있어야 할 테고, 행군하는 사람들에겐 건량 자루가 들려 있어야 할 것입니다. 그런 뒤에야 비로소 군대를 이끌고 길을 열어 나갈 수 있습니다. 왕께서 재물을 좋아하신다면 백성들과 함께 나누십시오. 그럼 왕도를 행함에 무슨 어려움이 있겠나이까?"

왕이 말했다. "과인에겐 또 병이 있어요. 나는 여색을 너무 좋아해요."

맹자가 대답했다. "옛날 태왕께서도 여색을 좋아하여서 아내를 무척 사랑했습니다. 『시경』엔 '태왕 고공단보는 오랑캐에 쫓기어/ 이른 아침 말을 달려/ 빈지 서쪽 칠수 연안을 따라/ 기산 아래에 이르렀도다/ 이에 강씨 부인이 따라오니/ 함께 살 집터를 찾았다네' 라고 합니다. 이 시절에는 남편을 못 구한 노처녀가 없었고, 아내를 못 구한 노총각이 없었습니다. 왕께서 여색을 좋아하신다면 백성들 입장도 함께 고려하십시오. 그럼 왕도를 행함에 무슨 어려움이 있겠나이까?'

齊宣王問曰: "人皆謂我毁明堂, 毁諸? 已乎?"

孟子對曰: "夫明堂者, 王者之堂也. 王欲行王政, 則勿毁之矣."

王曰: "王政可得聞與?"

對曰: "昔者文王之治岐也, 耕者九一, 仕者世祿, 關市譏而不征,

澤梁無禁, 罪人不孥. 老而無妻曰鰥, 老而無夫曰寡, 老而無子曰獨,

幼而無父曰孤, 此四者, 天下之窮民而無告者. 文王發政施仁, 必先

斯四者. 詩云: ‘哿矣富人, 哀此煢獨.’”

王曰: “善哉言乎!”

曰: “王如善之, 則何爲不行?”

王曰: “寡人有疾, 寡人好貨.”

對曰: “昔者公劉好貨, 詩云: ‘乃積乃倉, 乃裹餱糧, 於橐於囊. 思戢

用光. 弓矢斯張, 干戈戚揚, 爰方啓行.’ 故居者有積倉, 行者有裹糧

也, 然後可以爰方啓行. 王如好貨, 與百姓同之, 於王何有?”

王曰: “寡人有疾, 寡人好色.”

對曰: “昔者大王好色, 愛厥妃. 詩云: ‘古公亶甫, 來朝走馬, 率西

水滸, 至於岐下. 爰及姜女, 聿來胥宇.’ 當是時也, 內無怨女, 外無

曠夫. 王如好色, 與百姓同之, 於王何有?”

6. 맹자가 제 선왕에게 물었다. “왕의 신하 가운데 자기 처
자식을 친구에게 부탁하고 초나라 여행길을 떠난 사람이 있
었습니다. 그런데 돌아와 보니 그 처자식이 추위와 배고픔에
떨고 있었다면, 이를 어떻게 해야 합니까?”

왕이 말했다. “그런 친구는 버려야지요.”

맹자가 말했다. “옥을 담당하는 관리가 하급 직원들을 제
대로 관리하지 못한다면, 이를 어떻게 해야 합니까?”

왕이 말했다. "그만두게 해야지요."

맹자가 말했다. "국경 안의 사방이 잘 다스려지지 않는다면, 이를 어떻게 해야 합니까?"

왕은 좌우를 돌아보며 다른 얘기를 하였다.

孟子謂齊宣王曰："王之臣, 有託其妻子於其友而之楚遊者. 比其反也, 則凍餒其妻子, 則如之何?"

王曰："棄之."

曰："士師不能治士, 則如之何?"

王曰："已之."

曰："四境之內不治, 則如之何?"

王顧左右而言他.

7. 맹자가 제 선왕을 알현하고 말하였다. "오래된 나라라 부르는 것은 오래된 큰 나무가 있다는 말이 아닙니다. 여러 대에 걸쳐 공헌한 오래된 신하가 있다는 말입니다. 왕께서는 지금 신임하는 신하가 없으십니다. 예전엔 능력을 인정해 등용했으나 이제는 그 능력이 사라진 것도 모르고 계십니다."

왕이 말했다. "내 어떻게 하면 재능이 없는 사람을 식별하여 등용시키지 않을 수 있겠소이까?"

맹자가 말했다. "군주는 현인을 등용시킬 때 마치 부득이한 것처럼 해야 합니다. 신분이 낮은 사람이 신분이 높은 사람을 뛰어넘는 지위에 앉을 수도 있고, 관계가 먼 사람이 가까운 사람을 뛰어넘는 지위에 앉을 수도 있는데 신중하지 않아서야 되겠습니까?

좌우 측근이 모두 특정인을 어질다고 말하더라도 믿어선 안 됩니다. 여러 대부들이 모두 어질다고 하더라도 믿어선 안 됩니다. 백성들 모두가 어질다고 말하면 그 때야 주의 깊게 살펴보고 현명함을 확인한 뒤에 등용하십시오. 좌우 측근이 모두 특정인을 안 된다고 말하더라도 귀담아 듣지 마십시오. 여러 대부들이 모두 안 된다고 하더라도 듣지 마십시오. 백성들 모두가 안 된다고 말하면 그 때야 주의 깊게 살펴보고 불가함을 확인한 뒤에 버리십시오. 좌우 측근이 모두 특정인을 죽여야 한다고 말하더라도 귀담아 듣지 마십시오. 여러 대부들이 모두 죽여야 한다고 하더라도 듣지 마십시오. 백성들 모두가 죽여야 한다고 말하면 그 때야 주의 깊게 살펴보고 죽여야 한다는 판단이 선 뒤에 그를 죽이십시오. 그래서 전 국민이 그를 죽인 것이라고 말하는 것입니다. 이렇게 한 뒤라야 백성들의 부모가 되실 수 있습니다."

孟子見齊宣王曰：“所謂故國者，非謂有喬木之謂也，有世臣之謂也.王無親臣矣，昔者所進，今日不知其亡也."

王曰：“吾何以識其不才而舍之？"

曰：“國君進賢，如不得已，將使卑踰尊，疏踰戚，可不愼與？左右

皆曰賢, 未可也; 諸大夫皆曰賢, 未可也; 國人皆曰賢, 然後察之;

見賢焉, 然後用之. 左右皆曰不可, 勿聽; 諸大夫皆曰不可, 勿聽;

國人皆曰不可, 然後察之; 見不可焉, 然後去之. 左右皆曰可殺, 勿

聽; 諸大夫皆曰可殺, 勿聽; 國人皆曰可殺, 然後察之; 見可殺焉,

然後殺之. 故曰, 國人殺之也. 如此, 然後可以爲民父母."

8. 제 선왕이 물었다. "은나라 왕 탕이 하나라 왕 걸을 축
출하였으며, 주나라 무왕이 은나라 주왕을 토벌했다는데 그
렇습니까?"

맹자가 대답했다. "전해 오는 문헌에 그런 기록이 있습니다."

왕이 말했다. "신하가 자신의 군주를 시해해도 괜찮은 겁
니까?"

맹자가 말했다. "인을 해치는 자를 도적이라 부르고, 도의
를 해치는 자를 잔악하다고 말합니다. 잔악하고 도적질하는
이런 사람을 한낱 필부라고 부릅니다. 저는 한낱 필부인 주를
죽였다는 말을 들었을 뿐 군주를 시해했다는 말은 들은 적이
없습니다."

齊宣王問曰: "湯放桀, 武王伐紂, 有諸?"

孟子對曰: "於傳有之."

曰: "臣弑其君, 可乎?"

曰: "賊仁者謂之賊, 賊義者謂之殘. 殘賊之人謂之一夫. 聞誅一夫

紂矣, 未聞弑君也."

9. 맹자가 제 선왕을 알현하고 말하였다. "왕께서 큰 건물을 지으시려면 반드시 공사감독에게 큰 목재를 구해오도록 하겠지요. 공사감독이 큰 목재를 구해 오면 왕께선 기뻐하며 감독이 숙련되어 제 구실을 할 목재를 구했다고 생각하실 겁니다. 그런데 목수들이 그것을 잘라 작게 만들어버리면 왕께선 그들이 숙달이 안 되어 목재를 버렸다고 생각하실 겁니다. 사람은 어려서부터 배운 전문지식을 장성하면 실천하고 싶어 합니다. 그런데 왕께서 '그간 네가 배운 것들을 버리고 나만 따르라'고 하신다면 어찌 되겠습니까? 지금 여기에 옥돌 원석이 있는데 그것이 아무리 수십만 냥 나가는 값진 것일지라도 반드시 옥공을 시켜 조탁하게 하겠지요. 그런데 국가를 다스리는 데 있어서는 '그간 네가 배운 것들을 버리고 나만 따르라'고 하신다면 전문가인 옥공에게 옥을 조탁하는 방법을 가르치는 것과 무엇이 다르겠습니까?"

孟子見齊宣王曰: "爲巨室, 則必使工師求大木. 工師得大木, 則王喜, 以爲能勝其任也. 匠人斲而小之, 則王怒, 以爲不勝其任矣. 夫人幼而學之, 壯而欲行之. 王曰'姑舍女所學而從我', 則何如? 今有璞玉於此, 雖萬鎰, 必使玉人雕琢之. 至於治國家, 則曰'姑舍女所學而從我', 則何以異於敎玉人雕琢玉哉?"

10. 제나라 군대가 연나라를 공격하여 대승을 거두었다.

선왕이 물었다. "어떤 사람은 과인에게 합병을 하지 말라고 하고, 어떤 사람은 과인더러 합병을 하라고 말합니다. 전차 만 대를 가진 나라가 같은 만승의 나라를 치면서 50일 만에 함락시켰으니 인간의 힘으로는 이루기 어려운 일입니다. 합병하지 않으면 필경 하늘의 재앙이 있을 터이니 합병하는 것이 어떻겠습니까?"

맹자가 대답했다. "합병을 하여 연나라 백성들이 기뻐할 것 같으면 합병하십시오. 옛 인물 가운데 이를 실천한 사람이 바로 무왕입니다. 합병하여 연나라 백성들이 기뻐하지 않을 것 같으면 합병하지 마십시오. 옛 인물 가운데 이를 실천한 사람이 바로 문왕입니다. 만승의 나라가 만승의 나라를 쳤는데 밥 바구니와 물 주전자를 들고 왕의 군대를 영접한다면 무슨 다른 이유가 있겠습니까? 물불의 재난을 피하고 싶어서겠지요. 그런데 합병 후에 물불의 재앙이 더 극심해진다면 그들은 또다시 태도를 바꿀 것입니다."

齊人伐燕, 勝之.

宣王問曰 : "或謂寡人勿取, 或謂寡人取之. 以萬乘之國伐萬乘之
國, 五旬而擧之, 人力不至於此. 不取, 必有天殃. 取之, 何如?"

孟子對曰 : "取之而燕民悅, 則取之. 古之人有行之者, 武王是也.取
之而燕民不悅, 則勿取. 古之人有行之者, 文王是也. 以萬乘之國伐

萬乘之國, 簞食壺漿, 以迎王師, 豈有他哉? 避水火也. 如水益深,

如火益熱, 亦運而已矣.”

11. 제나라 군대가 연나라를 공격하여 합병해버렸다. 이에 여러 제후들이 연나라를 구하고자 궁리하였다.

선왕이 물었다. “많은 제후들이 과인을 토벌할 궁리를 하는데, 어떻게 대처해야 하겠습니까?”

맹자가 대답했다. “신은 70리 땅을 가지고 천하에 왕정을 펼친 사람이 있는데 바로 탕왕이라는 말은 들었지만, 천 리의 영토를 가지고도 다른 나라를 두려워했다는 말은 들어보지 못했습니다. 『서경』에 이런 내용이 있습니다. ‘탕왕이 한 번 정벌에 나서 갈나라로부터 시작하였는데’ 천하가 모두 탕왕을 믿었습니다. ‘동쪽을 향하여서 정벌하면 서쪽 민족이 원망하고, 남쪽을 향하여 정벌하면 북쪽 민족이 원망하며 왜 우리는 나중에 치느냐’ 고 말하였다고 합니다. 백성들은 큰 가뭄에 비구름을 만난 듯이 무지개를 보듯이 그를 소망했습니다. 시장으로 가던 사람은 그대로 갔고, 밭갈이하던 사람은 그대로 밭을 갈았습니다. 포악한 군주를 죽이고 백성들을 위문하니 가뭄 끝에 때맞추어 내린 비를 맞듯이 그 나라 백성들이 크게 기뻐하였습니다. 『서경』엔 ‘우리 임금님을 기다리는데, 임금님이 오시면 부활하리라’ 고 말합니다.

오늘 연나라 군주가 백성들을 학대하므로 왕께서 나서서 토벌을 한 것입니다. 연의 백성들은 왕께서 물불의 재난으로부터 자신들을 구제해 줄 것으로 믿어 밥 바구니와 물 주전자를 들고 왕의 군대를 영접하였습니다. 그런데 자기 부모를 죽이고 자제들을 묶어가며 종묘를 훼손하고 귀중한 기물들을 옮겨가면 이를 어찌 옳은 행동이라고 하겠습니까? 세상은 분명히 제나라가 강해지는 것을 두려워합니다. 이제 다시 땅을 배로 늘려놓고 어진 정치를 행하지 않기 때문에 천하의 국가들이 군대를 움직이는 것입니다. 왕께선 속히 명령을 내려 노인과 아이들을 돌려보내고 귀중한 기물의 약탈을 멈추십시오. 연나라 백성들과 상의하여 새 군주를 앉힌 뒤 물러나십시오. 그러면 제후들이 토벌의 궁리를 멈출 것입니다."

齊人伐燕, 取之. 諸侯將謀救燕.

宣王曰: "諸侯多謀伐寡人者, 何以待之?"

孟子對曰: "臣聞七十里爲政於天下者, 湯是也 未聞以千里畏人者也. 書曰: '湯一征, 自葛始.' 天下信之. '東面而征, 西夷怨; 南面而征, 北狄怨. 曰, 奚爲後我?' 民望之, 若大旱之望雲霓也. 歸市者不止. 耕者不變. 誅其君而弔其民, 若時雨降, 民大悅. 書曰: '徯我后, 后來其蘇.'

今燕虐其民, 王往而征之. 民以爲將拯己於水火之中也, 簞食壺漿, 以迎王師. 若殺其父兄, 係累其子弟, 毀其宗廟, 遷其重器, 如之何其可也? 天下固畏齊之强也. 今又倍地而不行仁政, 是動天下之兵也. 王速出令, 反其旄倪, 止其重器, 謀於燕衆, 置君而後去之, 則猶可及止也."

12. 추나라와 노나라가 싸웠다. 추 목공이 물었다. "우리 편에선 관리가 33명이나 죽었는데 백성들은 하나도 죽지 않았습니다. 이들을 죽이자니 이루 다 죽일 수가 없고, 그대로 묵과하자니 자신들의 상관이 죽어가도 흘겨볼 뿐 구하려 들지 않습니다. 이를 어찌해야 좋겠습니까?"

맹자가 대답했다. "흉년에 굶주리던 시절, 군주의 백성들 가운데 노약자들 시신은 구렁텅이에 나뒹굴었고 건강한 사람들은 흩어져 사방으로 떠났습니다. 그런 사람이 수천 명이었습니다. 그런데도 군주의 창고는 곡식으로 가득 찼고 관청 창고에는 재물이 가득했습니다. 관리들은 이를 하나도 보고하지 않았습니다. 이는 윗사람이 태만하여 아랫사람을 해친 것입니다. 현인 증자께선 이런 말씀을 하였습니다. '경계하라! 경계하라! 네가 하는 대로 네게 되돌아갈지니' 라고. 백성들은 오늘에 이르러서야 자신들이 당한 것을 되돌려주게 된 것입니다. 군주께선 탓하지 마십시오. 군주가 어진 정치를 행하면 백성들은 윗사람을 친애할 것이고 자신들의 상관을 위해 목숨을 내놓을 것입니다."

鄒與魯鬨. 穆公問曰："吾有司死者三十三人, 而民莫之死也. 誅之,

則不可勝誅；不誅, 則疾視其長上之死而不救, 如之何則可也？"

孟子對曰："凶年饑歲, 君之民老弱轉乎溝壑, 壯者散而之四方者,

幾千人矣；而君之倉廩實, 府庫充, 有司莫以告, 是上慢而殘下也.

曾子曰：'戒之戒之！出乎爾者, 反乎爾者也.' 夫民今而後得反之也.

君無尤焉. 君行仁政, 斯民親其上, 死其長矣."

13. 등 문공이 물었다. "등나라는 작은 나라로 제나라와
초나라 사이에 끼여 있습니다. 제나라를 섬겨야 할까요? 초
나라를 섬겨야 할까요?"

맹자가 대답했다. "그 계책을 내는 것은 제 능력 밖의 일입
니다. 굳이 말하라시면 한 가지가 있습니다. 성 밖 해자를 깊
이 파고 성곽을 높게 쌓은 뒤 백성들과 더불어 지켜내십시오.
죽음을 무릅쓰고도 백성들이 떠나지 않는다면 한번 해볼 만
합니다."

滕文公問曰："滕, 小國也, 間於齊楚. 事齊乎? 事楚乎？"

孟子對曰："是謀非吾所能及也. 無已, 則有一焉：鑿斯池也, 築斯

城也, 與民守之, 效死而民弗去, 則是可爲也."

14. 등 문공이 물었다. "제나라 사람들이 멸망시킨 설 땅
에 성을 쌓고 있습니다. 나는 매우 두렵습니다. 이를 어찌하

면 좋겠습니까?"

맹자가 대답했다. "옛날 태왕이 빈 땅에 살고 있는데 강한 북방민족인 적인들이 침략하여 왔습니다. 태왕은 그곳을 떠나 기산 아래로 와서 살았습니다. 그 지역을 골라서 취한 것이 아니라 부득이하여 그랬습니다. 좋은 정치를 하신다면 후세 자손들 가운데 반드시 왕업을 이루는 자가 있을 것입니다. 군자가 창업을 하여 계통을 전하는 것은 후손들이 그것을 이어가도록 하기 위해서입니다. 성공 여부는 하늘에 달려 있습니다. 군주께서 저들 제나라를 어떻게 하실 수 있겠습니까? 그저 열심히 어진 정치를 행할 수밖에 없습니다."

滕文公問曰："齊人將築薛，吾甚恐. 如之何則可？"

孟子對曰："昔者大王居邠，狄人侵之，去之岐山之下居焉. 非擇而取之，不得已也. 苟爲善，後世子孫必有王者矣. 君子創業垂統，爲可繼也. 若夫成功，則天也. 君如彼何哉？强爲善而已矣."

15. 등 문공이 물었다. "등나라는 작은 나라입니다. 온 힘을 다해 큰 나라를 섬기지만 끝내 화를 면하기 어려울 듯합니다. 이를 어찌하면 좋겠습니까?"

맹자가 대답했다. "옛날 태왕이 빈 땅에 살고 있는데 북방의 적인들이 침략해 왔습니다. 가죽과 예물로 그들을 섬겨도 화를 면할 수 없었으며, 개와 말을 주어 섬겨도 화를 면할 수 없었으며, 진주와 옥으로 섬겨도 화를 면할 수 없었습니다. 이에 태왕은 원로들을 불러놓고 이렇게 알렸습니다. '적인들이 원하는 것은 우리의 토지입니다. 군자는 사람에게 음식물을 제공하는 토지 때문에 사람을 해치지 않는다고 나는 들었습니다. 여러분들은 어찌하여 군주가 없다고 걱정을 하십니까? 나는 이제 떠나렵니다.' 그리고 빈을 떠나 양산을 넘어 기산 아래에 고을을 이루고 거기서 살았습니다. 이에 빈 사람들은 '참으로 어진 사람이다. 잃어선 안 된다' 고 말하며 그를 따르니, 사람들이 마치 도시를 방불케 하였다고 합니다. 어떤 사람은 '대대로 지켜온 땅이다. 내가 어떻게 결정할 수 있는 것이 아니다. 차라리 죽을지언정 떠나지 말라' 고 말합니다. 군주께선 이 둘 가운데서 선택을 하시기 바랍니다."

滕文公問曰:"滕, 小國也. 竭力以事大國 則不得免焉. 如之何則可?"

孟子對曰:"昔者大王居邠, 狄人侵之. 事之以皮幣, 不得免焉; 事之以犬馬, 不得免焉; 事之以珠玉, 不得免焉. 乃屬其耆老而告之曰: '狄人之所欲者, 吾土地也. 吾聞之也: 君子不以其所以養人者害人. 二三子何患乎無君? 我將去之.' 去邠, 踰梁山, 邑於岐山之下居焉. 邠人曰: '仁人也, 不可失也.' 從之者如歸市. 或曰: '世守也, 非身之所能爲也. 效死勿去.' 君請擇於斯二者."

16. 노나라 평공이 출타하려고 하였다. 총애 받던 측근 장

창이 문의하였다. "다른 날에는 군주께서 나가시면 반드시 담당관에게 명하여 가는 곳을 알리셨는데, 오늘은 가마에 수레를 이미 매달아 놓았음에도 주군께서 어디로 가실지 담당관이 모르고 있습니다. 알려 주시기 바랍니다."

평공이 말했다. "맹자를 만나려고 하네."

장창이 말했다. "무엇 때문입니까? 군주께서 몸을 낮추시어 먼저 일개 필부에게 가려 하심은 그를 어질다고 여기기 때문입니까? 예의는 현자로부터 나옵니다. 그런데 맹자는 나중에 치른 모친상이 앞서 치른 부친상보다 훨씬 성대하였습니다. 군주께선 그를 만나지 마시옵소서!"

평공이 말했다. "그리하겠네."

악정자[56]가 들어가 평공을 배알하고 말하였다. "군주께선 어찌하여 맹가 선생을 만나지 않으십니까?"

평공이 말했다. "어떤 사람이 과인에게 '맹자는 나중에 치른 모친상이 앞서 치른 부친상보다 훨씬 성대했다'고 하여 만나러 가지 않았소."

악정자가 말했다. "무엇 때문입니까? 군주께서 훨씬 성대했다고 하시는 것은 앞서 치른 상은 사(士)의 예로 하였고, 나중 치른 상은 대부(大夫)의 예로 했기 때문입니까? 아니면 부친상엔 세 가지 육류로 공물을 올렸고, 모친상엔 다섯 가지 육류로 공물을 올렸기 때문입니까?"[57]

평공이 말했다. "아니오. 속 널과 겉 널, 그리고 수의가 화려했다는 말이오."

악정자가 말했다. "그건 훨씬 성대했다고 말할 수 없습니다. 부친상 땐 가난했으나 모친상 땐 부유했기 때문입니다."

악정자가 스승 맹자를 뵙고 말하였다. "제가 군주께 아뢰어 군주께서 선생님을 만나려고 하였습니다. 그런데 총신 중에 장창이란 사람이 있어 군주를 가로막았습니다. 그래서 군주는 결국 못 오게 되었습니다."

맹자가 말했다. "가는 것은 무엇인가가 그렇게 시키기 때문이고, 멈추는 것은 무엇인가가 그렇게 막기 때문이다. 가고 멈추는 것은 사람의 힘으로 할 수 있는 바가 아니다. 내가 노나라 군주를 만나지 못한 것은 하늘 때문이다. 장씨의 자식이 어떻게 나로 하여금 못 만나게 할 수 있겠느냐?"

魯平公將出. 嬖人臧倉者請曰:"他日君出, 則必命有司所之. 今乘輿已駕矣, 有司未知所之. 敢請."

公曰:"將見孟子."

曰:"何哉爲君所爲輕身以先於匹夫者, 以爲賢乎? 禮義由賢者出. 而孟子之後喪踰前喪. 君無見焉!"

公曰:"諾."

樂正子入見, 曰:"君奚爲不見孟軻也?"

曰:"或告寡人曰, '孟子之後喪踰前喪', 是以不往見也."

曰：“何哉？君所謂踰者, 前以士, 後以大夫; 前以三鼎, 而後以五鼎
與？”

曰：“否. 謂棺槨衣衾之美也.”

曰：“非所謂踰也, 貧富不同也.”

樂正子見孟子, 曰：“克告於君, 君爲來見也. 嬖人有臧倉者沮君, 君是
以不果來也.”

曰：“行或使之, 止或尼之. 行止, 非人所能也. 吾之不遇魯侯, 天也. 臧
氏之子焉能使予不遇哉？”

공손추 하(公孫丑 下) 제4편

1. 맹자가 말했다. "천시는 지리만 못하고, 지리는 인화만 못하다. 3리의 내성과 7리의 외성뿐인 작은 성곽을 포위하여 공격하고도 승리를 거두지 못하는 경우가 있다. 오래 포위하여 공격하면 반드시 천시에 맞는 기회가 온다. 그럼에도 이기지 못하는 것은 천시가 지리만 못하기 때문이다. 성곽이 높지 않은 것도 아니고, 해자가 깊지 않은 것도 아니고, 병장기와 갑옷이 견고하고 예리하지 않은 것도 아니고, 쌀 조 등 군량이 많지 않은 것도 아니다. 그럼에도 성을 버리고 달아나는 경우가 있는데, 이는 지리가 인화만 못하기 때문이다. 그래서 백성들을 통제하면서 국경의 한계를 이용하지 말고, 나라를 방비하면서 산이나 계곡의 험준함을 이용하지 말고, 천하를

두려움에 떨게 하는 데 병장기나 갑옷의 예리함을 이용하지 말라고 말하는 것이다.

도를 얻어 어진 정치를 하는 사람은 도와주는 사람이 많으나 도를 잃어 어진 정치를 행하지 않는 사람은 도와주는 사람이 적다. 도와주는 사람이 극단적으로 적어지면 친척[58]까지도 배반한다. 도와주는 사람이 극단적으로 많아지면 온 천하가 다 순종해온다. 온 천하 사람들이 다 순종해 오는 그런 힘으로 친척까지도 배반하는 그런 세력을 치는 것이기 때문에 군자는 전쟁을 하지 않아도 되지만 일단 전쟁을 하면 반드시 승리한다."

> 孟子曰："天時不如地利, 地利不如人和. 三里之城, 七里之郭, 環而攻之而不勝. 夫環而攻之, 必有得天時者矣; 然而不勝者, 是天時不如地利也. 城非不高也, 池非不深也, 兵革非不堅利也, 米粟非不多也; 委而去之, 是地利不如人和也. 故曰：域民不以封疆之界, 固國不以山溪之險, 威天下不以兵革之利.
>
> 得道者多助, 失道者寡助. 寡助之至, 親戚畔之; 多助之至, 天下順之. 以天下之所順, 攻親戚之所畔; 故君子有不戰, 戰必勝矣."

2\. 맹자가 제 선왕을 찾아뵈려 하는데 마침 왕이 사자를 보내와 말하였다. "과인이 직접 가서 뵈려고 했는데 그만 감기에 걸려 바람을 쐴 수가 없습니다. 아침[59]에 조회를 보려 하

는데 과인이 조정에서 만나 뵐 수 있을까요?"

맹자가 답신하였다. "불행스럽게 저도 병이 있어서 조회에 나갈 수가 없습니다."

다음날 맹자가 동곽 대부의 집에 조문을 가려고 했다. 공손추가 말렸다. "어제는 병이 났다고 조회 참가를 사양해놓고 오늘 조문을 가시면 안 되는 것 아닙니까?"

맹자가 말했다. "어제는 조금 아팠으나 오늘은 다 나았는데 어째서 조문을 못 간단 말이냐?"

선왕이 사람을 시켜 병문안을 하고 의원도 보내왔다. 제자 맹중자가 응대하며 "어제 왕의 명령이 있었사온데 몸이 불편하셔서 조회에 나갈 수 없었습니다. 오늘 병에 차도가 있어 급히 조정에 나가셨는데 벌써 도착했는지 모르겠습니다"고 말했다. 그리고는 여러 사람을 시켜 길목 곳곳을 지켰다가 맹자에게 "꼭 돌아오지 마시고 조정으로 가십시오!"라고 통보했다. 맹자는 어쩔 수 없이 경추씨 집으로 가 묵을 수밖에 없었다.

경추씨가 말했다. "안으로는 부모와 자식의 관계, 밖으로는 군주와 신하의 관계가 인간세상에서 가장 큰 윤리입니다. 부모와 자식의 관계는 은혜가 중심이고, 군주와 신하의 관계는 공경이 핵심입니다. 제가 보기에 선왕께서는 선생을 공경하는데 선생이 선왕을 공경하는 것은 보지 못했소이다."

맹자가 대답했다. "아니, 그게 무슨 말씀이오! 제나라 사람들 가운데 인의를 가지고 왕에게 얘기하는 사람이 없는데, 어찌 인의가 아름답지 않아서겠소? 다들 마음속으로 '어떻게 이 사람과 더불어 인의를 얘기할 수 있겠는가?' 라고 생각하기 때문이지요. 이보다 더 큰 불경은 없을 것이오. 나는 요순의 도가 아니면 감히 왕 앞에서 말을 꺼내지 않으니 제나라 사람들 가운데 나보다 왕을 공경하는 사람은 없을 것이오."

경추씨가 말했다. "아니오. 내 말은 그 뜻이 아니오. 『예』[60]에 '아버지가 부르시면 대답할 틈도 없이 가고, 군주가 소환을 명하시면 말이 준비되길 기다리지 않고 달려간다' 는 말이 있습니다. 그런데 선생은 원래 조회에 나가려 했다가 왕의 명령을 듣고는 오히려 가지 않았습니다. 이는 『예』의 규정과 맞지 않는 것 같소이다."

맹자가 말했다. "그게 어찌 이 경우를 두고 하는 말이겠소? 증자는 이런 말을 했지요. '진나라와 초나라의 부유함은 내가 미칠 수 없다. 그들에게 그들의 부가 있다면 나는 나의 인이 있고, 저들에게 저들의 작위가 있다면 나는 나의 의가 있다. 내 무엇을 꺼리겠는가?' 증자가 어찌 의롭지 못한 것을 말했겠소? 그것도 하나의 도인 것이지요.

세상에서 공통적으로 존중하는 것이 세 가지 있는데 작위, 나이, 덕입니다. 조정에선 작위가 최고이고, 고을에선 나이가 최고이며, 군주를 도와 백성들을 위한 정치를 하는 데는 덕이 최고입니다. 어찌 그 중 하나를 갖추었다고 하여 나머지 둘을 경시할 수 있겠소이까. 뭔가 큰일을 하려는 군주라면 반드시 함부로 소환하기 어려운 신하를 갖고 있는 법입니다. 상의하고 싶은 일이 있으면 직접 찾아가지요. 덕을 존중하고 도를 즐기는 것이 이와 같지 못하면 더불어 큰일을 할 수가 없지요. 옛날 탕왕은 먼저 이윤에게 배운 뒤 그를 신하로 두었는데, 그 때문에 힘들이지 않고 왕도를 실현하였습니다. 제 환공도 관중에게 먼저 배우고 나서 그를 신하로 두었는데, 그 때문에 힘들이지 않고 패업을 이루었습니다. 지금 천하 각 국은 영토나 덕이나 비슷비슷하여 누구 하나 숭상할 만한 사람이 없습니다. 이는 다른 이유 때문이 아니라 자기 가르침을 받아들이는 사람을 신하로 두고 싶어 하고, 자기가 가르침을 받아야 할 사람을 신하로 두는 것을 꺼리기 때문이지요. 탕왕은 이윤을 감히 부르지도 못했고, 환공은 관중을 감히 부르지도 못했습니다. 관중 같은 사람도 부를 수 없는데, 하물며 관중 따위의 일은 하고 싶지도 않은 사람은 어떻겠소이까?"

孟子將朝王. 王使人來曰:"寡人如就見者也, 有寒疾, 不可以風.

朝, 將視朝, 不識可使寡人得見乎?"

對曰:"不幸而有疾, 不能造朝."

明日, 出弔於東郭氏. 公孫丑曰:"昔者辭以病, 今日弔, 或者不可乎?"

曰:"昔者疾, 今日愈, 如之何不弔?"

王使人問疾, 醫來. 孟仲子對曰:"昔者有王命, 有采薪之憂, 不能造朝. 今病小愈, 趨造於朝, 我不識能至否乎?"使數人要於路, 曰:"請必無歸, 而造於朝!"不得已而之景丑氏宿焉.

景子曰:"內則父子, 外則君臣, 人之大倫也. 父子主恩, 君臣主敬. 丑見王之敬子也, 未見所以敬王也."

曰:"惡! 是何言也! 齊人無以仁義與王言者, 豈以仁義爲不美也? 其心曰'是何足與言仁義也'云爾, 則不敬莫大乎是. 我非堯舜之道, 不敢以陳於王前, 故齊人莫如我敬王也."

景子曰:"否, 非此之謂也. 禮曰:'父召, 無諾;君命召, 不俟駕.' 固將朝也, 聞王命而遂不果, 宜與夫禮若不相似然."

曰:"豈謂是與? 曾子曰:'晉楚之富, 不可及也. 彼以其富, 我以吾仁;彼以其爵, 我以吾義, 吾何慊乎哉?'夫豈不義而曾子言之? 是或一道也.

天下有達尊三:爵一, 齒一, 德一. 朝廷莫如爵, 鄉黨莫如齒, 輔世長民莫如德. 惡得有其一, 以慢其二哉? 故將大有爲之君, 必有所不召之臣. 欲有謀焉, 則就之. 其尊德樂道, 不如是不足與有爲也. 故湯之於伊尹, 學焉而後臣之, 故不勞而王;桓公之於管仲, 學焉而後臣之, 故不勞而霸. 今天下地醜德齊, 莫能相尙. 無他, 好臣其所教, 而不好臣其所受教. 湯之於伊尹, 桓公之於管仲, 則不敢召. 管仲且猶不可召, 而況不爲管仲者乎?"

3. 제자 진진이 물었다. "선생님께선 예전 제나라에 계실 적에 제 왕이 상급의 금동[61] 2천 냥을 주었으나 받지 않으셨습니다. 그런데 송나라에서 천 4백 냥을 주자 받았으며, 설나라에서 천 냥을 주자 역시 받으셨습니다. 예전에 받지 않으신 것이 옳았다면 이번에 받은 것은 잘못입니다. 이번에 받은 것이 옳았다면 예전에 받지 않으신 것은 잘못입니다. 스승님께선 반드시 이 중 한 가지만을 선택하셨어야 했습니다."

맹자가 말했다. "둘 다 옳았느니라. 송나라에 있을 때 나는 먼 길을 떠나려고 했다. 길을 떠나는 사람에겐 반드시 노자를 주기 마련이다. 왕이 '노자를 드리겠습니다' 라고 간곡히 말하는데 내 무엇 때문에 받지 않겠느냐? 설나라에 있을 때 나는 길이 험해 경계심으로 가득했다. 왕이 '경계가 필요하다고 들었습니다. 병장기를 구입할 비용으로 드립니다' 라고 곡진하게 말하는데 내 무엇 때문에 받지 않겠느냐? 제나라에서는 받아야 할 아무런 이유가 없었다. 아무 이유도 없는데 돈을 받는다면 이는 뇌물이다. 군자가 되어가지고 어떻게 뇌물을 받을 수 있겠느냐?"

陳臻問曰："前日於齊, 王饋兼金一百而不受；於宋, 饋七十鎰而受；於薛, 饋五十鎰而受. 前日之不受是, 則今日之受非也；今日之受是, 則前日之不受非也. 夫子必居一於此矣."

孟子曰："皆是也. 當在宋也, 予將有遠行. 行者必以贐, 辭曰：'饋

贐.' 予何爲不受? 當在薛也, 予有戒心. 辭曰：'聞戒, 故爲兵饋之, '
予何爲不受? 若於齊, 則未有處也. 無處而饋之, 是貨之也. 焉有君
子而可以貨取乎？"

4. 맹자가 제나라 평륙 지방에 가서 그곳 대부 공거심에게
말하였다. "선생의 창잡이 전사 가운데 하루에 세 번 대오를
이탈한 자가 있으면 그를 쫓아내겠습니까? 아니면 그대로 두
겠습니까?"

공거심이 말했다. "세 번까지 기다릴 것도 없지요."

"그런데 선생이 대오를 이탈한 경우가 이보다 훨씬 많았
소이다. 흉년에 굶주리던 시절, 선생의 백성들 가운데 노약자
들 시신은 구렁텅이에 나뒹굴었고 건강한 사람들은 흩어져
사방으로 떠났습니다. 그런 사람이 수천 명이었습니다."

공거심이 말하였다. "그건 나 공거심이 어떻게 해 볼 수 있
는 일이 아니었소이다."

맹자가 말했다. "여기 다른 사람의 소와 양을 위탁받아 기
르려는 사람이 있다면 그는 반드시 방목지와 목초를 구해야
만 할 것이오. 그런데 방목지도 목초도 구하지 못했다면 주인
에게 되돌려 주어야 하겠소, 아니면 가만히 서서 그것들이 죽
어가는 것을 보고 있어야 하겠소?"

공거심이 말하였다. "그건 나 공거심의 잘못이었소이다."

나중에 맹자는 왕을 알현하는 자리에서 말하였다. "왕의 도읍을 다스리는 사람 가운데 다섯 사람을 신이 알고 있습니다. 그 가운데 자기 잘못을 아는 사람은 공거심뿐이었습니다." 그리고 지난 대화를 왕에게 들려 주었다.

왕이 말하였다. "이 모두가 과인의 잘못이오."

> 孟子之平陸, 謂其大夫曰 : "子之持戟之士, 一日而三失伍, 則去之否乎?"
>
> 曰 : "不待三."
>
> "然則子之失伍也亦多矣. 凶年饑歲, 子之民, 老羸轉於溝壑, 壯者散而之四方者, 幾千人矣."
>
> 曰 : "此非距心之所得爲也."
>
> 曰 : "今有受人之牛羊而爲之牧之者, 則必爲之求牧與芻矣. 求牧與芻而不得, 則反諸其人乎? 抑亦立而視其死與?"
>
> 曰 : "此則距心之罪也."
>
> 他日, 見於王曰 : "王之爲都者, 臣知五人焉. 知其罪者, 惟孔距心." 爲王誦之.
>
> 王曰 : "此則寡人之罪也."

5. 맹자가 제나라 대부 지와에게 말했다. "선생이 영구지 방 수령을 사양하고 옥을 다스리는 관직인 사사(士師)를 요청한 것은 일리가 있었습니다. 왕에게 직접 간언을 할 수 있는

자리이기 때문이지요. 그런데 지금까지 벌써 수개월이 지났는데 아직도 간언을 할 수 없으십니까?"

이에 지와가 왕에게 간언을 올렸으나 쓰이지 않자 사직을 하고 떠나버렸다. 이를 두고 어떤 제나라 사람이 "지와를 위해 그렇게 한 것은 잘한 일이다. 그러나 그 자신을 위해 어떻게 했는지는 내 잘 모르겠다"고 비판했다. 공도자가 이를 맹자에게 전했다.

맹자가 말했다. "난 이런 말을 들었다. 관직을 맡은 사람은 직무를 완수할 환경이 못 되면 떠나고, 간언을 책임진 사람은 계책이 받아들여지지 않으면 떠난다고 하더라. 난 맡은 관직도 없고 간언을 책임지고 있지도 않다. 그러니 내가 나가든 물러가든 어찌 여유가 작작하지 않겠느냐?"

孟子謂蚳鼃曰:"子之辭靈丘而請士師, 似也, 爲其可以言也. 今旣數月矣, 未可以言與?"

蚳鼃諫於王而不用, 致爲臣而去. 齊人曰:"所以爲蚳鼃, 則善矣; 所以自爲, 則吾不知也." 公都子以告.

曰:"吾聞之也:有官守者, 不得其職則去; 有言責者, 不得其言則去. 我無官守, 我無言責也, 則吾進退, 豈不綽綽然有餘裕哉?"

6. 맹자가 제나라에서 고위직인 경(卿)으로 임명되어 등나라에 조문을 가게 되었다. 제나라 왕은 측근인 합읍 대부 왕

환을 보좌역으로 딸려 보냈다. 왕환은 맹자와 매일 아침저녁
으로 만났으나 제나라에서 등나라를 왕복하는 긴 여정 동안
두 사람은 행사에 대해 한 마디도 의견을 나누지 않았다.

공손추가 말했다. "제나라 경의 지위가 작지 않으며, 제나
라에서 등나라의 길이 가까운 것도 아닙니다. 그런데 그 길을
함께 다녀오시면서 행사에 관해 한 마디도 의견을 나누시지
않는 것은 어째서입니까?"

맹자가 말했다. "저 사람이 멋대로 다 처리해 버리는데 내
무슨 말을 하겠느냐?"

> 孟子爲卿於齊, 出弔於滕, 王使蓋大夫王驩爲輔行. 王驩朝暮見, 反
> 齊滕之路, 未嘗與之言行事也.
>
> 公孫丑曰:"齊卿之位, 不爲小矣;齊滕之路, 不爲近矣. 反之而未
> 嘗與言行事, 何也?"
>
> 曰:"夫旣或治之, 予何言哉?"

7. 맹자가 제나라에서 모친상을 당했는데 노나라로 돌아
가 매장을 하였다. 다시 제나라로 돌아오는 중에 영 지방에
잠깐 머물렀다. 이 때 제자 충우가 가르침을 청하였다. "선생
님께서 지난번 상을 치르면서 저의 어리석음을 모르시고 저
에게 관 만드는 작업을 감독케 하셨습니다. 그 때는 일이 바
빠서 선생님께 감히 여쭤보지 못하였는데, 이제 기회를 빌려

여쭙겠습니다. 관의 목재가 너무 아름다웠던 같습니다."

맹자가 말했다. "고대엔 속 널이든 겉 널이든 제한이 없었다. 중세시대에 이르러 속 널을 7촌으로 하고 겉 널도 그에 맞추게 되었다. 천자로부터 서민에 이르기까지 공통적으로 이렇게 한 이유는 그저 보기 좋으라고 그런 것이 아니라, 그렇게 한 뒤에야 부모에 대한 마음을 다한 것으로 여겼기 때문이다. 제도상 좋은 목재를 쓰지 못하면 마음속으로 기뻐할 수가 없고, 제도상 가능해도 재력이 없어서 못 쓰게 되면 역시 마음속으로 기뻐할 수가 없다. 제도적으로 가능하고 재력도 받쳐주면 옛날 사람들은 모두 좋은 목재를 사용하였다. 나만 홀로 그렇게 하지 않을 까닭이 없지 않느냐? 그리고 돌아가신 분의 피부에 흙이 직접 닿지 않도록 해야 자식 마음이 좀 낫지 않겠느냐? 내 들어보니 군자라면 이 세상 어떤 이유로도 부모의 상을 검소하게 치르지 않는다고 한다."

孟子自齊葬於魯, 反於齊, 止於嬴. 充虞請曰: "前日不知虞之不肖, 使虞敦匠. 事嚴, 虞不敢請. 今願竊有請也, 木若以美然."

曰: "古者棺槨無度, 中古棺七寸, 槨稱之. 自天子達於庶人, 非直爲觀美也, 然後盡於人心. 不得, 不可以爲悅; 無財, 不可以爲悅. 得之爲有財, 古之人皆用之, 吾何爲獨不然? 且比化者, 無使土親膚, 於人心獨無恔乎? 吾聞之君子: 不以天下儉其親."

8. 제나라 대신 심동이 사사로이 찾아와 물었다. "연나라를 토벌해도 될까요?"

맹자가 말했다. "됩니다. 연나라 왕 자쾌가 제멋대로 다른 사람에게 연나라를 줄 수는 없는 법입니다. 연나라 재상 자지 또한 그런 식으로 자쾌에게서 연나라를 받을 수 없습니다. 여기 벼슬하려는 사람이 있는데 선생이 그를 좋아하여 왕에게 알리지도 않고 사사로이 선생의 봉록과 작위를 그에게 준다면, 그리고 그 선비 또한 왕명도 없는데 사사로이 선생에게서 그것을 받았다고 합시다. 그래도 되겠습니까? 자쾌가 자지에게 사사로이 왕위를 넘겨준 행위가 이와 무엇이 다르겠습니까?"

결국 제나라 군대가 연나라를 토벌하였다. 어떤 사람이 맹자에게 물었다. "제나라에게 연나라를 토벌하라고 권했다는데, 그런 일이 있었습니까?"

맹자가 대답했다. "아니오. 심동이 '연나라를 토벌해도 되느냐?'고 물어서 '된다'고 대답했더니, 그가 그래도 되는 줄 알고 토벌한 것이오. 그가 만약에 '누가 연나라를 토벌할 수 있느냐?'고 물었더라면, '하늘을 대신한 관리라야 연나라를 토벌할 수 있다'고 대답했을 것이오. 여기 사람을 죽인 자가 있는데 누가 '살인자를 죽여도 되느냐'고 묻는다면 난 '된다'고 대답할 것이오. 그런데 그가 만약 '누가 그 살인자를 죽일 수 있느냐?'고 묻는다면 난 '옥사를 담당하는 관리만이 살인자를 죽일 수 있다'고 대답할 것이오. 이번 사건은 연나라와 똑같은 제나라가 연나라를 토벌한 것인데 내 어떻게 그것을 권했겠소이까?"

沈同以其私問曰："燕可伐與？"

孟子曰："可. 子噲不得與人燕, 子之不得受燕於子噲. 有仕於此, 而子悅之, 不告於王而私與之吾子之祿爵；夫士也, 亦無王命而私受之於子, 則可乎？何以異於是？"

齊人伐燕. 或問曰："勸齊伐燕, 有諸？"

曰："未也. 沈同問'燕可伐與？'吾應之曰'可', 彼然而伐之也. 彼如曰'孰可以伐之'？則將應之曰：'爲天吏, 則可以伐之.'今有殺人者, 或問之曰'人可殺與'？則將應之曰'可'. 彼如曰'孰可以殺之'？則將應之曰：'爲士師, 則可以殺之.'今以燕伐燕, 何爲勸之哉？"

9. 연나라 백성들이 제나라에 반기를 들었다. 제나라 왕이 말하였다. "난 맹자를 보기가 심히 부끄럽구나."

대부 진가가 말했다. "왕께선 걱정하지 마십시오. 왕께선 자신을 주공과 비교하여 누가 어질고 지혜롭다고 생각하십니까?"

왕이 말했다. "아니, 그게 무슨 될법한 말이오?"

진가가 말했다. "주공이 은나라를 정벌하고 형 관숙에게 은나라를 감독하도록 했습니다만 관숙은 은나라 백성들과 연합하여 반기를 들었습니다. 알고도 그 일을 맡겼다면 이는 어질지 못한 것이고, 모르고 그 일을 맡겼다면 이는 지혜롭지 못한 것입니다. 어질고 지혜로운 것은 주공도 다할 수 없었던 일인데 하물며 왕께선 여부가 있겠습니까? 제가 맹자를 찾아 뵙고 해명을 하겠습니다."

진가는 맹자를 만나서 이렇게 물었다. "주공은 어떤 사람입니까?"

맹자가 말했다. "옛날의 성인이시지요."

진가가 물었다. "주공께서 관숙에게 은나라를 감독케 했으나 관숙이 은나라 백성들과 연합하여 반기를 들었다는데, 그런 일이 있었습니까?"

맹자가 대답했다. "그렇습니다."

진가가 말했다. "주공께선 그가 배반하리라는 것을 알면서도 그 일을 맡겼습니까?"

맹자가 말했다. "몰랐습니다."

"그렇다면 성인도 잘못을 저지르나 보지요?"

맹자가 말했다. "주공은 아우였고 관숙은 형이었습니다. 주공이 잘못 판단한 것은 인정상 당연한 것 아니겠소? 그런데 옛날의 군자는 잘못이 있으면 바로 고쳤는데, 오늘날의 군자는 잘못을 해 놓고도 그대로 밀어붙이는군요. 옛날의 군자가 잘못을 하면 백성들은 일식이나 월식을 보듯 그것을 쳐다보다가 잘못이 고쳐지게 되면 백성들 모두가 우러러보았습니다. 그런데 오늘의 군자는 잘못해 놓고도 밀어붙일 뿐만 아니라 아예 말을 지어내 변명까지 하는군요."

燕人畔. 王曰：“吾甚慙於孟子.”

陳賈曰：“王無患焉. 王自以爲與周公, 孰仁且智？”

王曰：“惡！是何言也？”

曰：“周公使管叔監殷, 管叔以殷畔. 知而使之, 是不仁也；不知而使之, 是不智也. 仁智, 周公未之盡也, 而況於王乎？賈請見而解之.”

見孟子問曰：“周公何人也？”

曰：“古聖人也.”

曰：“使管叔監殷, 管叔以殷畔也, 有諸？”

曰：“然.”

曰：“周公知其將畔而使之與？”

曰：“不知也.”

“然則聖人且有過與？”

曰：“周公, 弟也；管叔, 兄也. 周公之過, 不亦宜乎？且古之君子, 過則改之；今之君子, 過則順之. 古之君子, 其過也, 如日月之食, 民皆見之；及其更也, 民皆仰之. 今之君子, 豈徒順之, 又從爲之辭.”

10. 맹자가 관직을 그만두고 고향으로 돌아가려 했다. 제나라 왕이 찾아와 맹자를 만나 말하였다. "예전엔 선생을 뵙고 싶었으나 잘 안 되었습니다. 그러다 곁에서 모시며 같은 조정에 있게 되어 매우 기뻤습니다. 그런데 지금 다시 과인을 버리고 고향으로 가신다 하니, 앞으로도 계속해서 만나볼 수 있을지 모르겠네요?"

맹자가 대답했다. "감히 요청은 못 드리겠사오나 진실로 원하는 바입니다."

얼마 후 왕은 신하인 시자에게 이런 말을 하였다. "나는 수도 한가운데다 맹자를 위해 큰 집을 지어주고 만 종(鍾, 만 종은 약 6만 4천 석[62])의 식량을 대어 그의 제자를 먹여 살리게 하고 싶소. 그리하여 제나라 대부들과 나라 안 백성들 모두가 그를 본보기로 삼아 살아가도록 만들었으면 좋겠는데, 그대가 내 말을 좀 전해줄 수 있겠소?"

이에 시자는 맹자의 제자 진진을 통해 이 사실을 맹자에게 알리게 하였다. 진진은 시자의 말을 그대로 맹자에게 아뢰었다.

맹자가 말했다. "그랬구나. 저 시자라는 사람이 그것이 안 될 일이라는 것을 어찌 알겠느냐? 나를 부자로 만들어주고 싶었다면, 내 설마 객경의 봉록 10만 종을 사양하고 만 종을 받아 부자가 되려고 하겠느냐? 계손이란 사람이 이런 말을 하였다는구나. '자숙의란 사람은 참 이상도 하지! 자기가 정치를 하다가 중용되지 못했으면 물러나면 그만이지, 또다시 자기 자식과 동생들까지 경 자리에 앉혔구나. 그 어떤 사람이 부귀영화를 바라지 않겠는가? 혼자서 부귀영화를 누리면서 사사로이 모든 것을 독점하려 하는구나' 라고. 옛날 시장에서의 교역은 자기에게 남는 물건을 가지고 와서 자기에게 없는 물건과 바꾸었으며, 담당관은 그것을 관리 감독하였다. 그런데 어느 천박한 사내가 나타나더니 바락바락 높은 언덕을 찾아 올라가 좌우를 유심히 살펴 시장에서 생기는 이익을 모두 그물질해 가버렸다. 모든 사람들이 그를 천하게 생각하였고, 담당관은 의견을 받아들여 그에게 세금을 매겼다. 상인들에게 세금을 매기는 일은 이 천박한 사내로부터 시작되었다."

孟子致爲臣而歸. 王就見孟子, 曰："前日願見而不可得, 得侍, 同朝甚喜. 今又棄寡人而歸, 不識可以繼此而得見乎?"

對曰："不敢請耳, 固所願也."

他日, 王謂時子曰："我欲中國而授孟子室, 養弟子以萬鐘, 使諸大夫國人皆有所矜式. 子盍爲我言之?"

時子因陳子而以告孟子, 陳子以時子之言告孟子.

孟子曰："然. 夫時子惡知其不可也? 如使予欲富, 辭十萬而受萬, 是爲欲富乎? 季孫曰：'異哉子叔疑! 使己爲政, 不用, 則亦已矣, 又使其子弟爲卿. 人亦孰不欲富貴? 而獨於富貴之中, 有私龍斷焉.' 古之爲市也, 以其所有易其所無者, 有司者治之耳. 有賤丈夫焉, 必

求龍斷而登之, 以左右望而罔市利. 人皆以爲賤, 故從而征之. 征
商, 自此賤丈夫始矣."

11. 맹자가 제나라를 떠나 주 읍에 머물렀다. 어떤 사람이
제 선왕을 위해 맹자를 만류하고자 꿇어앉아 얘기를 건넸다.
맹자는 대꾸도 하지 않고 안석에 기대어 비스듬히 누워 있었
다. 그 손님이 불쾌해 하며 말했다. "제자는 목욕재계하고 하
룻밤을 넘긴 뒤 정성을 다해 감히 말을 꺼냈는데, 선생님께서
는 누워 계시며 들으려고도 않으십니다. 다시는 선생님을 뵙
지 않을 생각입니다."

맹자가 말했다. "앉게! 내 자네에게 분명히 말해 두겠네.
옛날 노나라 목공은 공자 손자인 자사의 곁에 믿을 만한 사람
을 두지 않으면 자사를 편안히 모실 수 없다고 여겼었네. 또
현인이었던 설류와 신상은 목공의 곁에 믿을 만한 사람을 두
지 않으면 자신들의 몸이 편안할 수 없다고 생각하였다네. 자
네가 이 늙은이를 위하여 생각해 주는 듯하지만 자사에 미치
지 못하였네. 그러니 자네가 이 늙은이와 관계를 끊어야 하겠
는가, 아니면 이 늙은이가 자네와 관계를 끊어야 하겠는가?"

孟子去齊, 宿於晝. 有欲爲王留行者, 坐而言. 不應, 隱几而臥. 客不
悅曰 : "弟子齊宿而後敢言, 夫子臥而不聽, 請勿復敢見矣."

曰 : "坐! 我明語子. 昔者魯繆公無人乎子思之側, 則不能安子思; 泄

柳, 申詳, 無人乎繆公之側, 則不能安其身. 子爲長者慮, 而不及子
思, 子絶長者乎? 長者絶子乎?"

12. 맹자가 제나라를 떠났다. 제나라 사람 윤사가 곁의 사
람들에게 말하였다. "제나라 왕이 탕왕이나 무왕 같은 성군이
될 수 없다는 것을 몰랐다면 맹자가 현명하지 못한 것이다. 될
수 없다는 것을 알고서도 제나라에 왔다면 이는 녹봉을 바란
것이다. 천 리 길을 와서 왕을 알현하고는 뜻이 맞지 않아 다
시 떠났다. 그러면서 삼 일이나 머문 뒤에 주 읍을 벗어났으니
어째 그렇게 늑장을 부렸을까? 나는 그게 불쾌하다."

제자 고자가 이 말을 전했다. 맹자가 말했다. "윤사가 어떻
게 내 마음을 알겠느냐? 천 리 길을 와서 왕을 알현한 것은 내
가 원해서였다. 그런데 뜻이 맞지 않아 떠나니 이것이 어찌
내가 원해서이겠느냐? 난 어쩔 수가 없었다. 내가 삼 일 묵은
뒤 주 읍을 떠난 것도 내 마음에는 너무 빠른 것 같았다. 난
선왕이 생각을 바꾸길 고대하였다. 왕이 생각을 바꾸었다면
반드시 나의 발길을 돌렸을 것이다. 그런데 주 읍을 벗어났는
데도 왕이 나를 쫓아오지 않았다. 그 뒤에야 난 물 흐르듯 자
연히 고향으로 돌아갈 뜻을 굳혔다. 설령 그렇지만 내 어찌
선왕을 버리겠느냐? 선왕은 여전히 잘 할 수 있을 것이다. 왕
이 만약 나를 등용한다면 어찌 제나라 백성들만 편안해지겠

느냐? 천하의 백성들 모두가 편안해질 것이다. 난 선왕이 생각을 바꾸길 고대한다. 난 날마다 그걸 바라고 있다. 내 어찌 그런 졸장부처럼 행동하겠느냐? 군주에게 간언을 했다가 받아들여지지 않는다고 화를 내며 얼굴 가득히 불쾌한 빛을 보이면서 떠나고, 있는 힘을 다해 온종일 달린 뒤 숙박하는 그런 짓을 하겠느냐?"

윤사가 이 말을 듣고 말하였다. "난 정말 소인이로구나."

孟子去齊. 尹士語人曰 : "不識王之不可以爲湯武, 則是不明也 ; 識其不可, 然且至, 則是干澤也. 千里而見王, 不遇故去. 三宿而後出晝, 是何濡滯也? 士則茲不悅."

高子以告. 曰 : "夫尹士惡知予哉? 千里而見王, 是予所欲也 ; 不遇故去, 豈予所欲哉? 予不得已也. 予三宿而出晝, 於予心猶以爲速. 王庶幾改之. 王如改諸, 則必反予. 夫出晝而王不予追也, 予然後浩然有歸志. 予雖然, 豈舍王哉? 王由足用爲善. 王如用予, 則豈徒齊民安, 天下之民擧安. 王庶幾改之, 予日望之. 予豈若是小丈夫然哉? 諫於其君而不受, 則怒, 悻悻然見於其面, 去則窮日之力而後宿哉?"

尹士聞之曰 : "士誠小人也."

13. 맹자가 제나라를 떠났다. 도중에 제자 충우가 물었다. "선생님께선 유쾌하지 않은 낯빛이십니다. 예전에 저는 선생님으로부터 '군자는 하늘을 원망하지 않으며 남을 탓하지 않

는다' 는 말씀을 들었습니다."

맹자가 말했다. "그 말을 했던 공자의 시대도 한 시대이고, 지금 이 시대도 한 시대이다. 5백 년이 되면 반드시 왕도를 실천하는 왕이 출현하고 그 사이 세상에 이름을 떨치는 사람도 반드시 나타난다. 그런데 지금은 주 무왕으로부터 7백여 년이 지났다. 햇수로 따지면 5백 년을 넘겼는데, 시세를 살펴보면 성군이나 현인이 나타날 시기이다. 하늘이 천하를 태평하게 다스리지 않으시려나 보다. 천하를 태평하게 다스리고자 한다면 오늘날 세상에 나를 빼고 그 누가 있겠느냐? 내가 어째서 유쾌해하지 못하겠느냐?"

孟子去齊. 充虞路問曰："夫子若有不豫色然. 前日虞聞諸夫子曰：'君子不怨天, 不尤人.'"

曰："彼一時, 此一時也. 五百年必有王者興, 其間必有名世者. 由周而來, 七百有餘歲矣. 以其數則過矣, 以其時考之則可矣. 夫天, 未欲平治天下也；如欲平治天下, 當今之世, 舍我其誰也? 吾何爲不豫哉?"

14. 맹자가 제나라를 떠나 휴 지방에 머물렀다. 공손추가 물었다. "벼슬을 하면서도 녹봉을 받지 않는 것은 옛날의 도입니까?"

맹자가 말했다. "아니다. 숭 지방에서 내가 선왕을 알현하고 물러나오면서부터 떠날 뜻을 가졌었다. 그 생각을 바꾸고 싶지 않았으므로 녹봉을 받지 않은 것이다. 그런데 제나라에서 잇달아 군대 동원령이 내려져 떠나겠다는 말을 차마 꺼내지 못하였다. 내가 제나라에 오랫동안 머물렀던 것은 내 본뜻이 아니었다."

孟子去齊. 居休. 公孫丑問曰："仕而不受祿, 古之道乎?"

曰："非也. 於崇, 吾得見王, 退而有去志, 不欲變, 故不受也. 繼而有師命, 不可以請. 久於齊, 非我志也."

등문공 하(滕文公 下) 제6편

1. 제자 진대가 말했다. "선생님께서 제후를 알현하지 않으시려는 것은 생각이 좀 좁은 듯합니다. 이제 한 번 제후를 만나시면 크게는 왕도를 실천하고, 작아도 패업을 이룰 텐데요. 전하는 기록에도 '한 자를 굽혀서 여덟 자를 편다' 고 하지 않습니까. 한번 해볼 수도 있을 것 같은데요."

맹자가 말했다. "옛날 제나라 경공이 사냥을 하는데 깃발을 흔들어 사냥터 담당관리를 불렀으나 신호가 규정에 어긋났으므로 그 담당관리는 원칙을 지켜 오지 않았었네.[63] 그래서 경공은 그 관리를 죽이려 했네. 지사는 시신이 구렁텅이에 뒹굴게 되더라도 뜻을 잊지 않으며, 용사는 머리가 잘리더라도 용기를 잃지 않는 법이네. 공자께서는 그 사냥터 관리의 어떤 점을 높이 산 것이던가? 정당한 부름이 아니기에 가지 않았던 점을 높이 산 것이네. 제후들의 정당한 요청을 기다리지 않고 내가 찾아간다면 어찌 되겠는가?

그리고 한 자를 굽혀서 여덟 자를 편다는 말은 이익을 따지자는 말이네. 이익으로 따지자면 여덟 자를 굽혀 한 자를 펴도 이익인데, 그렇게 해도 된다는 것인가? 옛날에 조간자는 뛰어난 말몰이꾼 왕량에게 자신의 측근 총신 해의 사냥수레를 몰게 하였네. 그런데 온 종일 단 한 마리의 짐승도 잡지 못했지. 해가 돌아와 조간자에게 복명하면서 '천하에 졸렬한 수레꾼이었습니다' 라고 말했지. 어떤 사람이 이를 왕량에게 알렸고, 왕량은 '다시 한 번 몰게 해 달라' 고 청했다네. 하도 억지를 부려서 해가 응했는데 이번엔 하루아침에 열 마리의 짐승을 잡았다는군. 해는 돌아와 조간자에게 복명하면서 '천하에 뛰어난 수레꾼이었습니다' 라고 말했지. 이에 조간자가 '내 그 사람에게 그대의 수레를 몰도록 해 주겠다' 고 말하며 이를 왕량에게 알렸네. 왕량은 절대 안 된다며 이렇게 말했었네. '제가 그에게 규칙에 맞추어 말을 몰았더니 온 종일 단 한 마리도 못 잡았습니다. 그런데 그를 위해 규칙을 어기고 말을 몰았더니 하루아침에 열 마리를 잡았습니다. 『시경』엔 "규칙에 맞추어 말을 모니/ 화살을 쏘는 족족 들어맞도다"라고 말합니다. 저는 소인의 수레를 모는 데 익숙하지 못합니

다. 사퇴를 청하옵니다.'

이렇게 일개 말몰이꾼도 잘못된 사냥꾼과 어울리는 것을 부끄러워하였다네. 그와 어울려 아무리 짐승을 산더미처럼 잡게 된다 하더라도 하지 않았던 것이지. 내 도를 굽혀서 무도한 제후들을 따른다면 어찌 되겠는가? 자네가 좀 지나쳤네. 자기 자신을 굽혀서 남을 올바르게 만들 수 있는 사람은 없다네."

陳代曰："不見諸侯, 宜若小然；今一見之, 大則以王, 小則以霸.且志曰：'枉尺而直尋', 宜若可爲也."

孟子曰："昔齊景公田, 招虞人以旌, 不至, 將殺之. 志士不忘在溝壑, 勇士不忘喪其元. 孔子奚取焉? 取非其招不往也. 如不待其招而往, 何哉?

且夫枉尺而直尋者, 以利言也. 如以利, 則枉尋直尺而利, 亦可爲與? 昔者趙簡子使王良與嬖奚乘, 終日而不獲一禽.嬖奚反命曰：'天下之賤工也.' 或以告王良. 良曰：'請復之.' 强而後可, 一朝而獲十禽. 嬖奚反命曰：'天下之良工也.' 簡子曰：'我使掌與女乘.' 謂王良. 良不可. 曰：'吾爲之範我馳驅, 終日不獲一；爲之詭遇, 一朝而獲十. 詩云："不失其馳, 舍矢如破." 我不貫與小人乘, 請辭.'

御者且羞與射者比. 比而得禽獸, 雖若丘陵, 弗爲也. 如枉道而從彼, 何也? 且子過矣, 枉己者, 未有能直人者也."

2. 경춘이 말했다. "합종연횡의 대가인 공손연과 장의를 어찌 진정한 대장부가 아니라고 하겠습니까? 한번 화를 내면 제후들이 모두 두려움에 떨었고, 편안히 집에 있으면 천하가 잠잠하였습니다."

맹자가 말했다. "그걸 어떻게 대장부라 한단 말이오? 선생은 예도 배우지 않으셨소? 장부가 성인이 되는 관례(冠禮)를 치를 때는 아버지가 가르침을 내리고, 여자가 시집을 갈 때는 어머니가 가르침을 내리는데, 딸을 문밖까지 전송하며 '시집에 가거든 반드시 어른께 공경을 다하고 몸을 조신하게 가져 남편의 뜻을 어기지 말아야 한다'고 훈계를 합니다. 순종을 바른 길로 여기는 것은 부녀자들이 지킬 도리입니다. 남자라면 천하라는 넓은 집에 살고, 천하의 가장 올바른 위치에 서며, 천하에서 가장 정정당당한 길을 걷는 법입니다. 뜻을 얻으면 백성들과 더불어 그 길을 갈 것이고, 뜻을 얻지 못하면 홀로 그 위대한 원칙을 실천합니다. 부귀해져도 그 뜻을 어지럽히지 않고, 빈천해져도 그 뜻을 바꾸지 않으며, 어떠한 위협과 폭력에도 그 뜻을 굽히지 않습니다. 이 정도는 되어야 대장부라 하겠지요."

景春曰 : "公孫衍, 張儀豈不誠大丈夫哉? 一怒而諸侯懼, 安居而天下熄."

孟子曰 : "是焉得爲大丈夫乎? 子未學禮乎? 丈夫之冠也, 父命之;

女子之嫁也, 母命之, 往送之門, 戒之曰:'往之女家, 必敬必戒,

無違夫子!'以順爲正者, 妾婦之道也. 居天下之廣居, 立天下之正

位, 行天下之大道. 得志與民由之, 不得志獨行其道. 富貴不能淫,

貧賤不能移, 威武不能屈. 此之謂大丈夫."

3. 주소가 물었다. "옛날의 군자는 벼슬을 했습니까?"

맹자가 말했다. "벼슬을 했습니다. 전해 오는 기록에 의하면 '공자는 3개월 동안이나 섬겨야 할 군주가 없으면 매우 초조해하였으며, 국경을 벗어날 땐 반드시 군주를 배알할 준비물[64]을 챙겼다'고 합니다. 현인 공명의도 '옛날 사람들은 3개월 동안이나 섬겨야 할 군주가 없으면 위문을 가야 한다'고 말했습니다."

"3개월 동안 섬길 군주가 없다고 하여 위문을 가는 것은 좀 성급한 행동 아닐까요?"

맹자가 말했다. "선비가 벼슬자리를 잃는 것은 제후가 국가를 잃는 것과 같습니다. 『예』[65]엔 이런 말이 있습니다. '제후는 직접 밭갈이를 하여 그 곡식을 제사용 음식으로 사용한다. 부인은 직접 양잠을 하여 그 실을 제사용 의복을 만드는 데 사용한다. 제사에 쓸 희생이 다 자라지 않았거나 제사용 곡물이 깨끗하지 않거나 제사용 의복이 갖추어지지 않으면 감히 제사를 지내지 못한다. 선비라 할지라도 제수를 마련할 전답이 없는 경우에는 제사를 지내지 못한다.' 벼슬을 오래 못하여 제사에 쓸 희생이나 제기나 제복 따위를 마련하지 못하면 감히 제사도 지내지 못하고, 이어 잔치도 감히 열 수 없게 되는데 어찌 위문을 가지 않을 수 있겠소이까?"

"국경을 벗어날 때 반드시 군주에게 바칠 예물을 챙기는 것은 무슨 이유입니까?"

맹자가 말했다. "선비가 벼슬하는 것은 농부가 농사짓는 것과 같습니다. 농부가 국경을 벗어난다고 하여 어떻게 농기구를 버리고 가겠소이까?"

주소가 말했다. "위나라도 벼슬살이를 할 만한 나라인데 벼슬하는 것이 그렇게 급한 일인지에 대해선 아직 들어본 적이 없습니다. 벼슬하는 것이 그렇게 급한 일인데도 군자가 쉽게 벼슬살이를 못하는 것은 무엇 때문입니까?"

맹자가 말했다. "남자아이를 낳으면 부모는 아내를 마련해주고 싶어 하며, 딸아이를 낳으면 부모는 남편을 얻어주고 싶어 합니다. 이러한 부모의 마음은 세상 사람들 모두가 갖고 있습니다. 그런데 부모님 말씀이나 중매쟁이의 소개를 기다리지 않고 몰래 벽에 구멍을 뚫고 서로 쳐다보거나 담을 넘어 밀회한다면 부모와 세상 사람들 모두가 천하게 여길 것입니다. 옛날 사람들치고 벼슬살이를 원하지 않는 사람은 없었습니다만 정당한 방법에 따르지 않는 것을 싫어했습니다. 정당

한 방법에 따르지 않고 벼슬길에 나아가는 것은 남녀가 몰래
구멍을 뚫고 밀회하는 짓과 마찬가지지요."

周霄問曰:"古之君子仕乎?"

孟子曰:"仕. 傳曰:'孔子三月無君, 則皇皇如也, 出疆必載質.' 公
明儀曰:'古之人三月無君則弔.'"

"三月無君則弔, 不以急乎?"

曰:"士之失位也, 猶諸侯之失國家也. 禮曰:'諸侯耕助, 以供粢
盛;夫人蠶繅, 以爲衣服. 犧牲不成, 粢盛不絜, 衣服不備, 不敢以
祭. 惟士無田, 則亦不祭.' 牲殺器皿衣服不備, 不敢以祭, 則不敢以
宴, 亦不足弔乎?"

"出疆必載質, 何也?"

曰:"士之仕也, 猶農夫之耕也, 農夫豈爲出疆舍其耒耜哉?"

曰:"晉國亦仕國也, 未嘗聞仕如此其急. 仕如此其急也, 君子之難
仕, 何也?"

曰:"丈夫生而願爲之有室, 女子生而願爲之有家. 父母之心, 人皆
有之. 不待父母之命, 媒妁之言, 鑽穴隙相窺, 踰牆相從, 則父母國
人皆賤之. 古之人未嘗不欲仕也, 又惡不由其道. 不由其道而往者,
與鑽穴隙之類也."

4. 제자 팽경이 물었다. "수레 수십 대를 뒤따르게 하고,
수행원 수백 명을 거느린 채 제후들에게 돌아다니며 먹을 것

을 구하는 것은 너무 지나친 것 아닙니까?"

맹자가 말했다. "도에 맞지 않으면 밥 한 그릇이라도 남에게 받아서는 안 되겠지. 그런데 도에 맞는다면 순임금이 요임금에게 천하를 받았어도 아무도 지나치다고 생각하지 않았네. 자네는 그걸 지나치다고 보는가?"

팽경이 말했다. "그런 말씀이 아닙니다. 선비가 하는 일 없이 먹을 것을 구해서는 안 된다는 생각입니다."

맹자가 말했다. "자네가 상품을 유통시키거나 물건을 바꿔줌으로써 남는 것으로 부족한 곳을 보충해 주지 않는다면 농민에겐 곡물이 남아돌 것이고, 여자들에겐 옷감이 남아돌 것이네. 그런데 그대가 그것들을 유통시켜 주면 목수든 수레 만드는 사람이든 모두 자네에게서 먹을 것을 얻게 될 것일세. 여기 한 사람이 있다고 하세. 그 사람은 집에선 부모에게 효도를 다하고 나가선 어른들에게 공경을 다하네. 그렇게 도를 지키며 뒤따르는 학자들을 기다리고 있는데, 자네에게서 먹을 것을 얻지 못했다고 하세. 자네는 어떻게 목수나 수레 만드는 사람은 존중하면서도 인의를 실천하는 사람은 가볍게 여기는가?"

팽경이 말했다. "목수나 수레 만드는 사람은 그 목적이 먹을 것을 구하는 데 있습니다. 군자가 도를 실천하는 것도 그 목적이 먹을 것을 구하는 데 있다는 말씀입니까?"

맹자가 말했다. "자네는 어떻게 목적을 따지려 드는가? 자네에게 공로가 있어서 먹여 줄만하면 먹을 것을 주는 것이지. 그럼 자네는 목적을 보아 먹을 것을 주는가, 공로를 보아 먹을 것을 주는가?"

팽경이 대답했다. "저는 목적을 보아 먹을 것을 줍니다."

맹자가 말했다. "여기 한 사람이 있다고 하세. 기왓장을 깨 새로 단장한 담벼락에 낙서를 하면서 그 목적이 먹을 것을 구하는 데 있다면, 자네는 그 사람에게 먹을 것을 주겠는가?"

팽경이 대답했다. "아닙니다."

맹자가 말했다. "그럼 자네는 목적에 따라 먹을 것을 주는 것이 아니라 일의 공로에 따라 먹을 것을 주는 것일세."

彭更問曰:"後車數十乘, 從者數百人, 以傳食於諸侯, 不以泰乎?"

孟子曰:"非其道, 則一簞食不可受於人;如其道, 則舜受堯之天下, 不以爲泰, 子以爲泰乎?"

曰:"否. 士無事而食, 不可也."

曰:"子不通功易事, 以羨補不足, 則農有餘粟, 女有餘布;子如通之, 則梓匠輪輿皆得食於子. 於此有人焉, 入則孝, 出則悌, 守先王之道, 以待後之學者, 而不得食於子. 子何尊梓匠輪輿而輕爲仁義者哉?"

曰:"梓匠輪輿, 其志將以求食也; 君子之爲道也 其志亦將以求食與?"

曰 : "子何以其志爲哉? 其有功於子, 可食而食之矣. 且子食志乎? 食功乎?"

曰 : "食志."

曰 : "有人於此, 毁瓦畫墁, 其志將以求食也, 則子食之乎?"

曰 : "否."

曰 : "然則子非食志也, 食功也."

5. 제자 만장이 물었다. "송나라는 작은 나라입니다. 이제 왕도정치를 펼치려 하는데 제나라와 초나라가 싫어하여 송나라를 공격한다면 어떻게 해야 합니까?"

맹자가 말했다. "은나라 탕왕이 박에 있을 때 갈나라와 이웃이었는데 갈백이 제멋대로 굴며 제사를 지내지 않았다. 탕왕이 사람을 시켜 '왜 제사를 지내지 않느냐?'고 물었더니 갈백은 '제사에 바칠 희생용 짐승이 없어서'라고 대답했다. 탕왕이 소와 양을 보내 주었다. 그런데 갈백은 그것들을 먹어치워 버리고 여전히 제사를 지내지 않았다. 탕왕이 다시 사람을 시켜 '왜 제사를 지내지 않느냐?'고 물었더니 갈백은 '제사에 올릴 곡물이 없어서'라고 대답했다. 탕왕은 박의 민중들을 갈로 보내어 대신 농사를 지어주도록 하였으며, 노약자들에게는 음식을 날라다 주었다. 그러나 갈백은 오히려 자기 백성들을 거느리고 술·음식·곡물을 나르는 박 사람들을 약탈하였으며 내놓지 않는 사람은 죽였다. 한 아이가 수수와 고기를 나르고 있었는데 갈백은 그를 죽이고 음식을 빼앗았다. '갈백이 음식 나르는 사람들을 원수로 여겼다'는 『서경』 구절은 이를 일컫는 말이다. 갈백이 어린 아이를 죽였기 때문에 탕왕은 갈을 정벌하였다. 온 세상 사람들이 모두 '탕왕은 천하의 재부를 탐해서가 아니라 어린 백성들을 위해 복수를 해준 것이다'라고 말했다. '탕왕의 정벌의 시작은 갈나라로부터 비롯하였는데' 열한 차례 정벌에 나섰으나 천하에 대항하는 적이 없었다. 동쪽을 향하여 정벌하면 서쪽 민족이 원망하고, 남쪽을 향하여 정벌하면 북쪽 민족이 원망하며 '왜 우리는 나중에 치느냐'고 말하였다. 백성들은 큰 가뭄에 비를 바라듯이 그를 소망했다. 시장으로 가던 사람은 그대로 갔고, 밭에서 김을 매던 사람은 그대로 김을 맸다. 포악한 군주를 죽이고 백성들을 위문하니 가뭄 끝에 때맞추어 내린 비를 맞듯이 그 나라 백성들이 크게 기뻐하였다. 『서경』엔 '우리 임금님을 기다리는데, 임금님이 오시면 우리는 더 이상 벌을 받지 않으리라'고 말한다. 『서경』엔 또 '유나라[66]가 신하로 복종하지 않으니 주나라 왕이 동쪽으로 정벌하여 그 남자 여자들을 다 편하게 해주었다. 그에 대나무 상자에 검고 누런 비단 묶음을 담아 와 우리 주나라 왕을 소개받고 그 영광스러움을 뵌 뒤 큰 나라 주의 신하로 복속하였다'고 말한다. 유나라 군자들은 검고 누런 비단 묶음을 대나무 상자에 담아 주나라 군자를 영접하였으며, 유나라 일반 백성들은 밥 바구니와 물 주전자를 들고 주나라 백성들을 맞아들였다. 백성들을 물불의 고난에서 구해 주고 잔혹한 통치자를 없애 주었을 뿐이었는데도 말이다. 「태서」편에도 '우리 주나라가 무력을 크게 떨쳐 우[67]나라의 강토를 침공하여 그곳의 잔혹한 군주를 없앴으며 죽어야 할 자들을 깡그리 베었으니 그 공로가 탕왕보다 빛나도다' 라고 말한다. 왕도정치를 행하지 않기에 두렵다는 말을 하는 것이다. 왕도정치를 행한다면 온 세상이 모두 머리를 쳐들고 우러러 바라보며 자신들의 군주가 되어 주기를 바랄 터인데, 제나라와 초나라가 제 아무리 크다고 한들 무엇이 두렵겠느냐?"

萬章問曰:"宋, 小國也. 今將行王政, 齊楚惡而伐之, 則如之何?"

孟子曰:"湯居亳, 與葛爲鄰, 葛伯放而不祀. 湯使人問之曰:'何爲不祀?'曰:'無以供犧牲也.'湯使遺之牛羊. 葛伯食之, 又不以祀. 湯又使人問之曰:'何爲不祀?'曰:'無以供粢盛也.'湯使亳衆往爲之耕, 老弱饋食. 葛伯率其民, 要其有酒食黍稻者奪之, 不授者殺之. 有童子以黍肉餉, 殺而奪之. 書曰:'葛伯仇餉,'此之謂也. 爲其殺是童子而征之, 四海之內皆曰:'非富天下也, 爲匹夫匹婦復讎也.''湯始征, 自葛載', 十一征而無敵於天下. 東面而征, 西夷怨;南面而征, 北狄怨, 曰:'奚爲後我?'民之望之, 若大旱之望雨也. 歸市者

弗止. 芸者不變, 誅其君, 弔其民, 如時雨降, 民大悅. 書曰：'徯我
后, 后來其無罰!' '有攸不惟臣, 東征, 綏厥士女, 匪厥玄黃, 紹我
周王見休, 惟臣附於大邑周.' 其君子實玄黃於匪以迎其君子, 其小
人簞食壺漿以迎其小人, 救民於水火之中, 取其殘而已矣. 太誓曰：
'我武惟揚, 侵于之疆, 則取于殘, 殺伐用張, 于湯有光.' 不行王政
云爾, 苟行王政, 四海之內皆擧首而望之, 欲以爲君. 齊楚雖大, 何
畏焉?"

6. 맹자가 송나라 신하 대불승에게 말하였다. "선생은 선
생 나라의 왕을 선하게 만들고 싶으시오? 내 분명하게 선생
에게 알려 주리다. 여기 초나라 대부가 있는데 자기 아들에게
제나라 말을 가르치고 싶어 합니다. 제나라 사람을 사부로 써
야 할까요, 초나라 사람을 사부로 써야 할까요?"

대불승이 말했다. "제나라 사람을 사부로 삼아야 할 것이오."

맹자가 말했다. "제나라 사람 한 명을 사부로 삼았는데 무
수한 초나라 사람들이 떠들어 댄다면 날마다 매질을 하며 제
나라 말을 하게 하여도 결국은 안 될 것이오. 그런데 아이를
제나라 수도 안의 번화가인 장과 악 거리에 몇 년 만 데려다
놓으면 날마다 매질을 하며 초나라 말을 하게 하여도 결국은
안 될 것이오. 당신은 설거주를 훌륭한 선비라고 생각하여 그
를 왕의 처소에 살도록 했지요. 왕의 처소에 있는 사람들이

어른 아이 귀족 노비 할 것 없이 모두 설거주 같다면 왕이 누구와 더불어 나쁜 일을 하겠소? 그런데 왕의 처소에 있는 사람들이 어른 아이 귀족 노비 할 것 없이 모두 설거주 같지 않다면 왕은 누구와 더불어 좋은 일을 하겠소? 설거주 한 사람이 송 왕을 어떻게 할 수 있겠소?"

孟子謂戴不勝曰: "子欲子之王之善與? 我明告子. 有楚大夫於此,
欲其子之齊語也, 則使齊人傅諸? 使楚人傅諸?"

曰: "使齊人傅之."

曰: "一齊人傅之, 衆楚人咻之, 雖日撻而求其齊也, 不可得矣; 引
而置之莊嶽之間數年, 雖日撻而求其楚, 亦不可得矣. 子謂薛居州,
善士也. 使之居於王所. 在於王所者, 長幼卑尊, 皆薛居州也, 王誰
與爲不善? 在王所者, 長幼卑尊, 皆非薛居州也, 王誰與爲善? 一薛
居州, 獨如宋王何?"

7. 공손추가 물었다. "제후들을 만나지 않으심은 무슨 뜻에서입니까?"

맹자가 말했다. "옛날엔 제후의 신하가 아니면 가서 알현하지 않았다. 위나라 문후가 현인 단간목을 찾아오니 단간목은 담을 넘어 피해 버렸고, 노나라 목공이 설류를 보러 오자 설류는 대문을 닫아걸고 안으로 들이지 않았다. 이들은 너무 심했다. 억지로 만나고자 하면 만날 수도 있다. 양화는 공자

를 불러다 만나고 싶었으나 무례를 저지르기가 싫었다. 그런
데 대부 신분의 사람이 사 신분의 사람에게 선물을 보냈는데,
사 신분의 사람이 집에서 직접 선물을 받지 못했으면 직접 대
부의 집 대문 앞에 와서 감사 인사를 하는 관행이 있다. 양화
는 공자가 없는 틈을 타서 삶은 돼지를 공자에게 선물하였다.
그러자 공자 또한 양화가 없는 틈을 타서 그 집 대문 앞에 가
서 감사 인사를 하였다. 그 때 양화가 먼저 제대로 예를 갖추
고 찾아갔더라면 공자님이 어찌 만나주지 않았겠느냐? 증자
는 '양 어깨를 추켜올리고 웃는 낯으로 아첨을 떨기란 더운
여름날 채마밭에서 일하기보다 힘들다'고 하였다. 자로는
'같이 어울려 얘기하고 싶지 않으면서도 억지로 대화를 하는
사람은 낯빛에 부끄러운 기색이 완연하다. 나는 그런 것을 모
른다.'고 말하였다. 이로부터 우리는 군자가 어떻게 자신의
덕성을 함양하는지 잘 알 수 있다."

公孫丑問曰：“不見諸侯, 何義?”

孟子曰：“古者不爲臣不見. 段干木踰垣而辟之, 泄柳閉門而不內,
是皆已甚. 迫, 斯可以見矣. 陽貨欲見孔子而惡無禮, 大夫有賜於
士, 不得受於其家, 則往拜其門. 陽貨矙孔子之亡也, 而饋孔子蒸
豚；孔子亦矙其亡也, 而往拜之. 當是時, 陽貨先, 豈得不見? 曾子
曰：‘脅肩諂笑, 病於夏畦.’子路曰：‘未同而言, 觀其色赧赧然, 非
由之所知也.’由是觀之, 則君子之所養可知已矣.”

8. 송나라 대부 대영지가 말했다. "세금을 10분의 1로 줄이고 관문의 통행세와 시장의 거래세를 없애려 하나 올해 당장 실시할 수는 없습니다. 좀 가볍게 해주었다가 내년까지 기다린 뒤 완전히 그만두는 것이 어떠할는지요?"

맹자가 말했다. "여기 어떤 사람이 있는데 날마다 이웃집 닭을 훔쳤습니다. 그런데 누군가가 '그건 군자의 도리가 아니라'고 알려주자 '그럼 줄여서 한 달에 한 마리씩 훔치다가 내년까지 기다린 뒤 완전히 그만두겠다'고 말했다고 합시다. 그것이 옳지 않다는 것을 알았으면 신속히 그만둘 일이지 어째서 내년까지 기다린단 말이오?"

> 戴盈之曰：" 什一，去關市之征，今茲未能. 請輕之，以待來年，然後已，何如？"
>
> 孟子曰："今有人日攘其鄰之雞者，或告之曰：'是非君子之道.'
> 曰：'請損之，月攘一雞，以待來年，然後已.' 如知其非義，斯速已矣，何待來年?"

9. 제자 공도자가 물었다. "외부 사람들이 선생님께서 논쟁을 좋아하신다고 말합니다. 무엇 때문인지 감히 이유를 묻습니다."

맹자가 말했다. "내 어찌 논쟁을 좋아하겠느냐? 난 어쩔 수 없어서 그런다. 이 세상에 사람이 산 지 무척 오래되었는데 태평의 시대가 한 번 오면 혼란의 시대가 또 한 번 오기 마련이다. 요임금 때 물이 역행하여 중원 땅에 범람하였다. 뱀과 용이 곳곳에 똬리를 틀고 있어 백성들은 정주할 곳이 없었다. 하류에 사는 사람들은 나무 위에 집을 지어 살았고, 상류에 사는 사람들은 산 속 동굴에서 살았다. 『서경』엔 '홍수(洚水)가 나를 경계시켰다'고 말하는데 여기서 홍수는 바로 홍수(洪水)다. 요임금은 대신 우에게 물을 다스리게 하였다. 우는 땅을 파 물길을 열고 물이 바다로 빠지도록 했으며, 뱀과 용을 쫓아 늪지대로 몰아넣었다. 물이 땅보다 낮은 곳으로 흘러가게 되니 오늘날의 장강·회수·황하·한수가 바로 그것이다. 위험에서 멀어지고 사람을 해치는 맹수들이 사라진 뒤에야 사람들은 평원으로 나와 살 수 있게 되었다.

요임금 순임금이 돌아가시고 성인의 도가 쇠락해지자 폭군이 나타났다. 민가를 허물어 연못을 만들어버리니 백성들이 편안히 쉴 곳이 없어졌다. 전답을 무너뜨려 왕의 정원이나 동산을 만들어버리니 백성들이 의복과 음식을 얻지 못하게 되었다. 온갖 사악한 주장과 폭력이 난무하였으며, 원림 연못 늪이 늘어나자 짐승들이 다시 몰려들었다. 이렇게 은나라 말 주왕 대에 이르러서 천하는 다시 대혼란에 빠졌다. 주공이 무왕을 도와 은의 주왕을 죽이고 엄나라를 토벌하였다. 3년 만에 엄의 군주를 죽이고 장사 비렴을 바닷가로 몰아서 죽였다.

멸망시킨 나라가 50개 국이었으며 호랑이, 표범, 코뿔소, 코끼리 등을 멀리 내쫓으니 온 천하가 크게 기뻐하였다. 『서경』엔 이렇게 말한다. '크게 빛나도다! 문왕의 책략. 위대한 계승이로다! 무왕의 열렬함. 우리 후대 사람들을 도와 길을 열어 주셨으니 모든 것이 완전무결하다.'

세상의 도덕이 다시 쇠락하여 온갖 사악한 학설과 폭력이 난무하더니 자기 군주를 죽이는 신하가 생겨나고 자기 아버지를 죽이는 자식이 있었다. 공자께서는 이를 깊이 걱정해서 역사서 『춘추』를 쓰셨다. 『춘추』 역사서는 원래 천자가 해야 할 일이었다. 그래서 부득이 이를 썼던 공자는 '나를 아는 사람은 오직 『춘추』를 통해서일 테고, 나에게 죄를 묻는 사람도 필시 『춘추』를 통해서이리라'고 말하였다.

성왕은 더 이상 나타나지 않고 제후들은 오만방자하며 선비들은 제멋대로 의론이 분분하다. 양주와 묵적의 주장이 천하를 가득 메우고 있다. 세상의 주장은 양주로 귀결되지 않으면 묵자로 귀결되고 있다. 양주는 자신만을 위하는 위아(爲我)주의니 군주를 인정하지 않는 셈이며, 묵자는 모든 사람을 친애하는 겸애(兼愛)주의니 부모를 인정하지 않는 셈이다. 군주를 인정하지 않고 부모를 인정하지 않는 것은 짐승이다. 공명의는 이렇게 주장한다. '궁궐 주방엔 살찐 고기가 있고 마구간엔 살찐 말들이 있는데, 백성들은 굶주린 기색이 역력하고 들판엔 굶어죽은 시체가 널려 있다면 이는 짐승들을 몰아서 사람을 잡아먹는 셈이다.' 양주 묵적의 도가 약해지지 않으면 공자의 도는 드러나지 못한다. 이는 혹세무민의 온갖 사설이 인의를 가로막고 있기 때문이다. 인의가 가로막히면 짐승을 몰아서 사람을 잡아먹고 장차는 사람끼리 서로 죽고 죽이게 될 것이다. 나는 그렇게 될까 아주 두렵다. 그래서 나는 논쟁을 통해 애써 옛 성인의 도를 수호하고, 양주나 묵적의 설에 반대하고, 잘못된 말들을 배척하고, 사악한 학설을 펴는 자들이 다시는 고개를 들지 못하도록 노력하고 있다. 사악한 주장이 마음에 생기면 일을 그르치게 되고, 사악한 주장에 따라 일을 처리하면 정치를 그르치게 된다. 성인이 다시 나타나더라도 내 말을 바꾸지 못할 것이다.

옛날 우임금은 홍수를 막아 천하가 태평하였으며, 주공은 주변 이민족들을 병합하고 맹수들을 몰아내 백성들이 편안하였다. 공자는 『춘추』를 지어 국가를 어지럽히는 정치인과 사회 불량분자들 모두를 두려움에 떨게 하였다. 『시경』엔 '서북의 오랑캐를 치고/ 남쪽의 형과 서 지방을 징벌하니/ 세상에 감히 나를 막을 자 없도다' 라고 하였다. 군주를 인정하지 않고 부모를 인정하지 않는 사람은 주공이 응징하려는 자들이다. 나도 인심을 바로잡고 싶다. 사악한 학설을 없애고 극단적인 행위를 제거하고 잘못된 주장을 추방하여 위 세 분

성인을 계승하고 싶다. 어찌 논쟁을 좋아한다고 하느냐? 난
부득이해서 그런 것이다. 논쟁하여 양주나 묵적의 주장을 없
앨 수만 있으면 곧 성인의 제자이리라."

公都子曰:"外人皆稱夫子好辯, 敢問何也?"

孟子曰:"予豈好辯哉? 予不得已也. 天下之生久矣, 一治一亂. 當堯
之時, 水逆行氾濫於中國, 蛇龍居之, 民無所定, 下者爲巢, 上者
爲營窟. 書曰: '洚水警余.' 洚水者, 洪水也. 使禹治之. 禹掘地而注
之海, 驅蛇龍而放之菹, 水由地中行, 江淮河漢是也. 險阻旣遠,
獸之害人者消, 然後人得平土而居之.

堯舜旣沒, 聖人之道衰, 暴君代作, 壞宮室以爲汚池, 民無所安息,
棄田以爲園囿, 使民不得衣食, 邪說暴行又作, 園囿汚池沛澤多而禽
獸至, 及紂之身, 天下又大亂. 周公相武王, 誅紂伐奄, 三年討其
君, 驅飛廉於海隅而戮之, 滅國者五十, 驅虎豹犀象而遠之, 天下
大悅.書曰: '丕顯哉! 文王謨. 丕承哉! 武王烈. 佑啓我後人, 咸以正
無缺.'

世衰道微, 邪說暴行有作. 臣弑其君者有之, 子弑其父者有之. 孔子
懼, 作春秋. 春秋, 天子之事也. 是故孔子曰: '知我者, 其惟春秋
乎; 罪我者, 其惟春秋乎.'

聖王不作, 諸侯放恣, 處士橫議, 楊朱墨翟之言, 盈天下, 天下之
言, 不歸楊則歸墨. 楊氏爲我, 是無君也; 墨氏兼愛, 是無父也. 無
父無君, 是禽獸也. 公明儀曰: '庖有肥肉, 廐有肥馬, 民有饑色, 野

有餓莩, 此率獸而食人也.' 楊墨之道不息, 孔子之道不著, 是邪說
誣民, 充塞仁義也. 仁義充塞, 則率獸食人, 人將相食. 吾爲此懼, 閑
先聖之道, 距楊墨, 放淫辭, 邪說者, 不得作. 作於其心, 害於其
事; 作於其事, 害於其政. 聖人復起, 不易吾言矣.

昔者禹抑洪水而天下平, 周公兼夷狄, 驅猛獸而百姓寧, 孔子成春秋,
而亂臣賊子懼. 詩云: '戎狄是膺, 荊舒是懲, 則莫我敢承.' 無父無
君, 是周公所膺也. 我亦欲正人心, 息邪說, 距詖行, 放淫辭, 以承
三聖者. 豈好辯哉? 予不得已也. 能言距楊墨者, 聖人之徒也.

10. 제나라 사람 광장이 말했다. "진중자야말로 정말로 청
렴한 선비가 아니겠소? 오릉에 살면서 3일을 먹지 않아 귀에
아무것도 들리지 않고 눈에 아무것도 보이지 않았지요. 우물
위에 자두가 있었는데 굼벵이가 반이나 파먹고 남은 것을 간
신히 기어가 따서 허겁지겁 세 입 베어 물고 나서야 귀가 들
리고 눈에 사물이 보였다고 하오."

맹자가 말했다. "제나라 선비들 가운데서 나는 꼭 진중자
를 엄지손가락에 꼽지요. 그렇지만 진중자를 어떻게 청렴하
다고 할 수 있겠소? 진중자의 지조를 세상으로 넓혀가려면
지렁이가 된 뒤에나 가능할 것이오. 지렁이는 위로는 마른 흙
을 먹으며 아래로는 누런 흙탕물을 들이키지요. 진중자가 살
고 있는 집은 청렴결백했던 백이가 지어 주었답니까? 아니면

도척 같은 강도가 지어 주었답니까? 그가 먹은 곡식은 백이가 심어준 것이었답니까? 아니면 도척이 심어준 것이었답니까? 그건 아무도 모르지요."

광장이 말했다. "무슨 상관이 있겠소? 그는 직접 신발을 만들었고 아내는 실을 뽑아 삼베를 만들어 필요한 것을 바꾸었소이다."

맹자가 말했다. "진중자는 제나라에서 대대로 세력이 있는 가문의 사람이오. 그의 형 진대는 채읍인 합 지방 녹이 만 종에 이르렀소이다. 그런데 진중자는 형의 녹이 의롭지 못한 것이라고 여겨 한 톨도 먹지 않았으며, 형의 집이 의롭지 못한 집이라 하여 한시도 거처하지 않았습니다. 형을 피하고 어머니와 헤어져 오릉에 살았지요. 그런데 어느 날 그가 집으로 돌아갔을 때 마침 어떤 사람이 형에게 살아 있는 거위를 선물로 주었는데, 진중자는 이마를 잔뜩 찌푸리며 '저런 꽥꽥거리는 물건은 또 어디다 쓰려는고?' 하였답니다. 얼마 뒤 진중자의 어머니가 그 거위를 잡아 요리하여 그에게 먹였는데, 형이 바깥에서 들어오며 '그 꽥꽥거리던 놈의 고기구나'라고 말하자 진중자는 뛰어나가 다 토해버렸답니다. 어머니가 챙겨주는 음식은 먹지 않으면서 아내가 주는 음식은 먹었으며, 형이 사는 집엔 살지 않으면서 오릉에서는 살았습니다. 이러고도 진중자 방식의 지조를 널리 세상으로 넓혀나갈 수 있다는 말이오? 진중자 같은 사람은 지렁이가 된 뒤에나 그 지조를 세상으로 넓혀나갈 수 있을 것이오."

匡章曰:"陳仲子豈不誠廉士哉? 居於陵, 三日不食, 耳無聞, 目無見也. 井上有李, 螬食實者過半矣, 匍匐往將食之, 三咽, 然後耳有聞, 目有見."

孟子曰:"於齊國之士, 吾必以仲子爲巨擘焉. 雖然, 仲子惡能廉? 充仲子之操, 則蚓而後可者也. 夫蚓, 上食槁壤, 下飮黃泉. 仲子所居之室, 伯夷之所築與? 抑亦盜跖之所築與? 所食之粟, 伯夷之所樹與? 抑亦盜跖之所樹與? 是未可知也."

曰:"是何傷哉? 彼身織屨, 妻辟纑, 以易之也."

曰:"仲子, 齊之世家也. 兄戴, 蓋祿萬鐘. 以兄之祿爲不義之祿而不食也, 以兄之室爲不義之室而不居也, 辟兄離母, 處於於陵. 他日歸, 則有饋其兄生鵝者, 己頻顣曰:'惡用是鶃鶃者爲哉?'他日, 其母殺是鵝也, 與之食之. 其兄自外至, 曰:'是鶃鶃之肉也.'出而哇之. 以母則不食, 以妻則食之; 以兄之室則弗居, 以於陵則居之. 是尙爲能充其類也乎? 若仲子者, 蚓而後充其操者也."

진심 하(盡心 下) 제14편

1. 맹자가 말했다. "어질지 못하구나, 양 혜왕은! 어진 사람은 자기가 사랑하는 것을 대하는 마음이 자기가 사랑하지 않는 것에까지 영향을 미치지만, 어질지 못한 사람은 자기가 사랑하지 않는 것을 대하는 마음이 자기가 사랑하는 것에까지 영향을 미친다."

공손추가 물었다. "무슨 말씀이옵니까?"

"양 혜왕은 토지 때문에 자기 백성들이 썩어문드러져 가는데도 전투를 하게 하여 크게 패하였다. 그에 다시 복수를 하려 했으나 이기지 못할까 두려워 자기가 사랑하는 자제들까지 전쟁에 몰아넣어 죽게 하였다. 이것이 자기가 사랑하지 않는 것을 대하는 마음이 자기가 사랑하는 것에까지 영향을 미친다는 말이다."

孟子曰:"不仁哉, 梁惠王也! 仁者以其所愛及其所不愛, 不仁者以
其所不愛及其所愛."

公孫丑曰:"何謂也?"

"梁惠王以土地之故, 糜爛其民而戰之, 大敗, 將復之, 恐不能勝,
故驅其所愛子弟以殉之, 是之謂以其所不愛及其所愛也."

2. 맹자가 말했다. "『춘추』[68]에 정의로운 전쟁에 관한 기록
은 없다. 이 경우가 저 경우보다 낫다는 기록은 많다. 정벌이
란 천자가 위에서 아래의 제후에게 하는 것이다. 맞상대인 제
후국들끼리는 서로 정벌하는 것이 아니다."

孟子曰:"春秋無義戰. 彼善於此, 則有之矣. 征者, 上伐下也,
敵國不相征也."

3. 맹자가 말했다. "『서경』의 구절을 모두 믿는다면 차라
리 『서경』이 없느니만 못하다. 『서경』「무성」편에서 내가 믿
고 따를 만한 것은 불과 두세 쪽뿐이었다. 어진 사람은 천하
에 적수가 없다. 무왕처럼 지극히 어진 사람이 은나라 주왕처
럼 극도로 어질지 못한 사람을 토벌했는데 어떻게 『서경』의
기록처럼 디딜방아 공이가 떠내려 갈 정도로 많은 피를 흘렸
을 수 있단 말인가?"

孟子曰 : "盡信書, 則不如無書. 吾於武成, 取二三策而已矣. 仁人無

敵於天下. 以至仁伐至不仁, 而何其血之流杵也?"

4. 맹자가 말했다. "'나는 진을 잘 치고, 나는 전투도 잘한

다' 고 말하는 사람이 있다면 이는 큰 죄악이다. 군주가 어진

행동을 좋아하면 천하에 적이 없다. 남쪽을 향하여서 정벌하

면 북쪽 민족이 원망하고, 동쪽을 향하여 정벌하면 서쪽 민족

이 원망하며 '왜 우리는 나중에 치느냐' 고 말한다. 주 무왕이

은나라를 토벌할 때 전차가 3백 대에 날랜 용사가 3천 명이

었다. 무왕은 놀란 백성들에게 '두려워하지 마라! 내 너희를

편안히 해주려는 것이지 너희 백성들을 적으로 삼으려는 것

이 아니다' 고 말하였다. 그러자 은나라 백성들이 산이 무너

지듯 땅바닥에 머리를 찧으며 조아렸다. 정벌의 정(征)자는

바로잡을 정(正)의 의미이다. 각자가 모두 자기 나라를 바로

잡으려 하는데 무슨 전쟁 수단을 이용할 필요가 있겠는가?"

孟子曰 : "有人曰 : '我善爲陳, 我善爲戰.' 大罪也. 國君好仁, 天下

無敵焉. 南面而征北狄怨, 東面而征西夷怨. 曰 : '奚爲後我?' 武王

之伐殷也, 革車三百兩, 虎賁三千人. 王曰 : '無畏! 寧爾也, 非敵

百姓也.' 若崩厥角稽首. 征之爲言正也, 各欲正己也, 焉用戰?"

5. 맹자가 말했다. "목수나 수레 제작자는 자와 그림쇠를

이용하는 기본 방법을 다른 사람에게 전수해줄 수는 있으나 그 사람에게 고도의 기교까지 갖게 만들 수는 없다."

孟子曰∶"梓匠輪輿, 能與人規矩, 不能使人巧."

6. 맹자가 말했다. "순임금은 마른 밥에 푸성귀를 먹을 때는 평생토록 그렇게 살 것 같았다. 그런데 천자가 되어서는 고운 갈옷을 입고 금을 타며 요임금의 두 딸의 시중을 받았는데 마치 전부터 그랬던 것처럼 담담했다."

孟子曰∶"舜之飯糗茹草也, 若將終身焉; 及其爲天子也, 被袗衣, 鼓琴, 二女果, 若固有之."

7. 맹자가 말했다. "나는 오늘에서야 비로소 다른 사람의 친족을 죽이는 것이 얼마나 중대한 사건인지를 알았다. 다른 사람의 아버지를 죽이면 다른 사람도 그 사람의 아버지를 죽일 것이며, 다른 사람의 형을 죽이면 다른 사람도 그 사람의 형을 죽일 것이다. 그렇다면 자기가 친족을 직접 죽인 것은 아니지만 그와 별반 차이가 없는 셈이다."

孟子曰∶"吾今而後知殺人親之重也∶殺人之父, 人亦殺其父; 殺人之兄, 人亦殺其兄. 然則非自殺之也, 一間耳."

8. 맹자가 말했다. "옛날에 관문을 만든 것은 폭력을 막아

보려는 의도였다. 그런데 오늘날 관문을 만든 것은 폭력을 행사하려는 의도이구나."

孟子曰 : "古之爲關也, 將以禦暴. 今之爲關也, 將以爲暴."

9. 맹자가 말했다. "스스로 도를 실천하지 않으면 그 도는 처자식에게도 통하지 않으리라. 사람을 부리면서 도에 맞게 하지 않으면 결국 처자식도 움직이게 할 수 없으리라."

孟子曰 : "身不行道, 不行於妻子; 使人不以道, 不能行於妻子."

10. 맹자가 말했다. "이익에 통달한 사람은 흉년이 들어도 굶어죽지 않으며, 덕에 통달한 사람은 사악한 세상을 만나도 혼란스러워하지 않는다."

孟子曰 : "周于利者, 凶年不能殺; 周于德者, 邪世不能亂."

11. 맹자가 말했다. "진정으로 명예를 좋아하는 사람이라면 전차 천 대를 낼 수 있는 큰 나라를 주어도 사양한다. 하지만 그런 사람이 아니라면 밥 한 그릇 국 한 그릇에도 낯을 붉히며 싫은 내색을 보인다."

孟子曰 : "好名之人, 能讓千乘之國; 苟非其人, 簞食豆羹見於色."

12. 맹자가 말했다. "어질고 똑똑한 사람을 믿지 않으면

나라는 텅텅 비게 된다. 예의가 없으면 상하의 질서가 문란해
진다. 정치를 똑바로 하지 않으면 재정이 부족해진다."

孟子曰：“不信仁賢, 則國空虛. 無禮義, 則上下亂. 無政事, 則財用
不足.”

13. 맹자가 말했다. "어질지 못하면서 나라를 얻은 사람은
있었다. 그러나 어질지 못하면서 천하를 얻는 사람은 아직 없
었다."

孟子曰：“不仁而得國者, 有之矣; 不仁而得天下, 未之有也.”

14. 맹자가 말했다. "백성들이 가장 소중하고 사직은 그
다음이며 군주는 그렇게 중요하지 않다. 그래서 일반 백성들
의 신뢰를 얻으면 천자가 되고, 천자의 신뢰를 얻으면 제후가
되고, 제후의 신뢰를 얻으면 대부가 된다. 제후가 사직을 위
태롭게 만들면 다른 사람으로 바꾸고, 희생에 쓸 가축을 다
마련하고 곡물도 깨끗이 갖추어 제 때에 제사를 지내는데도
가뭄이나 홍수가 연이으면 종묘사직을 바꾼다."

孟子曰：“民爲貴, 社稷次之, 君爲輕. 是故得乎丘民而爲天子, 得
乎天子爲諸侯, 得乎諸侯爲大夫. 諸侯危社稷, 則變置. 犧牲旣成,
粢盛旣潔, 祭祀以時, 然而旱乾水溢, 則變置社稷.”

15. 맹자가 말했다. "성인은 백 대의 스승이다. 백이와 유하혜가 그런 사람이다. 그래서 백이의 풍도를 들은 사람이면 탐욕스런 남자도 청렴해지고 나약한 사내도 뜻을 세우게 된다. 유하혜의 풍도를 들은 사람이면 야박한 남자도 돈독해지고 속 좁은 사내도 너그러워진다. 백 대 전에 노력했던 그들의 행동을 백 세 후 사람들이 듣고는 분발하지 않는 사람이 없으니 성인이 아니고서야 그럴 수 있겠는가? 하물며 당시 직접 그들의 영향을 받은 사람들은 어땠겠는가?"

孟子曰：“聖人, 百世之師也, 伯夷柳下惠是也. 故聞伯夷之風者,

頑夫廉, 懦夫有立志；聞柳下惠之風者, 薄夫敦, 鄙夫寬. 奮乎百世

之上, 百世之下, 聞者莫不興起也. 非聖人而能若是乎, 而況於親炙

之者乎?”

16. 맹자가 말했다. "어질 인(仁)은 곧 사람 인(人)이다.[69] 어짊과 사람다움을 합쳐서 말하면 도이다."

孟子曰：“仁也者, 人也. 合而言之, 道也.”

17. 맹자가 말했다. "공자께서 노나라를 떠날 때는 '내 발걸음이 떨어지지 않는구나'라고 말씀하셨다. 이것이 부모의 나라를 떠나는 사람의 태도이다. 그런데 제나라를 떠나실 때는 밥하려고 씻던 쌀을 그냥 건져 급히 떠났다. 이것이 다른

나라를 떠나는 사람의 태도이다."

孟子曰：“孔子之去魯, 曰：‘遲遲吾行也’, 去父母國之道也. 去齊,

接淅而行, 去他國之道也.”

18. 맹자가 말했다. “군자 즉 공자가 진나라와 채나라 사이에서 곤욕을 치른 것은 두 나라 군주나 신하와 교류가 없었기 때문이다.”

孟子曰：“君子之戹於陳蔡之間, 無上下之交也.”

19. 학계라는 관리가 말했다. “저는 사람들에게 크게 욕을 먹고 있습니다.”

맹자가 말했다. “상심하지 마시오. 선비는 그렇게 많은 말이 오가는 것을 싫어합니다. 『시경』의 ‘걱정 근심 가득하네／뭇 소인배들조차 내게 성을 내니’ 라는 말은 공자의 경우에 해당하며, ‘그들의 성냄을 다 없애지 못했다네／하지만 내 명성을 잃지도 않았다네’ 라는 말은 문왕의 경우에 해당됩니다.”

貉稽曰：“稽大不理於口.”

孟子曰：“無傷也. 士憎玆多口. 詩云：‘憂心悄悄, 慍於群小.’ 孔子

也. ‘肆不殄厥慍, 亦不隕厥問.’ 文王也.”

20. 맹자가 말했다. “현인은 먼저 스스로가 명백해진 뒤

그것으로 다른 사람을 명백하게 해준다. 그런데 요즘 사람들은 스스로 애매모호하면서도 그것으로 다른 사람을 명백하게 해주려고 한다."

孟子曰: "賢者以其昭昭使人昭昭; 今以其昏昏使人昭昭."

21. 맹자가 제자인 고자에게 말하였다. "산 속의 좁은 통로는[70] 사람이 꾸준히 다니면 길이 된다. 그러나 조금만 사용하지 않으면 금방 띠 풀로 막혀버린다. 지금 자네 마음은 띠 풀로 잔뜩 막혀 있네."

孟子謂高子曰: "山徑之蹊間, 介然用之而成路. 爲間不用, 則茅塞之矣. 今茅塞子之心矣."

22. 제자 고자가 말했다. "하나라 우임금의 음악이 주나라 문왕의 음악보다 훌륭했나 봅니다."

맹자가 말했다. "무슨 근거로 그렇게 얘기하는가?"

고자가 말했다. "우임금 음악에 자주 쓰는 쇠 종의 고리가 너무 헐었기 때문입니다."

맹자가 말했다. "그게 어떻게 충분한 이유가 되겠는가? 성문 밖의 뚜렷한 마차바퀴 자국이 어디 말 한두 마리가 다녀서 만들어진 것이겠는가?"

高子曰: "禹之聲, 尙文王之聲."

孟子曰：“何以言之?”

曰：“以追蠡.”

曰：“是奚足哉? 城門之軌, 兩馬之力與?”

23. 제나라에 기근이 닥쳤다. 제자 진진이 말했다. “제나라 사람들 모두가 선생님께서 다시 한 번 나서서 당읍 창고를 열어 빈민을 구제하라고 제 왕을 설득해주길 기대하고 있습니다. 그런데 아마 다시 나서시면 안 되겠지요.”

맹자가 말했다. “그렇게 하면 풍부처럼 될 것이다. 진나라에 풍부라는 사람이 있었는데 호랑이를 잘 때려잡았다. 그러나 나중에 싸움을 싫어하는 착한 선비가 되었다. 어느 날 풍부가 들길을 지나는데 많은 사람들이 호랑이를 쫓고 있었다. 호랑이가 험한 산모퉁이를 등지고 으르렁거리자 아무도 감히 접근하지 못하였다. 이 때 멀리서 오는 풍부를 보고는 다들 뛰어가 영접하였다. 풍부가 팔뚝을 걷어붙이고 수레에서 내렸다. 사람들은 모두 그것을 보고 즐거워하였으나 정작 선비들은 되지 않는 일을 한다고 비웃었느니라.”

齊饑. 陳臻曰：“國人皆以夫子將復爲發棠, 殆不可復.”

孟子曰：“是爲馮婦也. 晉人有馮婦者, 善搏虎, 卒爲善士, 則之野, 有衆逐虎. 虎負嵎, 莫之敢攖. 望見馮婦, 趨而迎之. 馮婦攘臂下車. 衆皆悅之, 其爲士者笑之.”

24. 맹자가 말했다. "입으로 맛난 음식을 먹고 싶고, 눈으로 아름다운 빛깔을 보고 싶고, 귀로 좋은 음악을 듣고 싶고, 코로 향기로운 냄새를 맡고 싶고, 사지 손발은 편안히 쉬고 싶은 것이 사람의 본성이다. 하지만 그걸 얻고 못 얻고는 운명에 속하므로 군자는 이것들을 애써 갈구해야 할 본성으로 여기지 않는다. 부모와 자식 사이의 인, 군주와 신하 사이의 의, 손님과 주인 사이의 예, 현자에게 있어서의 지, 성인에게 있어서의 천도가 실현되느냐 아니냐는 운명이다. 하지만 이들은 필연적 관계가 있는 본성이기도 하므로 군자는 그것들을 그저 내버려두어야 할 운명으로 여기지 않는다."

孟子曰："口之於味也，目之於色也，耳之於聲也，鼻之於臭也，四肢之於安佚也，性也，有命焉，君子不謂性也. 仁之於父子也，義之於君臣也，禮之於賓主也，智之於賢者也，聖人之於天道也，命也，有性焉，君子不謂命也."

25. 제나라 사람 호생불해가 물었다. "악정자는 어떤 사람입니까?"

맹자가 말했다. "선인이며 신실한 사람이지요."

"어떤 경우를 선하다고 하며 어떤 경우를 신실하다고 합니까?"

맹자가 말했다. "사람들이 그 사람처럼 되고 싶어 하면 선하다〔善〕고 하며, 그 선함이 자신에게 갖추어져 있으면 신실하다〔信〕고 합니다. 신실함으로 충만하면 아름답다〔美〕고 하며, 신실함으로 충만하면서 빛이 나면 위대하다〔大〕고 하며, 위대하면서 일체를 감화시키면 성스럽다〔聖〕고 하며, 성스러우면서 헤아릴 수 없는 경지에 이르면 신령하다〔神〕고 합니다. 악정자는 앞의 두 경우에 해당하나 뒤의 네 경지보다는 아래이지요."

浩生不害問曰:"樂正子, 何人也?"

孟子曰:"善人也, 信人也."

"何謂善? 何謂信?"

曰:"可欲之謂善, 有諸己之謂信, 充實之謂美, 充實而有光輝之謂大, 大而化之之謂聖, 聖而不可知之之謂神. 樂正子, 二之中, 四之下也."

26. 맹자가 말했다. "묵가의 학설을 벗어나면 반드시 양주의 학설로 귀의하고, 양주의 학설을 벗어나면 반드시 유가학파로 귀의하게 된다. 귀의해오면 받아주면 그뿐이다. 요즘 양주나 묵자의 학설과 기어코 논쟁을 하려는 사람은 달아난 돼지를 쫓아 이미 우리 안으로 몰아들였는데도 기어코 결박하는 것과 같다."

孟子曰:"逃墨必歸於楊, 逃楊必歸於儒. 歸, 斯受之而已矣. 今之與楊墨辯者, 如追放豚, 旣入其苙, 又從而招之."

27. 맹자가 말했다. "삼베나 비단 등 직물로 걷는 세금이 있고, 조나 쌀 등 곡식으로 걷는 세금이 있으며, 인력을 징발하는 부역이 있다. 군자는 그 가운데 하나만 채용하고 나머지 두 가지는 완화한다. 두 가지를 채용하면 백성들에게 굶어죽는 사람이 생기고, 세 가지를 다 채용하면 부모자식도 서로 돌보지 못하고 흩어지게 된다."

孟子曰："有布縷之征, 粟米之征, 力役之征. 君子用其一, 緩其二. 用其二而民有殍, 用其三而父子離."

28. 맹자가 말했다. "제후의 보배는 세 가지인데 토지, 백성, 정치이다. 옥구슬 따위 재물을 보배로 여기는 제후는 그 재앙이 결국 제 몸에 미칠 것이다."

孟子曰："諸侯之寶三：土地, 人民, 政事. 寶珠玉者, 殃必及身."

29. 맹자의 문하에 잠깐 머물렀던 분성괄이란 사람이 제나라에서 벼슬을 하게 되었다. 맹자가 말했다. "분성괄이 죽겠구나!"

과연 분성괄이 살해당하였다. 제자들이 맹자에게 물었다. "선생님께서는 그가 살해당하리란 것을 어떻게 아셨습니까?"

맹자가 말했다. "그의 사람됨을 보면 재주는 조금 있으나 군자의 큰 도리에 대해 들어본 적이 없으니 제 몸을 죽음으로 몰 수밖에 없지."

盆成括仕於齊. 孟子曰：“死矣盆成括！”

盆成括見殺. 門人問曰：“夫子何以知其將見殺？”

曰：“其爲人也小有才，未聞君子之大道也，則足以殺其軀而已矣.”

30. 맹자 일행이 등나라에 도착해 고급 관사에 머물렀다. 삼다 만 짚신이 창살 위에 얹혀 있었는데 그걸 모르고 관사 사람이 애써 찾았으나 찾아내지 못하였다. 이에 어떤 사람이 물었다. "선생을 따라온 무리들 가운데 누군가가 이런 짓을 했겠지요?"

맹자가 말했다. "그대는 이 사람들을 신발 훔치러 온 사람들이라 생각하는가?"

그가 대답했다. "설마 그렇지는 않겠지요."

"나는[71] 수업과정을 개설하여 사람을 받는데 떠나는 사람을 쫓아가 붙들지 않고 오는 사람을 가려 거절하지도 않네. 진정으로 배울 마음으로 오는 사람이면 누구든 그냥 받아들일 뿐일세."

孟子之滕，館於上宮. 有業屨於牖上，館人求之弗得. 或問之曰：“若是乎從者之廋也？”

曰 : "子以是爲竊屨來與?"

曰 : "殆非也."

"夫予之設科也, 往者不追, 來者不拒. 苟以是心至, 斯受之而已矣."

31. 맹자가 말했다. "사람은 누구에게나 차마 견디어내지 못하는 일이 있는데 그것을 확충하여 견디어내도록 하는 것이 인이다. 사람은 누구에게나 차마 행하지 못하는 일이 있는데 그것을 확충하여 행하도록 하는 것이 의이다. 다른 사람을 해치고 싶지 않은 마음을 끝까지 확충할 수만 있으면 이루 다 응용할 수 없을 만큼 인이 넘칠 것이다. 구멍을 파거나 담을 넘고 싶지 않은 마음을 끝까지 확충할 수만 있으면 이루 다 응용할 수 없을 만큼 의가 넘칠 것이다. 사람들로부터 하대를 당하지 않으려는 마음을 끝까지 확충할 수만 있으면 어디서 무엇을 하든 의에 합치할 것이다. 선비가 얘기해선 안 될 사람과 말을 하는 것은 그 말로 무언가를 취하려는 것이며, 말해도 되는 사람인데 말하지 않는 것은 침묵으로 인해 무언가를 취하려는 것이다. 이 모두 구멍을 파거나 담을 넘는 행위와 다름없다."

孟子曰 : "人皆有所不忍, 達之於其所忍, 仁也;人皆有所不爲, 達之於其所爲, 義也. 人能充無欲害人之心, 而仁不可勝用也;人能充無穿踰之心, 而義不可勝用也. 人能充無受爾汝之實, 無所往而不爲

義也. 士未可以言而言, 是以言餂之也; 可以言而不言, 是以不言餂
之也, 是皆穿踰之類也."

32. 맹자가 말했다. "가까운 일상의 예를 들어가며 말을
하는데도 그 의미가 심원한 것이 가장 좋은 말이다. 누구나
간단하게 지킬 수 있는데도 효과가 광범한 것이 가장 좋은 방
법이다. 군자는 일상에 보이는 것들을 말하지만 항상 도가 그
가운데 존재한다. 군자는 굳건히 지키며 자기수양을 하지만
결국 그로 인해 천하가 태평해진다. 사람들은 자기 전답은 제
쳐두고 남의 논밭에 있는 김을 매지 못하는 것에 안달한다.
다른 사람에 대한 요구는 매우 엄중하게 하면서도 자기의 책
임은 가볍게 여긴다."

孟子曰 : "言近而指遠者, 善言也; 守約而施博者, 善道也. 君子之
言也, 不下帶而道存焉. 君子之守, 修其身而天下平. 人病舍其田而
芸人之田, 所求於人者重, 而所以自任者輕."

33. 맹자가 말했다. "요임금과 순임금은 본성대로 하신 분
들이고 은나라 탕왕과 주나라 무왕은 사람들을 본성으로 되
돌아가게 했다. 몸짓이나 용모 등 행동거지가 모두 예에 맞는
사람이야말로 덕행의 최고 경지에 이른 사람이다. 사람이 죽
어 곡을 하고 애도하는 것은 산 사람을 위해서가 아니다. 예

에 어긋나지 않도록 도덕 그대로 행동하는 것은 녹을 얻기 위해서가 아니다. 꼭 믿음 있게 말을 하는 것은 행동이 바르다는 것을 알리기 위해서가 아니다. 군자는 법도에 맞게 행동하며 결과에 대해선 운명을 기다릴 뿐이다."

孟子曰："堯舜, 性者也；湯武, 反之也. 動容周旋中禮者, 盛德之至也；哭死而哀, 非爲生者也；經德不回, 非以干祿也；言語必信, 非以正行也. 君子行法, 以俟命而已矣."

34. 맹자가 말했다. "제후들을 설득할 때는 그를 대수롭지 않게 여기고 그의 드높은 지위를 안중에 두지 말아야 한다. 집 높이가 몇 길에 이르고 서까래 너비가 몇 척이나 되도록 집을 짓는 그런 짓을 난 뜻을 얻어도 하지 않겠다. 화려하고 풍성한 요리에 시첩을 수백 명이나 두는 그런 짓을 난 뜻을 얻어도 하지 않겠다. 흥에 겨워 술을 마시며 말을 달리고 사냥을 가면서 뒤따르는 수레를 천 대나 두는 그런 짓을 난 뜻을 얻어도 하지 않겠다. 그들 제후들이 하는 짓은 모두 내가 하지 않는 행동들이다. 내가 하는 행동은 모두 옛날 제도에 합치하는 것들이다. 내 무엇 때문에 그들을 두려워하겠느냐?"

孟子曰："說大人, 則藐之, 勿視其巍巍然. 堂高數仞, 榱題數尺, 我得志弗爲也. 食前方丈, 侍妾數百人, 我得志弗爲也. 般樂飮酒, 驅騁田獵, 後車千乘, 我得志弗爲也. 在彼者, 皆我所不爲也；在我者, 皆古之制也, 吾何畏彼哉?"

35. 맹자가 말했다. "마음을 수양하는 최고의 방법은 욕심을 적게 갖는 것이다. 욕심이 적은 사람은 선한 본성을 잃는 경우가 있다 하더라도 아주 적을 것이고, 욕심이 많은 사람은 선한 본성을 보존하는 경우가 있다 하더라도 극히 적을 것이다."

孟子曰:"養心莫善於寡欲. 其爲人也寡欲, 雖有不存焉者, 寡矣;

其爲人也多欲, 雖有存焉者, 寡矣."

36. 증석이 고욤을 좋아하자 아들인 증자는 차마 고욤을 먹지 못하였다고 한다. 공손추가 물었다. "고기와 고욤 중 어느 것이 맛있을까요?"

맹자가 말했다. "고기겠지!"

공손추가 물었다. "그런데 증자는 어째서 고기는 먹고 고욤은 먹지 않았을까요?"

맹자가 말했다. "고기는 다같이 좋아하는 것이지만 고욤은 아버지 혼자만 좋아하는 것이었기 때문이다. 이름을 부르기는 꺼려 하면서도 성을 부르기는 꺼려 하지 않는 까닭은 성은 다같이 쓰는 것이지만 이름은 혼자만 쓰는 것이기 때문이다."

曾晳嗜羊棗, 而曾子不忍食羊棗. 公孫丑問曰:"膾炙與羊棗孰美?"

孟子曰：“膾炙哉！”

公孫丑曰：“然則曾子何爲食膾炙而不食羊棗？”

曰：“膾炙所同也，羊棗所獨也，諱名不諱姓，姓所同也，名所獨也.”

37. 제자 만장이 물었다. “공자님께서 진나라에 계시면서 '어찌 돌아가지 않을손가. 우리 고향 학생들은 활달하고 과단성 있으며, 진취적이고 초심을 잊지 않고 있는데' 라고 말씀하셨습니다. 공자께선 진나라에 계시면서 어떻게 노나라의 활달한 선비들을 생각했을까요?”

맹자가 말했다. “공자께선 '중도를 실천하는 선비와 함께할 수 없다면 반드시 활달한 사람 광자(狂者)와 고집 센 사람 견자(獧者)를 찾겠노라! 활달한 사람은 진취적이며, 고집 센 사람은 하지 말아야 할 행동은 하지 않기 때문이다' 고 말씀하였다. 공자께서 어찌 중도를 실천하는 선비를 바라지 않았겠느냐? 꼭 그런 사람을 얻을 수 없었기 때문에 차선을 생각하신 것이다.”

“감히 여쭙겠습니다만 어떤 사람을 활달하다고 말했을까요?”

맹자가 말했다. “금장·증석·목피 같은 사람이 공자가 말하는 활달한 선비이다.”

"무슨 이유로 그들이 활달하다고 말했지요?"

맹자가 말했다. "그들은 뜻이 고고하여 말끝마다 '옛 사람이여! 옛 사람이여!' 하였다. 그런데 그들을 살펴보면 말과 행동이 완전히 합치하지는 않았다. 이런 활달한 사람마저 얻을 수 없을 때는 지저분한 행동을 달갑게 여기지 않는 선비를 찾아 함께하고 싶어 했다. 이들이 고집 센 견자인데 활달한 광자의 다음가는 사람이다. 공자[72]께선 '우리 집 대문을 지나면서 집 안으로 들어오지 않아도 내 서운해 하지 않는 사람은 원칙 없이 호인인 체 하는 향원(鄕原)들 뿐이리라! 향원은 덕을 해치는 사람이다' 라고 말씀하셨다.

만장이 물었다. "어떤 사람을 향원이라고 말했습니까?"

맹자가 말했다. "그들은 활달한 선비를 비판하면서 '무슨 이유로 저렇게 고고한 척하는가? 말이 행동을 돌아보지 못하고 행동이 또 말을 돌아보지 못하는데도 그저 옛 사람이여! 옛 사람이여!라고 말하니' 라고 한다. 또 고집 센 선비를 비판하면서 '어떻게 그렇게 혼자서 도도하게 행동하며 쌀쌀맞은가? 이 세상에 태어났으면 이 세상과 더불어 살아야지. 좋은게 좋은 거지' 라고 한다. 내시처럼 비굴하게 세상에 아부하는 사람이 바로 향원이다."

만장이 말했다. "고을의 모든 사람들이 그를 호인이라 부르는 것은 그가 어디를 가든 호인답게 행동한다는 얘길 텐데 공자께서 덕을 해치는 사람으로 여긴 것은 어째서입니까?"

맹자가 말했다. "비판하려 해도 근거가 없고 풍자하려 해도 풍자할 거리가 없다. 유행하는 풍속과 어울리고 더러운 세상과도 영합한다. 마치 성실하고 믿음이 충만한 듯 살아가고 청렴결백한 듯 행동한다. 사람들은 그걸 보고 모두 기뻐하며 스스로도 그것이 옳다고 여긴다. 그렇지만 이런 사람과 함께는 절대로 요순의 도에 들어설 수가 없다. 그래서 덕을 해치는 자라고 말씀하신 것이다. 공자께선 '겉만 그럴듯하고 내용은 아닌 사이비 분자들을 싫어한다. 강아지풀을 싫어함은 그것이 벼의 모종을 교란시킬까 두려워서이다. 정당하지 못한 재능을 싫어함은 그것이 의를 어지럽힐까 두려워서이다. 입에 발린 소리를 싫어함은 그것이 신뢰를 어지럽힐까 두려워서이다. 음란한 정나라 음악을 싫어함은 그것이 바른 아악을 어지럽힐까 두려워서이다. 섞인 자주색을 싫어함은 그것이 순수한 붉은 색을 어지럽힐까 두려워서이다. 원칙 없이 호인인 체 하는 향원을 싫어함은 그가 도덕을 어지럽히는 것이 두려워서이다' 라고 말씀하셨다. 군자는 모든 것을 영구불변의 원칙으로 되돌아가게 할 뿐이다. 원칙이 바르면 백성들 사이에 도덕이 흥할 것이고, 백성들 사이에 도덕이 흥하면 일체의 사특함이 없어질 것이다."

萬章問曰："孔子在陳曰：'盍歸乎來! 吾黨之士狂簡, 進取, 不忘其初.'孔子在陳, 何思魯之狂士?"

孟子曰:"孔子'不得中道而與之, 必也狂獧乎! 狂者進取, 獧者有所
不爲也'. 孔子豈不欲中道哉? 不可必得, 故思其次也."

"敢問何如斯可謂狂矣?"

曰:"如琴張曾晳牧皮者, 孔子之所謂狂矣."

"何以謂之狂也?"

曰:"其志嘐嘐然, 曰'古之人, 古之人'. 夷考其行而不掩焉者也. 狂者
又不可得, 欲得不屑不絜之士而與之, 是獧也. 是又其次也. 孔子曰:
'過我門而不入我室, 我不憾焉者, 其惟鄉原乎! 鄉原, 德之賊也.'"

曰:"何如斯可謂之鄉原矣?"

曰:"'何以是嘐嘐也? 言不顧行, 行不顧言, 則曰:古之人, 古之
人. 行何爲踽踽涼涼? 生斯世也, 爲斯世也, 善斯可矣.'閹然媚於世
也者, 是鄉原也."

萬章曰:"一鄉皆稱原人焉, 無所往而不爲原人, 孔子以爲德之賊,
何哉?"

曰:"非之無擧也, 刺之無刺也; 同乎流俗, 合乎汙世; 居之似忠
信, 行之似廉潔; 衆皆悅之, 自以爲是, 而不可與入堯舜之道, 故曰
德之賊也. 孔子曰:'惡似而非者:惡莠, 恐其亂苗也; 惡佞, 恐其
亂義也; 惡利口, 恐其亂信也; 惡鄭聲, 恐其亂樂也; 惡紫, 恐其亂
朱也; 惡鄉原, 恐其亂德也.'君子反經而已矣. 經正, 則庶民興; 庶
民興, 斯無邪慝矣."

38. 맹자가 말했다. "요임금과 순임금으로부터 은나라 탕왕에 이르기까지 5백여 년이 흘렀다. 우임금과 그의 신하 고요는 요순의 도를 직접 보고 알았으며, 탕왕은 그것을 들어서 알았다. 탕왕에서 주나라 문왕에 이르기까지 5백여 년이 흘렀다. 탕왕의 신하 이윤과 내주는 탕왕의 도를 직접 보고 알았으며, 문왕은 그것을 들어서 알았다. 문왕으로부터 공자에 이르기까지 5백여 년이 흘렀다. 문왕의 신하 태공망과 산의생은 문왕의 도를 직접 보고 알았으며, 공자는 그것을 들어서 알았다. 공자로부터 오늘에 이르기까지 백여 년이 흘렀다. 성인의 시대를 벗어난 지가 아직 이처럼 멀지 않고, 성인의 거처도 이토록 매우 가까운 곳에 있다. 그럼에도 공자의 도를 보고 아는 사람이 아무도 없구나. 앞으로 들어서 알 사람도 아무도 없을 것인가!"

孟子曰："由堯舜至於湯，五百有餘歲. 若禹，皐陶，則見而知之；若湯，則聞而知之. 由湯至於文王，五百有餘歲. 若伊尹，萊朱則見而知之；若文王，則聞而知之. 由文王至於孔子，五百有餘歲. 若太公望，散宜生，則見而知之；若孔子，則聞而知之. 由孔子而來至於今，百有餘歲，去聖人之世，若此其未遠也；近聖人之居，若此其甚也，然而無有乎爾，則亦無有乎爾!"

『맹자』의 다른 편 내용들

　　『맹자』는 『논어』처럼 각 편이 하나의 사건이나 사실을 다루고 있지 않다. 연결된 곳이 없지 않으나 한 장이 하나의 사건 혹은 내용을 담고 있다고 보아야 한다. 편명도 『순자』처럼 그 편의 중심 주제를 편명으로 삼지 않고 첫 등장인물이나 앞 단어를 편의 이름으로 삼았다. 따라서 『맹자』의 무슨 편이 무슨 내용이라고 종합하여 소개하기는 어렵다.

　　다음은 정치서적으로 『맹자』를 읽고, 야당 정치가로 맹자를 이해하자는 이 책의 주제와 연결하여 의미가 있다고 생각되는 장들을 모아서 언급하는 방법으로 위 번역에 소개되지 않은 『맹자』의 다른 편 내용들을 발췌하여 간단히 제시하고자 한다.

「공손추(公孫丑) 상」 제3편

1장: 어려울 때일수록 어진 정치를 베풀면 천하의 민심을 얻기가 쉽다.

2장: 내 나이 마흔에 마음의 동요는 없다. 권력에 연연하지 말고 호연지기를 기르라. 공자는 그렇게 정치를 하였다.

3장: 인의를 가장하는 패도는 큰 나라여야 하지만 마음으로 복종시키는 왕도는 작은 땅으로도 천하의 민심을 얻을 수 있다.

4장: 어질고 덕이 있는 정치를 하면 세상에 두려워할 큰 나라는 없다.

5장: 세금을 낮추고 현인을 등용하면 천하무적이다.

6장: 성왕은 백성들에게 위해가 가해지는 것을 차마 견디지 못하는 정치를 한다. 그 마음 바탕은 인·의·예·지 네 가지 단서이다.

7장: 어질지 못하면 남의 다스림을 받는다.

9장: 현명한 정치가 유하혜를 본받자. 그러나 철새 정치인이어선 안 된다.

「등문공(滕文公) 상」 제5편

3장: 항산이 있어야 항심이 있다. 백성들을 교육하라. 정전제를 실시하라.

4장: 정신노동을 하는 사람이 육체노동을 하는 사람을 지배한다. 인재가 천하를 다스려야 한다.

「이루(離婁) 상」 제7편

1장: 인의의 정치의 근본은 선왕의 도를 지키는 것이다.

4·5·6·8장: 야당 정치인으로서 생활태도. 주로 수신·제가의 필요성을 강조.

9장: 백성들이 원하는 것을 주고 싫어하는 것을 시키지 않으면 민심을 얻는다.

12장: 수신·제가하라. 뜻을 성실하게 가지면 권력이 없어도 천하를 다스릴 수 있다.

14장: 군주를 위해 부국강병을 기도하는 자는 죽어야 한다.

18장: 자식과 감정이 상하면 안 되므로 아버지는 자식을 가르칠 수 없다.

20장: 군주만 바로잡으면 나라는 저절로 안정된다.

「이루(離婁) 하」 제8편

2장: 정치가는 멀리 내다보고 큰일을 한다.

3장: 군주가 신하를 무시하면 신하도 군주를 우습게 여긴다.

11장: 정치가는 행동으로 나타낸다.

16장: 마음으로 천하를 복종시키는 것이 왕도이다.

20장: 성군은 도로써 중용을 지키고 현인을 등용한다.

28장: 정치가는 진심으로 세상을 걱정하는 위대한 존재이다.

「만장(萬章) 상」 제9편

1·2·3·4장: 군주의 권위와 의무에 대한 비판과 반비판. 위대한 군주 순임금은 가족 사랑이 지극했다. 효야말로 모든 정치의 핵심이다.

5장: 선양은 미덕이다. 도덕적 승리자가 천하를 얻는다.

6장: 천명을 받아 정치를 하라. 정치가는 천명을 따른다.

7장: 재야에서 수양만 하지 말고 정치 현장에 직접 참여하여 정치하라.

「만장(萬章) 하」 제10편

1장: 과거 여당 정치인들에 대한 평가. 야당이었지만 공자가 최고의 정치가였다.

5장: 지위가 낮은데 직책을 넘어선 말을 하면 죄이다.

7장: 지식인으로서, 야당 정치인으로서 일부러 집권자와 친해질 이유가 없다.

「고자(告子) 상」 제11편

1·2·3·4·6장: 인간 본성은 선하다. 인의의 정치는 거기에 바탕을 두고 있다.

10장: 죽더라도 도와 의리를 지키는 정치가여야 한다.

11장: 놓친 마음을 찾는 것이 학문이다.

16장: 하늘이 내려준 관직인 야당 정치가가 권력을 장악하는 인간의 관직보다 위대하다.

「고자(告子) 하」 제12편

4장: 이익이 아니라 인의를 가지고 전쟁 중지를 설득하라.

6장: 군자가 하는 일은 보통사람이 알지 못한다. 정치의 사회적 실천을 권력보다 중시하라.

7장: 패자들의 정치는 그래도 신의가 있었다. 가장 나쁜 정치는 악을 조장하는 것이다.

9장: 부국강병은 좋은 정치가 아니다.

10장: 계산 없이 세금만 낮추어도 문제이다. 훌륭한 정치가를 위한 최소비용은 있어야 한다.

13장: 정치가가 선을 좋아하면 세상 사람들이 몰려온다.

14장: 군주가 예를 갖추면 벼슬해도 되며, 아닐 경우 정치가는 최소한의 녹만 받아야 한다.

15장: 위대한 정치가들은 많은 시련을 겪는다.

「진심(盡心) 상」 제13편

8장: 도덕적 힘이 현실 권력보다 위대하다.

9장: 의를 받들고 권력 앞에서도 태연하라. 남이 알아주지 않더라도 스스로 만족하라.

19장: 권력에 아부하지 말라. 스스로 정의를 실천하면 궁극적으로 승리한다.

20장: 군자의 진정한 즐거움은 정치권력과 무관하다.

21장: 여당이 되어 정책으로 승부하기보다 야당으로 인·의·예·지를 실천하는 것이 군자의 정치이다.

24장: 군자는 물처럼 모든 사람을 적신다.

26장: 중용은 중간이 아니다. 양주와 묵자를 공격하라.

42장: 세상이 혼란하면 도를 위해 몸을 바치라.

사실 『맹자』의 거의 모든 편과 장을 다 정치적으로 해석할 수도 있다. 이상은 필자가 임의로 선택하여 정치적 의미를 부여한 것이다. 『맹자』의 나머지 내용들을 종합하면 다음과 같은 내용이 핵심이다:

위대한 큰 도를 지켜라. 인의의 정치는 인구증가를 부른다. 왕정의 핵심은 민심의 획득이다. 군자의 도덕적인 정치를 하라. 과거의 이상정치가, 옛날의 도덕적 집권자를 상기하라. 현실을 운운하는 집권세력은 진정으로 백성을 위한 사람들이 아니다. 도덕이 권력에 복속되어선 안 된다. 직접 권력을 장악하지 않아도 천하에 위대한 정치를 실현시킬 수 있다.

3부

관련서 및 맹자 연보

『맹자』 연구의 역사는 오래되었다. 주석서 번역서 해설서 연구서가 동서양의 수많은 언어를 넘나들며 너무도 많이 생산되었다. 그러나 정치가 맹자를 집중적으로 다룬 연구는 많지 않다. 특히 진정한 야당 정치가로 그를 다룬 책은 거의 없다. 맹자를 읽고 연구하고 해석하는 방법은 다양할 수 있다. 그러나 선입견 없이 깊이 숙독한 뒤 시대를 감안하여 맹자의 사유로부터 보편사적인 삶의 지혜를 얻고, 사회를 통찰하는 안목을 얻는 것이 고전을 제대로 읽는 방법일 것이다. 그랬을 때 비로소 통시대적 혜안이 생기고 그것에 기초해서 다시 비판적 시각을 개진할 수도 있을 것이다. 미리 비판하기로 작정을 하고, 오늘의 시각을 2천 3백 년 전에 들이대며, 비판을 위한 비판을 반복하는 태도는 문제가 있다.

맹자 관련 기록기사

맹자의 행적에 대한 믿을 만한 기록은 많지 않다. 사마천
(기원전 145~85)은 맹자와 시대가 멀리 떨어져 있지도 않으며,
초기의 『맹자』라는 책을 직접 접한 듯하다. 따라서 간단하긴
하지만 맹자의 인생역정에 관한 『사기』 「맹자순경열전」 기
록은 신뢰할 만하다. 또 현존하는 『맹자』를 처음 주석한 사람
으로 알려진 조기(109~201)는 맹자를 존경해마지 않았으므로
그가 『맹자장구』의 서문 격으로 쓴 「맹자제사」는 일부 과장
된 맹자에 관련된 소문을 여과 없이 다루고 있긴 하다. 그러
나 초기의 맹자 자료를 섭렵하여 쓴 글로, 우리는 맹자의 인
생과 사상에 대한 비교적 상세하고 정확한 정보를 거기에서
얻을 수 있다. 다음은 『맹자열전』과 「맹자제사」 원문의 한글

번역이다. 특히 「맹자제사」는 초순의 『맹자정의』의 방대한
주석으로부터 도움을 받았다.

* 사마천, 『사기』 권74 「맹자순경열전(孟子荀卿列傳)」 제14

태사공(사마천)은 말한다. "나는 맹자의 책을 읽으면서 양
혜왕이 '어떻게 하여 우리나라를 이롭게 하겠느냐?'고 묻는
대목에 이르러 책을 덮고 이렇게 탄식하지 않은 적이 없었다.
'아아, 이익이야말로 분란의 시작이로다! 공자께서 이익에
대해 거의 말씀하지 않으신 것은 언제나 분란의 원인을 막아
보고자 하심이었다.' 그래서 '이익에다 뜻을 두고 행동하면
원망이 많아진다'고 하셨다. 천자로부터 서민에 이르기까지
이익을 좋아해서 생기는 폐단이 어찌 다르겠는가!"

맹가는 추나라 사람이다. 자사(공자의 손자)의 문하생에게
서 교육을 받았다. 학문적 성취를 이룬 뒤 제나라 선왕을 모
시고 유세하였으나 선왕은 그를 쓰지 않았다. 양(위)나라에
갔으나 양 혜왕은 그의 말을 믿지 못했다. 맹자의 말이 현실
과 거리가 있어 당시 정세에 맞지 않는다고 본 것이다. 당시
진나라는 상앙을 등용하여 부국강병을 달성하였고, 초나라
와 위나라는 오기를 등용하여 연전연승하며 적들을 약화시

키고 있었다. 제나라 위왕과 선왕은 손자와 전기의 무리를 등용하여 제후들로 하여금 동쪽 제나라를 향해 조회하게 만들었다. 천하는 이제 합종·연횡에 힘을 쏟으며 공격과 정벌만을 현명한 정책이라 여기게 되었다. 그런데 맹가는 요임금·순임금·하·은·주 3대의 덕을 술회하고 다녔으니 가는 곳마다 뜻이 맞을 수가 없었다. 그렇게 물러나 만장 등 문도들과 『시경』『서경』을 순서에 맞추어 편집하고 공자의 뜻을 기술하여 『맹자』7편을 지었다.

---

* 조기, 『맹자장구(孟子章句)』「제사(題辭)」

「맹자제사」는 맹자의 책의 본말과 주지, 그리고 문장 표현 등을 다루는 머리글을 부르는 칭호이다.

맹은 성이고, 자는 남자의 통칭이다. 이 책은 맹자가 지은 것이므로 총괄하여 『맹자』라고 부른다. 편명에는 각자 다른 이름이 있다.

맹자는 추나라 사람이다. 이름은 가(軻)이며, 자는 들어보지 못했다. 추나라는 본래 춘추시대 주자(邾子)의 나라였는데, 맹자 시대에 추로 이름을 바꾸어 불렀다. 노나라에 가까이 있어 나중에 노나라에 합병되었다고도 하고, 주나라는 초나라에 합병되었지 노나라에 합병된 것이 아니라는 말도 있다. 오늘날 추현(산동성)에 해당한다.

혹자는 이렇게 말한다. "맹자는 노나라 공족 맹손(孟孫)씨의 후손이다. 그래서 맹자가 제나라에 벼슬을 할 때 어머니 상을 당하자 노나라로 돌아가 장례를 치른 것이다. 노나라 삼환(三桓)의 세력은 이때 이미 약해졌으며 각자 나뉘어져 다른 나라로 떠났다."

맹자는 아주 선한 기질을 가지고 태어났다. 일찍이 아버지를 여의고, 어려서 교육을 위해 집을 세 번이나 옮기는 등 어머니의 은혜를 입었다. 커서 공자의 손자인 자사를 스승으로 모셔 유가의 학술 사상을 익혔으며 '오경'에 통달하였다. 특히 『시경』과 『서경』을 잘했다.

주나라가 쇠약해진 끝에 전국시대는 합종연횡이 유행하고 부국강병책을 운용하여 국가 간 침탈이 잦았다. 당시 학자들을 등용시킬 때는 먼저 권모술수를 앞세워야 최고의 현인으로 대접받았다. 선왕의 큰 도는 해이해져 타락해 갔으며, 이단 학설들이 홍기하였다. 양주·묵적처럼 방탕한 주장으로 시대를 농락하고 민중을 현혹시키는 자가 한둘이 아니었다. 맹자는 요·순·우·탕·문·무·주공·공자의 위업이 장차 스러져가고, 정도가 막히고, 인의가 위태로워지고, 아첨과 위선이 판을 치며, 온갖 가짜가 세상을 어지럽히는 것을 매우 안

타까워하였다. 그래서 천하를 돌며 세상을 걱정하던 공자를 흠모한 나머지 유가사상으로 제후들에 유세하여 백성들을 구제하고자 고민하였다. 그러나 한 자를 굽혀 여덟 자를 펼 수 있다는데도 그 자신 절대로 굽히지 못하였으니, 당시의 군주들은 모두 현실과 너무 동떨어진 주장이라고 말하며 끝내 그의 학설을 받아들이지 않았다.

맹자는 희(姬)씨의 주나라가 끝나 기록으로만 만날 수 있으며, 염제의 후손 유(劉)씨의 한나라가 아직 흥하기 전에 살았으므로 나아가도 요임금·순임금의 온화하고 빛나는 화합의 정치를 더 이상 도울 수 없고, 물러나도 하·은·주 3대의 유풍을 더 이상 믿게 할 수가 없다는 것을 잘 알고 있었다. 그리고 그가 세상을 하직한 뒤 이러한 위업들이 알려지지 않을까 매우 걱정하여 본받을 만한 말들을 후인들에게 남겨야 한다고 생각했다. 공자는 "나는 공허한 말을 끌어다 내 뜻을 전달하려 하였으나, 실제로 이루어진 일에다 뜻을 담는 것만큼 절실하고 뚜렷하지 못하다"고 말하였다.

그래서 맹자는 물러나 자료를 모으고 고명한 제자인 공손추·만장 등 문도들과 질의 응답을 하는 한편 스스로 법도가 될 만한 말들을 정리하여 책 7편을 저술하니, 모두 261장 34,685자였다. 여기엔 천지만물 삼라만상과 온갖 사건들을 서술하고 있으며, 인의도덕과 성명화복 어느 것 하나 찬연히 기재되지 않는 것이 없다. 제왕과 귀족 대신들이 이를 받들면 지고의 평화를 달성하고 종묘의 위대함을 칭송받을 수 있으리라. 경·대부·사들이 이를 실천하면 군주를 존중하게 되고 충성과 신의를 세울 수 있으리라. 뜻있고 지조를 지키는 사람이 이를 본받으면 높은 절개를 드높이고 뜬 구름 같은 권력에 항거할 수 있으리라. 시인들처럼 사물을 빗대어 뜻을 전달하고 있으며,『시경』「대아」와「소아」의 바른 말들로 가득 채워져 있다. 올곧되 거만하지 않고, 굽히되 굴종하지 않으니 세상이 그를 성인에 버금하는〔亞聖〕위대한 인재라고 부를 만하다.

공자가 위(衛)나라에서 노나라로 돌아온 뒤 음악이 바르게 되어「아」「송」등 악곡이 각각 제자리를 찾았다. 이에 공자는『시경』『서경』을 수정 보완하고,『주역』을 해설하였으며,『춘추』를 지었다. 맹자가 제·양 나라에서 물러나 요·순 임금의 도를 논술하여 저술을 한 것은 훌륭한 현인으로 성인 공자의 뜻을 본받은 행위였다.

공자의 70명 제자들은 뭉쳐서 스승의 말을 두루 모아『논어』를 만들었다.『논어』는 '오경'으로 연결시키는 핵심 축이며, '육예'를 익히는 본령이다.『맹자』는 바로 그것을 본뜬 책이다. 위 령공이 진법에 대해 물으니 공자는 제사지낼 때 하는 그릇의 배치를 가지고 대답하였다. 양 혜왕이 나라를 이롭게 하는 데 대해 물으니 맹자는 인의를 가지고 대답하였다. 송나라 환퇴가 공자를 해치려 들자 공자는 "하늘이 나에게 풍성한 덕을 내리셨다"고 말하였다. 노나라 장창이 맹자를 비방하여 이간질하려 들자 맹자는 "장씨의 자식이 어떻게 나로 하여금 못 만나게 할 수 있겠느냐?"고 말하였다. 두 경우의 뜻하는 바가 똑같은데 이런 예는 아주 많다.

이 밖에도 '외서(外書)' 4편이 있는데, 「성선(性善)」「변문(辯文)」「설효경(說孝經)」「위정(爲政)」이다. 그 문장이나 뜻이 크거나 심오하지 않아 내편과 서로 비슷하지가 않다. 아마도 맹자 본인의 작품이 아니라 후세에 모방하여 맹자의 이름을 가탁한 작품인 듯하다.

맹자가 죽은 뒤 위대한 도는 버려졌으며 진나라 때는 완전히 사라졌다. 경전들은 불태워 없어지고 유생들은 생매장되어 죽임을 당하였다. 맹자의 문도들도 모두 끝장이 났다! 하지만 그의 책은 제자백가의 일반 서적으로 불리었으므로 완전히 없어지는 것은 면할 수 있었다. 한나라가 흥기하자 진나라의 가혹한 금지법령들이 해제되었으며, 도덕 학술의 문이 활짝 열리게 되었다. 효문황제(한 문제)는 학문의 길을 넓히고자 『논어』『효경』『맹자』『이아』모두에 박사 연구관을 두었다. 나중에는 이러한 전기(傳記) 박사들을 없애고 오직 '오경' 박사만을 두게 되었다. 오늘날에도 여러 경전의 뜻을 해석하는 데 『맹자』를 인용하여 사리를 밝히면 문장에 해박하다고 말한다.

맹자는 비유를 잘하고, 말이 절박하지 않으면서도 자신의 독자적인 의사를 잘 드러낸다. 그는 이렇게 말한다. "시를 해설하는 사람은 글자에 구속되어 구문을 오해해선 안 되고, 구문에 구속되어 본 뜻을 오해해선 안 된다. 자신의 깨달음으로 저자의 의도를 추측하면 정확히 알 수 있다." 이 말은 후인들로 하여금 자신의 뜻을 깊이 탐구하여 책의 내용을 이해하라는 것이지 단지 시를 해설하는 데만 그렇게 하라는 말이 아니다. 지금의 『맹자』 해설자들은 왕왕 부분만을 취하여 전체인 것처럼 해설하고 있다. 맹자 이래로 5백여 년이 흘렀고, 『맹자』를 해설하려는 사람들 또한 대단히 많다.

나는 서경(西京)에서 태어났으며 집안 대대로 큰 벼슬을 지내온 지 오래되었다. 어려서는 바른 교육을 받았으며 경전 문자들까지 섭렵하여 훈고할 수 있었다. 그런데 오십 무렵에 하늘로부터 슬픈 일을 당하고 어려움에 봉착해 성을 바꾸고 몸을 숨기며 대강 남북을 떠돌아다니지 않는 곳이 없었다. 그렇게 10여 년이 흐르니 마음은 병들고 몸은 지쳐서 어찌해볼 도리가 없었다! 그러다 제수와 대 사이의 안구(安丘)라는 곳에 짐을 풀고 지친 어깨를 쉰 적이 있었는데, 어쩌다 온고지신하는 우아한 덕을 지닌 군자를 만났다. 그는 나의 초췌함을 불쌍히 여기고 나의 허옇게 센 머리를 돌아보고는 더불어 학문을 논의하고 큰 도로써 나를 위로해 주었다. 나는 곤경 속에 정신이 붕 떠 있어 도무지 정신집중이 되지 않았으나 종내 뜻을 추슬러 붓을 놀리면서 잡생각을 다스리고 늙음을 잊어버리고자 하였다. 다만 육경의 학문은 선각자들이 벌써 상세하게 해석하고 변론을 해 놓았다. 유가 서적 가운데 오직『맹자』만이 그 원대하고 미묘하며 온오한 의미를 밝혀내기가 어려우니 마땅히 항목을 나누어 조리 있는 주석이 필요하다. 이에 내 자신이 들은 바를 기술하고 경전으로 그것을 증명해 가며『맹자』의 장구를 지었다. 그것들을 본문에 모두 기재하고 매 장마다 요지를 별도로 써서 각 편을 상하로 나누니 모두 14권이 되었다. 엄격하게 말하면 학문적으로 탁월한 사람들에게 감히 내놓기가 민망하다. 새로 배우는 사람들에게 주면 의혹을 풀어줄 수는 있을 것이다. 어리석은 나로서는 해석의 옳고 그름을 헤아릴 수 없다. 나중에 현명한 사람이 나타나 틀리고 빠진 부분을 발견하여 고쳐서 바로잡아 준다면 그 또한 마땅한 것 아니겠는가!

『맹자』 관련 볼 만한 책들

　맹자 관련 서적은 너무도 많다. 천 년 이천 년 된 주석서부터 『맹자』의 주요 개념만을 철학적으로 논술한 최근의 책까지 종류도 많고 시각도 다양하다. 일일이 다 언급할 수도 소개할 수도 없어 여기서는 중국어 주석서 가운데 대표적인 몇 권, 한글 번역서 몇 권, 그리고 2차 연구서들 몇 권을 나누어 간단히 소개하고자 한다.

(1) 중국 주석서

　지금까지 알려진 최초의 『맹자』 주석서는 서한 시대 유향의 『맹자주』인데 일부분만 전해지며, 동한 시대 고유·정현·유희 등의 주석서 또한 마국한의 『옥함산방집일서』에 일부 전해질 뿐이다. 완전한 형태로 전해지는 것은 조기의 『맹자장구』 하나뿐이다.

　조기의 주는 송나라 때 풍성한 발전을 이루었다. 수많은 성리학자들이 조기의 주석에 다시 해설을 덧붙이는 형태였다. 지금까지 알려진 것만으로도 송 대에 갖가지 이름으로 무려 120종의 맹자 연구서 및 주석서, 혹은 비판서가 나왔다. 이 가운데 가장 유명한 것은 주희(1130~1200)의 『맹자집주』이다. 맹자에 대해 비교적 객관적인 시각을 견지하며 철저하게 사실을 규명하고 정연하게 논증한 이 책은 1177년에 쓰였다. 단번에 『맹자』 해석의 최고 자리에 올라섰으며, 원나라·명나라 시대 맹자 연구의 교과서가 되었다.

　청나라 때 고증학의 유행과 더불어 『맹자』 해석은 다시 한 번 큰 유행을 맞았다. 지금까지 알려진 84종의 청 대 『맹자』 주석서와 연구서 또는 연표들 가운데 단연 으뜸은 초순(焦循, 1763~1820)의 『맹자정의』이다. 모을 수 있는 자료는 다 모으고, 기존의 해석과 비판 혹은 의문사항들까지 총망라하여 무려 당시 권수로 30권에 70여만 자에 이르는 방대한 주석서를 만들어냈다. 『맹자』 원문이 3만 5천 자 정도임을 감안하면 한 자 당 20여 자의 주석을 단 셈이다. 놀라운 것은 이 큰 책을 죽기 전 3년 만에 완성했다는 사실이다. 책의 끝부분을 초고 상태로 남기고 그는 세상을 떠났다. 어문학자이자 철학자인 초순은 해석에 있어 선배인 대진(1724~1777)의 주장을 많이 수용하고 있다. 하지만 초순의 책은 너무 많은 내용들이 소개되어 특정 부분에서 맹자의 본뜻을 명료하고 일관되게 이해하는 데 오히려 방해가 되기도 한다.

현대의 중국어 번역서로는 중국·일본·한국에서 가장 널리 읽히고 있는 책은 양백준의 『맹자역주』이다. 그는 주희의 『맹자집주』에 주로 의존하면서도, 초순의 『맹자정의』 가운데서 핵심을 취하였다. 깔끔한 현대 중국어의 번역과 더불어 주석도 간단명료하고 알기 쉽게 배치하여 읽기가 수월하다. 간혹 현대적 이해를 맹자에게 그대로 적용하여 무리한 해석을 한 곳이 없지 않으며, 과도하게 생략된 주석이 오해를 불러일으키는 경우도 있다.

대만에서는 사빙형(謝冰瑩)의 『맹자신역』과 사차운(史次耘)의 『맹자금주금역』이 많이 읽히고, 일본어 책으로는 소림등인(小林勝人) 역주, 『맹자 상/하』(岩波文庫)가 많이 읽힌다. 영어책으로는 레게(James Legge) 중국 경전 번역 시리즈 가운데 *The Works of Mencius*와, 라우(D.C. Lau) 번역의 *Mencius*(Penguin Classics)가 인기 있다.

한편 인터넷상에서 무수한 원본과 번역본을 내려받을 수 있는데, 예를 들면 중국어로 주희의 『맹자집주』를 http://ef. cdpa.nsysu.edu.tw/ccw/01/4b02.htm에서 그대로 보고 받을 수 있으며, 일본어 번역서는 한자가 틀린 곳이 몇 군데 있으나 http://www.h3.dion.ne.jp/~china/book8.html에서 전문을 볼 수 있다. 영문 번역으로는 http://www. sacred-texts. com/cfu/menc/menc28.htm에서 레게 번역을 볼 수 있고, http://nothingistic.org/library/ mencius/toc.html은 해석에 과장된 부분이 약간 있으나 역시 전체 번역문을 그냥 볼 수 있다. 이상은 예에 불과하며 필자도 그 많은 맹자 주석서를 직접 읽어보지 못하였고, 인터넷도 충분히 검색하지 못한 상태라 더 심화된, 또는 자신의 뜻에 일치하는 『맹자』 읽기를 시도하는 독자들은 스스로의 인연에 따르길 바랄 뿐이다.

(2) 한글 번역서

성리학의 영향을 깊이 받은 한국에서 맹자 연구의 역사는 오래되었다. 그러나 조선시대 서적들 대부분은 한문으로 되어 있으며, 간혹 한글 토를 달아 놓은 번역본은 발견되지만 전문적으로 한글로 번역된 『맹자』를 찾을 수는 없다. 일제시대를 지나 1950년대 와서 이을호, 한상갑 등의 한글 번역서가 몇 종 발간되었으며, 그 뒤 많은 『맹자』 관련 한글 번역서가 쏟아져 나왔다.

어떤 번역서든 맹자를 읽는 데 크게 문제가 되지는 않겠으나 비교적 많은 사람들에게 읽히는 몇 권만 예로 들어보면,

우선 성백효 역주, 『(현토완역)맹자집주』(전통문화연구회)를 들 수 있다. 직역이며, 매우 객관적인 번역에다 원문과 해석을 옆에 붙여 놓아 대조하기가 편리하다. 활자가 커서 읽기 편한 좋은 점도 있다. 차주환의 『(신완역)맹자』 상·하(명문당)와 김학주의 『맹자』(명문당), 이가원 역해의 『맹자』(신원문화사) 등도 완역으로 각각의 장점과 특징을 갖고 있다. 그리고 양백준의 중국어 번역서를 우제호가 다시 한글로 번역한 『맹자역주』(대구 중문출판사)는 원저의 깔끔함 때문에 한글 번역서도 읽기가 매우 편하다. 그밖에 맹자의 일부를 발췌해 정치학자의 시각으로 번역한 안외순의 『맹자』(책세상)는 짧은 시간에 맹자를 이해하기 좋게 되어 있다.

한글 번역 작품 가운데 가장 추천할 만한 것은 차주환의 주희 『맹자집주』에 대한 번역과 해설인데, 책뿐만 아니라 인터넷상에서도 무료로 볼 수 있다.(http://www.dubest.net/mencius.html) Charles Muller의 영문 번역을 덧붙여 놓아 한문, 한글, 영어를 대조하며 읽는 재미도 있다. 시대배경과 사상에 대한 상세한 설명도 곁들여 있다. 필자가 보기에 일부 한자가 깨지는 문제와 오·탈자만 제외하면 세계 여느 출판사의 맹자 관련 서적보다 많은 장점을 가지고 있다.

(3) 맹자 연구서들

맹자 연구의 역사는 참으로 오래되었다. 대표적인 몇 사람만 예로 들면, 맹자의 한 세대 후배인 순자는 그의 「비십이자」「성악」편 등에서 혹독하게 비판하고 있다. 동한 왕충(27~?)은 그의 『논형』「자맹(刺孟)」편에서 맹자의 의리논쟁과 천명설의 모순 등을 지적한다. 송나라 왕안석(1021~1086)은 정치가 맹자의 정신을 크게 찬양하며 스스로를 맹자에 비유하는 「양맹(楊孟)」을 지었다. 사마광 등 그의 정적들은 당연히 맹자에 대한 비판을 늘어놓았으며, 결국 주희가 비교적 중립적인 입장을 취하여 『맹자집주』를 남겼다.

맹자의 심학을 크게 떨친 황종희(1610~1695)의 「맹자사설(孟子師說)」도 있으나, 『맹자』의 여러 개념들을 철저히 규명하며 성리학적 『맹자』 해석이 잘못되었다는 본격적인 연구서를 낸 사람은 대진(동원, 1723~1777)이다. 그는 성리학의 초월성을 비판하고 맹자의 '천도' 등 관념을 독자적으로 해석하였다. 문자훈고학을 통한 『맹자』 해석과 연구의 새로운 방법을 개척하여 『맹자자의소증(孟子字義疏證)』을 썼다. 임옥균이 옮긴 『맹자자의 소증/원선』(홍익출판사) 한글 번역본도 있다. 중국 근대에는 강유위(1858~1927)의 『맹자미(孟子微)』가 있는데, 유학의 현대적 해석을 대표하는 작품이며 정치가로서 강유위의 생각이 깊이 들어가 있는 연구서이다.

한자로 된 조선시대 맹자 연구로 중국 학자들에 버금가는 연구도 있다. 정약용(1762~1836)의 『맹자요의(孟子要義)』가 그렇다. 그는 조기의 주석 등 여러 사람의 설을 나열한 뒤 자신의 견해를 피력하기도 하고, 책의 진위 여부 등도 다루고 있어 매우 전문적인 연구 수준을 보여 준다. 이지형이 역주한 『다산 맹자요의』(현대실학사)란 현대 한국어 번역본이 있다.

현대의 맹자 연구서는 참으로 다양하다. 필자가 소장하고 있는 책만도 수십 종인데 역시 중국의 연구, 그것도 대만에서의 연구가 가장 탁월하다. 대표적인 한 가지만 소개하면 황준걸의 『맹학사상사론(권1)』(대북: 동대도서공사)과 『중국맹학전석사론』(북경: 사회과학문헌출판사)이다. 『맹자』에 관한 고문헌뿐만 아니라 현대 중국·일본·영미권의 연구를 망라하여 일관되고 체계적으로 맹자 연구의 역사와 새로운 해석 가능성을 제시한 역작이다. 필자 또한 그의 몇 가지 시각을 빌려 썼다. 그 외 맹자 연구를 둘러싼 동서양의 교류도 매우 활발한데, 예를 들면 프랑수아 줄리앙(Francois Jullien)은 *Dialogue de Mencius avec un Philosophe des Lumieres*을 썼는데, 중국어와 한국어로 모두 번역 출판되었을 정도이다.[73]

맹자를 읽고 연구하고 해석하는 방법은 다양할 수 있다. 그러나 선입견 없이 깊이 숙독한 뒤 시대를 감안하여 맹자의 사유로부터 보편적인 삶의 지혜를 얻고, 사회를 통찰하는 안

목을 얻는 것이 고전을 제대로 읽는 방법일 것이다. 그랬을 때 비로소 통시대적 혜안이 생기고 그것에 기초해서 다시 비판적 시각을 개진할 수도 있을 것이다. 미리 비판하기로 작정을 하고, 오늘의 시각을 2천 3백 년 전에 들이대며, 비판을 위한 비판을 반복하는 태도는 문제가 있다. 그런 식의 태도를 견지하는 현대 중국 몇몇 맹자 연구서와 백민정의 『맹자: 유학을 위한 철학적 변론』(태학사) 등은 책의 대부분 내용에서 보여준 자신들의 훌륭한 견해와 힘든 노고를 오히려 무위로 만들고 있어, 고증 없이 그냥 써서 가벼운 양구오룽 지음, 이영섭 옮김, 『맹자평전』(미다스북스)을 읽는 것보다 감흥이 덜하다.

맹자 연보

맹자 연표에 대해 역대로 수많은 사람의 저술이 있다. 중국에서는 원나라 때 정복심(程復心)의 『맹자연보』가 있고, 청나라 때는 위원(魏源)의 『맹자연표고』까지 12명이 다양한 맹자 연표를 만들었다. 그 후로도 많은 맹자 관련 연표가 동서양 맹자 연구자들에 의해 쓰였다. 다음은 논란이 있는 맹자의 생몰 연대를 일단 가장 널리 주장되고 있는 기원전 372년 태어나서 기원전 289년까지 우리 나이로 84세를 산 사람으로 가정하고 만들었다. 본문의 내용과 약간 거리가 있는 연대도 있으나, 이는 여러 학자들의 다른 주장을 수용하면서 연표를 보다 상세하게 만들어 보려는 의도에서 비롯된 것이다. 그리고 앞뒤와 중간에 의도적으로 『맹자』에 등장하는 사건이나 인물들과 관련된 기사의 해당 연대와 후대에 맹자와 관련되어 벌어진 중대한 사건을 몇 가지 선별하여 붙였다. 고대 중국어를 아는 사람은 인터넷 자료 http://www.confucius2000.com/confucian/mengzixnkao3.htm을 참고하면 무리한 추정이 약간 있긴 하지만 대단히 상세한 맹자 관련 연대기와 그 문헌적 근거를 대조하며 읽을 수 있다.

해당 연도의 국왕 시호나 간지 등은 생략하고 기원전의 단순 연대만 기록한다.

기원전 479년 공자(본명, 공구 孔丘) 교사 및 학자로서의 생애를 마감하다. 생전에 3천 명의 제자를 두었으며 '육경'을 정리하였다.

기원전 478년경 묵자(본명, 묵적墨翟) 노나라에서 태어남. 송나라 대부를 역임하고 기원전 392년경 초나라에서 죽음(생몰 468~376설도 있음). 『묵자』가 있으며, 수많은 제자와 조직을 길러 전국시대를 풍미했음. 맹자의 사상적 주 공격 대상.

기원전 450년경 열자(본명, 열어구列禦寇) 정나라에서 태어남. 맹자의 사상적 주 공격 대상이었던 양주(楊朱)는 사상과 시대에서 이와 비슷함.

기원전 427년경 서양에선 플라톤이 태어났으며, 기원전

399년엔 소크라테스(기원전 469년생)가 죽었고, 기원전 384년엔 아리스토텔레스가 태어남. 공자를 소크라테스와 비교하고, 맹자를 플라톤과 비교하며, 순자를 아리스토텔레스와 비교하는 연구가 많음.

기원전 420년경 고자(본명 고승告勝 혹은 浩生不害) 태어남. 기원전 350년 죽음. 맹자보다 훨씬 나이가 많은 그가 맹자와 직접 인간 본성에 대해 논박했던 그 고자인지에 대해서는 확인이 안 됨.

기원전 402년경 공자의 손자 자사(본명, 공급孔伋) 죽음. 증자에게 배웠으며, 술성(述聖)으로 불림. 『중용』, 『예기』 『표기』 등을 짓고 많은 제자를 키움. 기원전 483년경 태어남. 맹자와 더불어 사맹(思孟)학파의 선구자.

기원전 390년경 상앙(즉 공손앙公孫鞅)이 위나라 공족으로 태어남. 변법으로 부국강병 정책을 성공시키고 기원전 338년 처형됨. 『상군서』가 있음. 맹자는 부국강병을 철저히 반대함.

기원전 372년경 맹자(본명, 맹가孟軻) 추나라(오늘날 중국 산동성 추현)에서 태어남. 주 열왕(周烈王) 4년이며 간지로는 기유년. 노나라 대부 맹손(孟孫)씨의 후예라는 설이 있음. 가난한 집안에서 어머니 장(仉)씨의 교육적 열정에 의해 길러짐.

기원전 361년 진나라에 밀린 위나라가 수도를 대량(大梁)으로 옮기고 양나라로 불리게 됨. 맹자가 만난 양 혜왕이 그 장본인.

기원전 357년 맹자 16세 무렵 가까운 노나라로 건너가 자사의 문인에게 유가학설을 배우기 시작함.

기원전 355년 상앙의 제1차 변법이 대성공을 거두어 진나라가 강국으로 등장함. 각 국은 모두 법가적 정치개혁을 실시하고 전쟁을 통해 강대국이 되려고 함. 맹자는 이를 소인의 정치라고 공격함.

기원전 352년 맹자 21세 무렵 아내가 거만하다고 생각한 맹자가 이혼하려 하였으나, 집에 들어오면서 누가 있는지 물어보지도 않고 헛기침도 하지 않고 방에 든 맹자가 오히려 무례했다며 반대한 어머니 때문에 이혼을 하지 않았다는 이야기가 『한시외전』에 전함.

기원전 336년경 순자(본명, 순황荀況)가 조나라에서 태어남. 직하좨주·난릉령 역임. 『순자』를 씀. 한비자와 이사의 스승이며 많은 유가 경학 계승자를 길러냄. 기원전 238년 졸. 자사와 맹자의 학설을 처음 비판함.

기원전 334년 진나라 혜문왕이 주 천자에 의해 왕이라 불리면서 제후들이 모두 공식적으로 왕이란 칭호를 사용하게 됨.

기원전 332년 맹자 나이 41세를 넘은 이 해부터 명망이 있어 고향 추나라 목공을 만났으며, 이듬해 평륙(平陸)에 들르고, 다음 해 임(任)나라에 들렀다는 주장이 있음. 제자들을 거느린 대규모 정치유세로 보이지는 않음. 추나라에서 옥려자·조교 등과 문답을 나눔.

기원전 329년 44세의 맹자는 처음 제나라 수도 임치로 감. 제 위왕은 직하(稷下)학궁을 개설하여 천하의 학자들을 대우하였으나, 맹자는 학궁의 학사생활을 하지 않고 순우곤·공명고 등으로부터 새로운 학문을 익히고 송견·윤문 등 학자와 교제를 함. 제나라 재상 저자(儲子)가 맹자를 만나러 옴.

기원전 328년 진나라와 위나라 재상을 역임한 장의(張儀, 기원전 310년 졸)가 제후 칭호를 받음. 6국의 외교를 책임졌던 동문 소진(蘇秦, 기원전 284년 졸)과 경쟁하며 합종연횡설을 세상에 유행시킴. 맹자는 소인들의 정책이라고 극단적으로 반대함.

기원전 328~327년 맹자가 제나라에서 고자와 변론하고, 광장을 사귀었으며, 지와에게 간언하기를 권유한 시기가 이 때일 것으로 추정됨. 맹자는 제나라를 떠나 송나라에 갔음.

기원전 326~324년 맹자는 제나라로부터 송·추·등 나라 등을 왕래한 것으로 보임. 등나라 세자와 만났으며, 등나라에서 인의의 정책을 시범 실시해본 듯함.

기원전 323년 맹자가 농가의 제자 진상을 만나 정치가의 위대성을 웅변함.

기원전 320년 53세를 넘긴 맹자가 양 혜왕을 처음 만남. 맹자가 수십 대의 수레에 책과 살림살이를 가득 싣고 수백 명의 종자들을 거느리며 정치적 유세에 본격적으로 나선 때는 이 시기인 듯함. 맹자가 주소(周霄)와 벼슬길에 대해 논박했음.

기원전 319년 맹자가 젊은 제자 공손추와 상기단축에 대해 문답함. 양 혜왕이 죽고 아들이 즉위함.

기원전 318년 맹자는 위 양왕(즉 양 양왕)이 군주다운 기상이 없다고 실망하며 위나라를 떠나 제나라로 다시 감. 제 선왕의 물음에 응답하며 국정 최고고문이 됨.

기원전 316년 제나라 객경의 신분으로 맹자가 등나라에 조문을 감. 이해 연나라 왕 쾌가 대신 자지에게 왕위를 선양하려 하자 귀족들의 반란이 일어나 나라가 혼란에 빠짐.

기원전 315년 제 선왕이 맹자에게 연나라 공격을 물음. 맹자는 선양은 하늘의 뜻에 따르고 백성들의 의견을 들어야 한다며 연나라 공격이 가능하다고 대답함. 이 즈음 맹자의 어머니가 죽자 맹자는 노나라로 가서 매장을 하고 다시 제나라로 돌아옴. 제자 충우와 과분한 상례에 대해 논쟁함.

기원전 314년 제나라가 연나라를 공격하여 단 50일 만에 정복함. 그러나 점령정책 실패로 연나라 민심을 얻지 못함.

기원전 312년 맹자는 약탈과 파괴로 연나라에서 민심을 얻지 못한 제 선왕을 질타하고 연나라로부터의 철군을 주장함. 여러 국가들이 연을 침공한 제나라에 대한 협공을 논의함. 맹자는 제 선왕과 감정다툼이 생겨 제나라를 억지로 떠나게 됨. 환갑을 넘긴 맹자는 순우곤과 변론하고 석구에서 송경을 만났음.

기원전 311년부터 고향 추나라로 돌아가는 도중에 송·등·설·노 나라 등을 들렀을 것으로 추정됨. 등나라에서 정전제의 시행 여부는 정확하지 않으며, 저명한 노학자와 군주들 간의 정치에 대한 문답은 잦았을 것으로 추정됨. 노나라 평공이 접견을 원했으나 장창의 모략으로 성사가 안 되자 맹자는 정치유세의 불가를 천명으로 인식하고 은퇴하였음. 구체적으로 몇 년부터 고향에 완전히 정착하여 교육활동을 했는지 확인이 안 됨.

기원전 290년경 이 무렵 공손추·만장 등 제자와 『맹자』를 편찬.

기원전 289년 84세의 맹자, 고향에서 죽음. 주나라 사왕 26년으로 간지는 임신년임.

서기 763년 맹자가 죽은 지 천년이 지난 당나라 때의 예부시랑 양관(楊綰), 『논어』『효경』과 더불어 『맹자』를 경전의 하나로 취급하자는 상소문을 올림.

서기 824년 도학의 창시자 한유 죽음. 『한문공집』 50여 권 등. 공자를 정통으로 계승한 최고로 순정한 유학자로 맹자를 지목함.

서기 1083년 송나라 인종은 맹자를 추국공(鄒國公)에 봉하고 사당[孟廟]을 세움. 이로써 맹자의 지위는 제후 반열에 오르게 됨.

서기 1200년 송대 이학의 집대성자 주희 죽음. 『주자어류』 등 405권. 『논어』『대학』『중용』과 더불어 『맹자』를 경전화하여 『사서집주』를 편찬.

서기 1331년 원나라 문제가 직접 맹자를 추국아성공(鄒國亞聖公)에 봉함. 맹자는 황제가 인정하는 성인이 됨.

주

1) 맹자가 공부를 잘했고, 그의 어머니가 아들의 교육을 위해 열심히 노력했던 점은 어느 정도 사실일 것이며, 따라서 그에 관한 얘기들이 부풀려 전해진 듯하다. 서한(西漢) 때의 책인 한영(韓嬰)의 『한시외전(韓詩外傳)』과 유향(劉向)의 『열녀전(列女傳)』에는 공부하러 간 맹자가 중도에 집에 들르자 그의 어머니가 베틀의 씨줄을 자르며 여자가 길쌈을 포기하는 것과 남자가 도덕의 수양을 포기하는 것은 같다는 훈계를 한 소위 '맹모단기지교(孟母斷機之敎)' 대목이 있는데, 맹자가 죽은 뒤 3백 년 후에 성립된 이 책에 맹모삼천의 고사가 역사상 처음으로 등장한다. 그러나 『맹자』를 직접 보면 맹자가 사(士) 관직에 있으면서 아버지의 장례를 치렀다고 쓰고 있다. 『열녀전』에서처럼 세 살에 부친을 여의고 홀어머니가 베를 짜고 여기 저기 이사를 다니며 교육할 정도로 참담한 집안은 아니었다.

2) 예를 들면 진대제(陳大齊)가 쓴 『맹자대해록(孟子待解錄)』(臺灣商務印書館, 1980)이 그렇다.

3) 예를 들면 두민(杜敏), 「趙岐·朱熹《孟子》注釋傳意硏究」(북경:중국사회과학출판사, 2004)의 경우가 그렇다. 특히 『맹자』해석과 관련된 전문 연구서로는 황준걸(黃俊傑)의 『孟學思想史論』(대북:東大도서공사, 1991)과 『中國孟學詮釋史論』(북경:사회과학문헌출판사, 2004)이 매우 치밀하다.

4) 이에 대해선 앞 주석에서 예로 든 황준걸의 책 『맹학사상사론』 69쪽에서 90쪽에 상세히 나와 있다.

5) 이에 대해선 장현근, 『순자』(서울: 책세상, 2002) 148~150쪽에 간단히 정리되어 있으며, 그의 박사논문 「荀子政治思想之硏究」(中國文化大學, 1991)에 상세히 정리되어 있다.

6) 한문제가 『논어』 『효경』 『이아(爾雅)』와 더불어 『맹자』의 박사를 두었다는

기록이 있으며, 그렇기에 후대 저작들이 경전 저작을 인용할 때 흔히 붙이는 '전왈(傳曰)'에 『맹자』 인용구가 많다는 주장도 있다. 그러나 오로지 유학만을 국가이데올로기로 채택했던 무제 때 오히려 전기박사(傳記博士)를 폐지하고 오경박사(五經博士)만을 두었으며, 후대의 '전왈' 운운은 순자 등 다른 서적도 얼마든지 용례를 찾을 수 있다.

7) 고염무(顧炎武)의 『일지록(日知錄)』 「주말풍속(周末風俗)」편에 나오는 얘기임.

8) 주로 종횡가가 유행하던 시기의 사건과 주장들을 많이 담고 있는 책인 『전국책(戰國策)』의 「제책(齊策) 1」에 나오는 얘기다.

9) 예를 들면 맹자가 양 혜왕을 배알하기 바로 전 해에 양 혜왕은 장의(張儀)의 연횡(連衡)정책을 받아들여 대신으로 임명하였으나, 조정 내 다수파였던 합종(合縱)정책 지지자들이 크게 반대하고 나섰으므로 위나라의 국론은 크게 둘로 갈라졌다.

10) 삼국시대 위(魏)나라의 왕숙(王肅)은 그의 「성증론(聖證論)」에서 '자거'로, 진(晉)나라 부현(傅玄)은 「부자(傅子)」에서 '자여'로 맹자의 자를 얘기한다. 그러나 그의 선배 전문가들도 몰랐던 이름을 어떻게 알았을까? 맹자의 본명 가(軻)가 '수레의 굴대'를 뜻하는 말이므로 여기서 유추하여 수레와 관련된 자를 지어낸 듯하다.

11) 증거를 찾기 위해 노력한 흔적에 대해선 전목(錢穆)의 『선진제자계년(先秦諸子繫年)』(대북: 東大도서, 1986년판)의 187~188쪽을 참고할 만하다. 전목은 맹자가 아무리 빨라도 주 안왕(周安王) 13년 즉 기원전 389년에, 아무리 늦어도 안왕 20년 즉 기원전 382년에 태어나 80여 세를 살았다고 주장한다.

12) 맹자가 자사(子思)의 직접 제자라는 설이 무성했으나, 최근의 고증에 따르면 맹자의 탄생을 아무리 빠르게 잡고 자사의 사망을 아무리 늦게 잡아도 10여 년 이상의 차이가 난다. 『순자』의 「비십이자」편에 자사와 맹자를 묶어서 비판한 것은 직접적 사제관계를 언급한 것이라기보다 학문적 경향을 일컫는 것으로 보아야 한다.

13) 앞에 언급한 전목의 『선진제자계년』은 제자백가에 관한 각종 의혹들을 수많은 사료와 논리를 동원하여 나름대로 해답을 찾으려 노력한 역작이다. 맹자에 대해서는 63, 76, 98, 110, 111, 112, 115, 117, 122 항목에 걸쳐 맹자가 다닌 지역과 연도, 군주 등에 대해 자세히 논증하고 있다.

14) 오랫동안 맹자가 제나라 직하의 열대부로 알려져 왔으나, 전목은 조정에서 실제 고위직을 수행했다고 말한다. 앞의 전목, 『선진제자계년』, 235~237쪽에 상세함.

15) 이 부분을 달리 해석하는 주장도 있다. 변(辯) 자를 아래에 붙여 읽어야 하며, 따라서 『맹자』 외서는 「성선변」 「문설」 「효경」 「위정」 네 편이란 말이다. 아무튼 모두 사라져 알 수가 없다. 『맹자정의(孟子正義) 상』, 15~16쪽 참조.

16) 조기의 『맹자제사(孟子題辭)』는 어떤 주석서든 대부분 앞에 그대로 다루고 있다. 이 구절은 초순의 『정의』에 있는 문장을 옮긴 것임.

17) 처음 책을 주석한 조기는 『맹자제사』에서 『맹자』는 총 261장 34,685자라고 하였다. 그러나 후대의 주석가들 고증을 거치면서 현존본이 이보다 7백여 글자가 더 있느니, 5백여 글자가 더 있느니 등 논쟁이 있다. 판본마다 일부 차이가 있음을 감안하여 생각해야 한다.

18) 청대의 학자로 『맹자생졸년월고(孟子生卒年月考)』를 썼음.

19) 이 두 가지는 조기의 『맹자제사』에 보이는 주장이다.

20) 이는 위의 염약거, 『맹자생졸년월고』의 주장이다.

21) 『논어』에 "인이란 사람들이 편안히 거처하는 집이다."(「팔일」·7/「술이」·11), "의는 사람이 가야할 길이다."(「선진」·11)는 말은 『맹자』와 일맥상통한다.

22) 『순자』「중니」편, 『사기』, 『한시외전』 등에 보이는 이야기인데 꾸며낸 이야기인지 사실인지 분간할 근거가 없다. 특히 문왕이 진짜 백 리의 땅으로 온천하의 복종을 얻었는지는 믿기 어렵다. 똑같이 유덕한 왕으로 알려진 그의 아들 무왕은 힘으로 은나라 주왕을 정복했으며, 바로 민심을 얻을 수 없어 다시 주나라 옛 도읍으로 돌아왔고, 『서경』엔 무왕의 동생 주공이 온갖 방법을 강구하여 민심을 얻으려 노력하는 흔적이 많기 때문이다.

23) 맹자에 나오는 참을 인(忍) 자를 어떻게 해석할 것이냐는 맹자철학을 이해하는 관건이기도 하다. 특히 맹자 정치철학의 내면적 기초는 여기서 출발한다. 도덕정치의 핵심은 인간의 선한 본성이 발현되어 나타나는 '불인(不忍)'에 있기 때문이다. 양백준의 『역주』에서처럼(80쪽) '다른 사람을 불쌍하게 여기는 마음'으로 해석하는 것이 우리나라에선 일반적이다. 그러나 정치가로서 맹자를 상정하면 해석이 약간 달라진다. 이 문장의 핵심은 '불인인지심(不忍人之心)'이 아니라 '불인인지정(不忍人之政)'이다. 즉 가혹한 통치, 잔혹한 정치 등을 일컫는 것으로 보아야 한다. 초순의 『정의』에선 인(忍)을 '타인에게 악을 가하는 것을 참지 못함'으로 본다.(233쪽) 폭정에 대한 질타가 『맹자』 전체의 주지 중 하나인 만큼 후자의 해석에 따르기로 한다.(『역주』와 『정의』에 대해선 이 책 2부의 앞부분

을 참조할 것)

24) 원문의 한자 의미 그대로 옮긴다면, '그 소리가 듣기 싫어서' 이므로 '아이의 울부짖는 소리가 듣기 싫어서' 라고 해석할 수도 있다. 양백준의 『역주』는 이를 따르고 있다.(80쪽) 그러나 의미로 보거나 문맥의 흐름으로 보거나 '어질지 못하다는 비난이나 못됐다는 소문이 싫어서' 라고 해석함이 옳을 듯하다. 초순의 『정의』가 그렇다.(233쪽)

25) 그래서 공자가 '극기복례(克己復禮)' 를 인의 구체적 행위원칙으로 본 것에 대해 맹자는 '극기' 의 측면을 강조한 의(義)를 통해 왕도를 설명하였고, 순자는 '복례' 의 측면을 강조한 예(禮)를 통해 왕도를 설명하였다고 주장되기도 한다. 이에 대해선 장현근 역 『순자』(책세상, 2002) 및 그의 중문과 한글로 된 여러 논문들 참조.

26) 공자도 인의예지를 얘기하였으며, 맹자는 이를 발현한 사람이긴 하지만 공자는 이것들을 인지상정 정도의 하늘의 뜻으로 받아들였을 뿐, 선한 인간의 본성이나 인간 고유의 마음과 연결시키면서 인문세계의 원리원칙으로 논증하지는 못했다.

27) 고자는 사람의 본성을 자연성과 사회성을 구분지으며 자연성을 본성으로 여기고 있다. 맹자가 말한 성을 본연지성(本然之性)과 기질지성(氣質之性)으로 나누어 설명함으로써 논리성을 갖도록 만든 주희의 입장은 천 년이 지난 뒤 나온 후속타일 뿐으로 여기서는 고려 대상이 아니다. 초기 주석자인 조기의 입장도 맹자가 말한 성을 자연지성과 기질지성으로 구분하지 않고 설명한다. 맹자의 원래 입장으로 생각하면 조기의 입장이 맞는다. 진대제, 앞의 책 1~24쪽 참조.

28) 정(情)을 '타고난 성정' 으로 해석하고, 재(才)를 '타고난 성질' 로 해석한

것은 초순의 『정의』를 참고하여 번역한 것임. 앞의 책, 752~757 참조. 특히 『설문해자』에 따르면 성과 정의 구분에 대하여 성은 '사람의 양기'를 정은 '사람의 음기'를 뜻하여 성은 선함으로, 정은 욕구로 해석한다. 재에 대해서도 '초목이 처음 생겨난 것을 재라 한다'고 말한다. 『설문해자』의 의미는 『순자』에서 다루고 있는 성·정·욕에 관한 일련의 개념과 비슷하다.

29) 홍무제 3년인 1370년 주원장은 국자감에서 맹자 제사를 몰아내 버렸으며, 1394년엔 대학사 유삼오에게 명하여 민귀군경의 『맹자』 본문을 빼버리라고 명령하였다.

30) 예컨대 황준걸의 『맹학사상사론』, 앞의 책 162~169쪽의 내용 참조. 근대 중국철학의 대가 서복관의 논의가 특히 그렇고, 근대 중국정치사상 연구의 권위인 소공권도 이와 유사하다.

31) 황준걸, 『맹학사상사론』, 앞의 책 164~165쪽에 비교적 상세한 분석이 있다.

32) 원문의 '대인(大人)' '소인(小人)'에 대해 초순 『정의』에는 대인을 군주로, 소인을 농·공·상인으로 주석함.(373쪽) 양백준 『역주』에는 대인을 지위가 있는 관료로, 소인을 지위가 없는 어린 백성으로 해석함.(128쪽) 『맹자』에 군자·대인이 섞여 쓰이며 모두 유덕한 사람으로서 정치가를 뜻함.

33) 원문엔 '로(路)' 한 글자로 표현되어 있는데, 路와 露는 옛날에 통용되었으며 피로에 지쳐 여위었다는 뜻.

34) '왕'과 '패'에 관한 문제는 춘추시대에도 논의가 있었다. 그러나 이 때의 왕은 천하를 통일한 사람을, 패는 강대한 제후가 왕의 역할을 대신한 경우를 말하였다. 정치이념과 노선으로 왕·패를 대립적 개념으로 상정한 책은 『맹자』가 처음이다.

35) 주희의 『집주』에 따르면 천하고 작은 부분은 입이나 배〔口腹〕 등이고, 귀하고 큰 부분은 마음이나 뜻〔心志〕이다.

36) 원문의 대체(大體)와 소체(小體)에 대하여 대대로 수많은 철학자들이 논쟁을 거듭해 왔다. 여기서는 『역주』와 『정의』에 따라 바로 위 14장과 연계해 읽으면서 이 장의 맨 뒷부분의 뜻과 연결시켜 해석하였다.

37) 천하통일이 완성된 진·한 시대 이후는 온 세상이 황제 한 사람의 독점적 지배 하에 들어가면서 풀 한 포기까지 황제의 소유가 아닌 것이 없다는 왕토(王土)사상이 지배했으므로 상대적 군신관계가 있을 수 없었다. 황제는 모든 사람의 생살여탈권을 장악하였고, 모든 신민은 그에게 무조건 복종해야 하는 '절대적 군신관계' 였다.

38) 은나라 초기 탕왕의 신하로 하나라를 극복하고 은 왕조를 열게 한 최고의 공신이었다. 이름이 이(伊)이고 윤(尹)은 재상에 해당하는 관직 이름임. 탕왕이 죽고 두 임금을 거친 뒤 태갑(太甲)이 왕위를 계승했으나 태갑이 탕왕의 법을 지키지 않고 국정을 어지럽히자 이윤은 그를 동(桐)에 유폐시켜 반성하게 하였다. 3년 뒤 태갑이 크게 반성하고 어진 군주의 자태를 보이자 모든 정치권력을 고스란히 되돌려 주었다고 함. 태갑과의 권력투쟁설로 해석하는 시각도 있음. 유가사상가들에게 의해 성인으로 추앙받는 인물임.

39) 원문 '마정방종(摩頂放踵)' 에 대한 해석은 다양하다. 앞의 털과 연결하여 '머리끝에서 발끝까지 몸의 털을 다 뽑아도' 라도 해석하는 사람이 많다. 대부분 조기의 초기 주석을 중시한다. 양백준의 『역주』에선 이 말이 당시의 고사성어로서 정확한 번역이 어렵다고 말한다.(313쪽) 여기서도 『역주』에 따라 우리나라의 '손발이 다 닳도록' 이란 의미로 글자를 유추하여

해석하였다.

40) 양지와 양능에 대해선 역대 주석자들의 해석이 다르다. 조기는 양(良)을 심(甚)으로 보아 '양능', '양지'는 곧 '가장 잘하는 능력'과 '가장 잘 아는 것'이라고 해석한다. 주희는 양을 본연(本然)의 선으로 보아 양능을 본능처럼 해석한다. 어떤 해석도 가능하나, 여기서는 맹자 자신의 철학적 개념어로 해석하는 것도 의미가 있어 그대로 옮긴다.(『역주』 307쪽 참조)

41) 남회근의 『맹자방통』엔 역대 연구서들을 망라하고 있다. 그는 양웅·조기·한유 등의 연구는 맹자를 숭상한 시각이며, 순자·사마광·이지 등은 맹자에 반대한 시각이며, 왕충·왕안석·주희 등은 중립적 평론을 한 사람들이라고 한다. 더 많은 발굴이 이루어지면 달라지겠지만, 당나라 때까지의 연구서 14종 가운데 완전한 형태로 현존하는 것은 동한 조기의 『맹자장구』 14권이 유일하다. 그리고 위에서 언급했다시피 송나라 때 맹자가 존중받으면서 『맹자』 주석과 연구서는 무려 120종이나 나왔으며, 그 이후 청나라 때 84종까지 포함하여 129종의 『맹자』 관련 서적 및 연보 등이 간행되었다.(南懷瑾, 『孟子旁通』, 상해: 復旦대학출판사, 433~453쪽) 이 시기 조선과 일본 및 유럽에서 간행된 것까지 합하면 훨씬 늘어날 것이다.

42) 원문은 이렇다: "대략 선왕을 본받긴 하나 대대로 내려오는 큰 줄기〔統類〕를 알지 못하고, 장엄하게 재주가 많고 뜻이 크며, 듣고 본 것은 잡스럽고 넓어 옛 일에 입각하여 새로운 주장을 만들어내 오행(五行)이라 불렀는데 심히 치우치고 체계가 없으며, 명확하지 않아 설명할 수 없고, 뜻이 통하지 않아 이해할 수 없음에도 그 말만 잘 꾸며대면서 공경하여 가로되 '이것이야말로 진짜 군자의 말씀이다'고 한다. 자사(子思)가 부르짖고 맹가가 이에 화답하였다. 속세의 어리석고 무지한 유생들이 떠들썩하

여 그것이 잘못임을 알지 못하고 차츰 받아들여 전파하면서 중니(仲尼)·자궁(子弓)이 후세에 존중받음이 이 때문이라 하니 이것이 바로 자사와 맹가의 죄이다." 이 부분에 대해선 역사적으로 논란이 많다. 음양오행설이 유가사상과 만나 어우러진 것은 진한 시대이므로 순자가 맹자를 이와 연결시킨 것은 이상하다. 순자가 맹자에 대하여 편파적인 시각을 가졌는지, 유가의 정통에 대한 체계성의 논쟁인지, 당시 오행설이 유행한 제나라 학풍이 스며들어 자사·맹자를 이 학설과 연루시킨 주장이 있었는지 등에 대해선 더 고증이 필요하다. 이를 사상사 내적 문제로 환원하여 깊이 있는 분석을 한 연구로는 황준걸, 『중국맹학전석사론』, 앞의 책, 90~110쪽 참조.

43) 원문의 하(夏)는 하나라로부터 전해진 중국의 문화를 뜻함. 중국인들이 자신의 문화적 우월성을 표현하기 위해 쓰는 용어. 중화, 화하(華夏), 중하(中夏) 등으로 씀.

44) 예컨대 춘추시대 북쪽(오늘날의 하북성 북부와 산서성 전역)에 북방민족의 국가인 중산(中山)이 존재했는데, 기원전 296년 조나라에게 망할 때까지, 수레 천 대를 낼 수 있는 나라로 그들의 문화는 중원문화에 비해 절대 열등하지 않았다.

45) 양 혜왕이 맹자를 부르는 이 '수(叟)' 자에 대해 해석이 다양하다. '선생님', '어르신', '노선생', '당신', '그대' 등 어느 해석도 가능하겠으나, 핵심은 원래 이 글자가 그다지 예의 바른 표현이 아니라는 점이다. 이 때 양 혜왕이든 맹자든 나이가 매우 많았는데, 『맹자』의 이 첫 구절은 늙은 군주와 떠돌이 학자의 신랄한 일전을 잘 표현해 주고 있다. 남회근, 앞의 책 64~67쪽은 이 상황을 잘 묘사하였다. 춘추시대 군주들이 공자를 학문이

높은 스승으로 대우해 '부자(夫子)' 라 불러 주었고, 『맹자』에서 제 선왕도 맹자를 '부자' 라 불러 주었는데 유독 양 혜왕이 맹자를 '수' 라 부른 것은 유쾌하지 못한 그들의 일장 격전을 드러낸 말이다. '수' 는 좋게 들으면 '노선생' 이겠으나, 어투로 볼 때 맹자에게 '늙은이' 로 들렸을 확률이 더 높다. 어쨌든 이 '수' 란 표현을 통해 맹자의 위대성이 한층 돋보이는 이유는 이익을 따지는 군주로서 양 혜왕의 무례함을 더 잘 드러내 주었기 때문이다.

46) 원문의 취(取)를 '빼앗다' 로 해석하여 '전차 만 대를 가진 제후가 전차 만 대를 가진 대신의 것을 빼앗고, 전차 천 대를 가진 제후가 전차 백 대를 가진 대부의 것을 빼앗는 경우도 드물지 않다' 고 해석하는 경우가 대부분이나 문맥상 맹자의 뜻이 반영된 해석이 아니다. 여기서는 양백준(楊伯俊) 역주의 『맹자역주(孟子譯注)』(북경, 中華書局, 이하 『역주』로 약칭) 등의 견해를 따름.

47) 토지를 세는 단위인 이랑 묘(畝)가 어느 정도인지는 설이 다양하다. 어른 걸음으로 사방 100걸음 쯤을 뜻함. 오늘날 치수로 대강 30평 정도를 뜻한다고 보면 됨.

48) 수구지가(數口之家)는 '여러 가구' 로 번역하는 경우도 종종 있으나, 고대 정전법(井田法)이 9백 묘의 토지를 나누어 한 가구에 백 묘씩 주었으므로 여기서는 '한 가구 내의 여러 식구' 로 번역함이 옳음. 그래야 이 편의 마지막 팔구지가(八口之家)도 '여덟 식구의 집안' 으로 번역이 통함. 춘추전국시대 여덟 가구의 집안은 차상농부(次上農夫)로 취급하였음.

49) 원래 춘추시대의 진(晉)이 조(趙)·위(魏)·한(韓) 씨에 의해 셋으로 갈려 전국시대를 맞았다. 그중 위(魏)나라가 전국 초기 중국의 최고 강국이 되

었으며, 대외적으로 자칭 진(晉)이라 부르기 일쑤였으며 다른 나라들도 이를 인정했다.

50) 한국어 번역본들 대부분은 정(定)을 '결정되다' '하나로 정해지다' 등으로 해석하지만, 중국어의 의미로 볼 때 '안정'의 의미가 더 정확한 해석으로 보인다. 그래야 다음 문구 '定于一'의 해석이 매끄럽다. 청(淸) 대 초순(焦循)의 『맹자정의(孟子正義)』(북경, 중화서국, 이하 『정의』로 약칭함) 등을 참조.

51) 원문 유(由)는 유(猶) 자로 해석해야 함(『역주』). 이가원 역해(譯解), 『논어·맹자』(서울, 동서문화사, 1976, 이하 『역해』로 약칭함) 등에서 '民歸之由'를 붙여서 해석한 것은 오류. 국내 번역본들 상당수에 이런 오역이 발견됨.

52) '죄 없이 사지로 끌려가는 것을 불쌍하게 여겼다면, 소와 양을 어찌 구분했습니까? 라고 제 선왕에게 다시 묻는 형태로 해석하는 경우도 많음(예컨대 『역주』 등). 그러나 문맥의 전개로 볼 때 제 선왕의 말에 동조하는 해석이어야 함.

53) 『정의』, 『역주』, 『역해』 등 모두 '吾力……輿薪'까지를 어떤 사람이 한 말로 보고 있다. 그러나 뒤의 허(許)를 '믿는다'로 해석한다면 본문처럼 왈(曰)을 중심에 두고 중간을 끊어서 해석하는 것이 더 이치에 맞음.

54) 이 장의 樂을 음악의 '악'으로 보아야 하는지 오락의 '락'으로 읽어야 하는지에 대하여 역대 주석자들의 논쟁이 치열함. 고악(鼓樂)은 분명 음악이고, 그렇다면 뒤의 사냥과 연결이 안 되어 논란이 일고 있음. 상세한 논쟁에 대해선 『정의』 101~102쪽 참조. 여기서는 합하여 해석함.

55) 독(獨)에 대한 '무의탁자' 번역어는 안외순 역, 『맹자』(서울, 책세상), 40

쪽에서 빌려왔음.

56) 맹자의 제자 중 가장 출세한 사람으로 노나라 평공의 대신이었음. 악정은 성이고 이름은 극(克).

57) 정(鼎)은 제사용 그릇. 삼정의 예란 사 신분의 상례에 쓰이며 암돼지, 생선, 육포를 공물로 씀. 오정의 예란 대부의 상례에 쓰이며 양, 돼지, 편육, 생선, 육포를 공물로 씀. 참고로 제후는 7정, 천자는 9정임.

58) '친척'에 대한 고대의 용례는 크게 세 가지다. 첫째 『열자(列子)』「탕문(湯問)」편에 등장하는 '친척'은 부모를 지칭하며, 둘째 『사기』「오제본기(五帝本紀)」에 등장하는 '친척'은 가족 구성원 모두를 뜻하며, 셋째 『예기』「곡례상(曲禮上)」편에는 친(親)을 혈족 안의 사람들, 척(戚)은 사돈 등 혈족 밖의 사람들이라 정의한다. 여기서 맹자는 넓은 범위의 친척을 애기한 듯하다.

59) 앞의 조(朝) 자를 조기(趙岐)는 '조정에 나옴'으로 주석하여 맹자가 조정으로 나오면 조회할 때 보겠다는 의미로 해석하였고, 주희(朱熹)의 집주(集註)엔 '아침'으로 해석하여 내일 아침에 조정에 나오면 만나겠다는 의미로 해석하였음. 모두 가능한 해석임.

60) 오늘날 전해지는 『예기』는 순자의 영향을 깊게 받은 한 대의 작품일 가능성이 높다. 그러나 현존본과 얼마나 차이가 나는지 모르지만 맹자 대에도 『예』에 관한 경전이 존재하였으며, 유가의 6경은 『예경』을 포함한다.

61) 고문헌에 등장하는 금(金) 자는 오늘날의 황금의 의미가 아님. 일반적으로 좋은 기물을 만드는 데 쓰이는 동을 애기함. 여기서 겸금(兼金)은 값이 일반 금의 2배가 나가는 최고급 금을 애기함.

62) 옛날의 도량형 단위는 오늘날과 달랐다. 옛날의 한 되는 오늘날의 두 홉

정도에 불과하다. 여섯 가마 네 말을 뜻하는 종(鍾)을 곱하면 원문의 '만
종'은 6만 4천 석이다. 이를 오늘날 양으로 환산하면 1만 3천 석 정도이
다. 이는 당시 경(卿)의 1년 봉록이었으며, 후대에 관료의 월급체계를 결
정하는 중요한 기준이었다.

63) 사냥터 담당관리 즉 우인(虞人)에 대한 이야기는 『좌전』소공(昭公) 20년
조에 등장한다. 제 경공이 패(沛) 지방에서 사냥할 때 깃발을 들어 활을
들라고 우인을 불렀으나, 우인이 명에 따르지 않았다. 잡아들여 문초하니
우인은 깃발은 대부를 부를 때 쓰는 것이고, 활은 사(士)를 부를 때 쓰며,
자신 같은 사냥터 담당관리는 가죽 모자를 들어 부르면 된다며 원칙론을
고수한다. 공자는 그의 행위를 매우 칭찬했다.

64) 질(質)은 지(贄 또는 摯)라고도 쓰는데 처음 군주를 알현하면서 바치는 성
의표시의 예물. 계급과 계절에 따라 다양한 예물을 준비했는데, 보통의
경우 꿩[雉]을 많이 바쳤음.

65) 『예기』「곡량전」 등에 유사한 얘기가 있는데, 이 책들은 맹자보다 후대에
쓰인 책이다. 맹자 시대에도 그 원형이 있었을 것으로 생각되어 그냥 책
이름 『예』라고 번역함.

66) 『서경』 원문의 유(攸) 자를 그 동안은 '바 소(所)' 자와 같은 의미로 보아
역대 주석서와 현대 해설서 대부분은 '신하로 복종하지 않는 나라가 있
어'로 해석하였다. 그러나 『역주』에서 양백준은 갑골문과 금문에 대한 최
근 고증을 예로 들며 유나라가 존재했음을 증명하였다. 해석도 순응하여
여기선 그에 따름.(『역주』, 150쪽 참조)

67) 우(于)를 조사로 해석한 주석서가 압도적이다.(『정의』, 『역해』 등) 그러나
『역주』의 고증이 신뢰할 만하고 해석이 자연스러워 그에 따랐음.(『역주』,

150~151쪽 참조)

68) 원문 '춘추'를 '춘추시대'로 번역한 경우가 한국 번역이든 중국 번역이
든 많다.(『역주』 등) 그러나 맹자 시대에 시대 구분으로 춘추시대란 말은
쓰이지 않았으며, 앞뒤 문장의 구성으로 볼 때도 책 『춘추』가 맞다. 『정
의』에서도 『춘추』로 봄.

69) '어질다는 것은 곧 사람다움이다'라고 해석할 수 있다. 그러나 고대 음으
로 인(仁)과 인(人)의 발음이 같으며, 『설문해자』에도 '仁'은 두 사람의
친밀한 관계를 뜻한 것으로 설명하고 있다. 『중용』에는 '仁者, 人也'라
함.

70) 조기의 최초 맹자 주석에는 뒤 구절 개연(介然)을 앞에 붙여 읽었으나 그
러면 뜻이 통하지 않고, 원문의 간(間)을 '개연'에다 붙여 읽으면(『역주』,
330쪽) '한동안 다니지 않으면' 정도로 해석할 수 있으나 역시 매끄럽지
않다. 역시 『정의』의 구분(982쪽)에 따라 '간' 자를 앞에 붙이고, '개연'
을 '고정적인' '꾸준한' 등으로 해석하는 것이 부드럽다. 이와 같은 '개
연'의 용법은 『순자』「수신」편에도 보임.

71) 본문의 여(予)자와 자(子) 자가 혼동되어 역대 주석서에 따라 차이가 난
다. 부자(夫子)로 읽으면 이 구절이 관사 사람이 한 말로 이어져야 하겠고
(『역주』 등), 부여(夫予)로 읽으면 여기서부터 떼어 맹자가 한 말로 해석
해야 한다(『정의』, 『역해』 등). 『맹자』에서 긴 말과 설명식 발언은 모두 맹
자의 것이란 점에 착안하여 여기서는 후자의 해석에 따름.

72) 이 구절을 한국어 번역본들은 대부분 만장이 묻는 말로 단락 구분을 하고
있다(『역해』, 467쪽 등). 그러나 뒤의 왈(曰) 자를 생각하면 맹자가 위 문
장에 붙여서 한 말이고, 왈 자의 다음부터가 만장이 묻는 말이다.

73) 중국에서 중국철학의 거두 모종삼(牟宗三) 밑에서 공부했던 저자의 이 책
   은 송강(宋剛)이 『도덕전기(道德奠基): 맹자와 계몽철인과의 대화』(북경
   대학출판사)란 이름으로 중국어로 번역하였고, 허경이 『도덕의 기초를
   세우다: 맹자와 계몽철학자와의 대화』(한울아카데미)란 이름으로 한국어
   로 번역하였다. 번역에 다소의 문제가 있으나 쥴리앙의 독특한 시각은 참
   고할 만하다.

맹자
진정한 야당정치, 도덕국가를 향한 지침서

초판 인쇄 | 2006년 1월 2일
초판 발행 | 2006년 1월 10일

지은이 | 장현근 | 맹자
펴낸이 | 심만수
펴낸곳 | (주)살림출판사
출판등록 | 1989년 11월 1일 제9-210호

주소 | 413-756 경기도 파주시 교하읍 문발리 파주출판도시 522-2
전화 | 영업 031)955-1350 기획·편집 031)955-1367
팩스 | 031)955-1355
e-mail | salleem@chol.com
홈페이지 | http://www.sallimbooks.com

기획위원 | 강영안·정재서
책임편집 | 배주영·소래섭·이기선
본문교정 | 오세연·이영란

ISBN 89-522-0467-0 04080
        89-522-0314-3 04080 (세트)

값 9,900원